企業ファースト化する日本

企業ファースト化する日本

虚妄の「働き方改革」を問う

竹信三恵子
Mieko Takenobu

岩波書店

目　次

プロローグ

フェイクとしての「働き方改革」

山姥と小僧さんの構図

森友学園をめぐる「文書改竄《かいざん》問題」で国会が揺れた二〇一八年三月、テレビのニュースをぼんやりと見ていたら、街頭での人々の反応が映し出された。改竄への批判がいくつか続いた後で、自営業だという年配女性が登場した。「文書の改竄くらいであそこまで批判しなくても」と言った女性は、こう続けた。「安倍さんは雇用や経済で成果を上げてきたんだし」

同じころ、ある地方自治体議会の保守系会派に属しているという女性議員と話す機会があった。「安倍首相が好きなわけじゃないけど」と前置きしたうえで、彼女は、「正直言って、安倍さんは、政策についてはそんなに悪くないんじゃないの。保育士や介護士の報酬も上げると言っているから、子育てや介護はしっかりやっているようだし、正社員も増えているし」と言う。「でも、森友・加計問題のように、安倍さんの政治はお友達にだけ便宜を図っている、という批判もありますけど」と言うと、彼女は「うーん」と考え込んだ挙句、「それならみんながお友達になってしまえばいいじゃない、とか思っちゃうんだけど……」とつぶやいた。

安倍政権と言えば改憲。またはアベノミクス。多くの人がそう言う。だが、そこにはもう一つの柱がある。それは「雇用」「労働」という柱だ。試みに、第二次安倍政権誕生以降の約六年間を振り返って、労働関係の政策を**「働き方改革」関連年表**(巻末)として書き出してみた。政策が津波のように繰り出されていることがわかる。労働問題に関心がある私も、「最初のころの労働政策は?」と聞かれると、すぐには答えられない。あまりにも次々と施策が繰り出され、その前の政策の記憶が消されてしまうからだ。パソコンは、一つの情報に上書きすると前のものは消えてしまう。それに似たことがいま起きている。

ときには働き手の強い反発で急いで引っ込められ、ときにはそれを押し切って強引に導入されたそれらの政策は、よく覚えていられないほどの速さで束になってやってくる。その後にはただなんとなく、「働き方について取り組んでいる首相」という印象だけが残されていく。

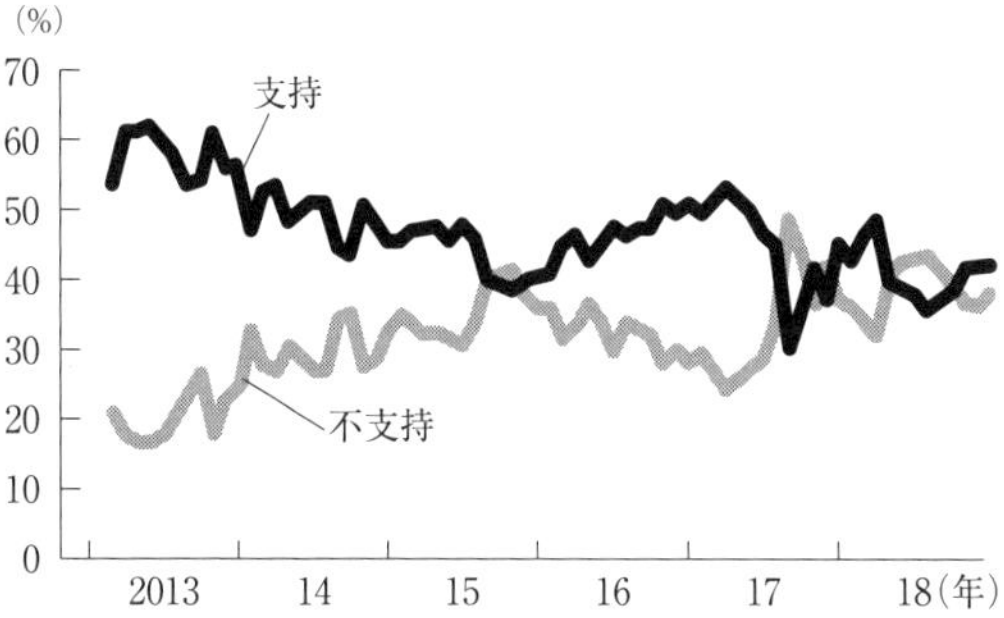

出所：時事通信社調査をもとに作成

図 0–1　安倍内閣の支持率の推移

政権が誕生した二〇一二年一二月から、森友学園問題をめぐる公文書改竄事件に揺れた二〇一八年までの各メディアの世論調査の動きをざっと見ると、三つの支持率の谷がある（図0–1）。自衛隊による集団的自衛権の行使などを認めた安保関連法が成立した二〇一五年九月前後と、犯罪を実行していなくても計画に加担すると犯罪にされうるとして批判を浴びた「共謀罪法」（改正組織的犯罪処罰法）が成立した二〇一七年六月前後、そして、首相夫人の関与が疑われた森友学園問題で公文書改竄疑惑が起き、元財務官僚、佐川宣寿《のぶひさ》の国会証言が行われた二〇一八年三月前後だ。だが、いずれの際も、支持率が下がっても、すぐに持ち直すのが、この間の特徴だった。

その背景に、通奏低音のように流れているのが、働く女性を支援するかのような「女性が輝く政策」、「岩盤のように固まった規制を打ち破る」ため、「自分はその『ドリルの刃』になる」(二〇一三年のAPEC・CEOサミットでの首相演説)として繰り出された労働移動の促進策や派遣労働の規制緩和、働き方の改善を看板とする「正社員転換・待遇改善実現プラン」「働き方改革」といった雇用をめぐる政策の数々だ。

「非常時」のものとして安保関連法や共謀罪法についての問題が報道され、その合間に、会社の働き方の改善などの「明るい雇用・労働政策」の報道が「平時」のものとして流され続ける。ニュースを断片的にしか見ない人々は、「海外派兵や共謀罪などは暮らしと無関係な〝あっち〟の問題。雇用など身近な〝こっち〟の問題は改善に向かっている」という漠然としたイメージを持つことになる。北朝鮮や中国、韓国への政権の強腰の対応は、経済の停滞によって失われた自信を回復したいと願う国威発揚志向層を癒やす「日本が一番」キャンペーンとして効果を発揮する。その一方で、雇用・労働政策は、草の根の「暮らし優先派」に対し、「難しい話はわからないが、足元の問題ではいいことをしている」と感じさせ、タカ派イメージを和らげる効果をもたらす。先に触れた二人の女性の反応は、その好例といえるだろう。

だからこそ、安倍政権の雇用をめぐる政策は、それが労働現場に与える影響評価もないまま、次の新しい雇用政策のスローガンへと目まぐるしく移っていく。真のゴールは改憲だ。それまでは、女性や働き手など、多様な層の支持をとりつけ続ける必要がある、ということだ。

「山姥《やまんば》と小僧さん」の民話では、山姥に追いかけられた小僧さんが、追いつかれそうになるたびにお守りのお札を後ろに投げて山姥との間に山や川などを作り出す。山姥が山や川を越えるのに苦労している間に、小僧さんはせっせと逃げる。その意味で「働き方改革」をはじめとする雇用・労働政策は、政権にとって、せっせと投げ続けなければならないお守りのお札だったのではないか。

フェイクの手口

そんなお札の効用に、目に見える形での裂け目を最初に生じさせたのが、二〇一八年二月に露呈した「裁量労働制データ改変問題」だった。(1)

裁量労働制とは、働き手の裁量で労働時間を決める必要があるとされた業務について、実際に働いた労働時間にかかわらず、あらかじめ労使で協定した時間だけ働いたとみなして賃金を払う働き方だ。これだと、だれもが「自分の裁量で好きな時に帰れる」と思うだろう。だが、労働時間は働き手の裁量で決められるとしても、業務量は会社の裁量次第だ。仕事の量を増やされれば、働き手は「自分の裁量で自発的に」サービス残業を引き受けるしかない。しかも、労働時間の管理がずさんになって証拠が残らず、会社は「社員が自発的に長く働いた」として、責任を回避することもできる。このため労働界では、裁量労働制は長時間労働を招きやすく、過労死の温床になりやすいとされてきた。

この裁量労働制の対象の拡大が、二〇一八年四月、「働き方改革関連法案」に盛り込まれて国会に提出された。労働側の懸念に対し、「裁量労働制の方が労働時間が短い場合もある」とするデータが厚生労働省から出され、このデータを使って厚労相や首相は国会答弁を繰り返した。そのデータには、裁量労働制の方が一般の働き手の労働時間より短く見えるような形に加工されるなど、不自然な点が多数あったことが明らかになる。働き手の生命や健康にかかわる基礎的なデータが、政権側の都合に沿う形に改変されたのではないかと批判を呼び、「働き手のため」を標榜する「働き方改革」への疑念を人々の間に引き起こしたのが、この事件だった。

安倍政権の一連の労働政策には、こうしたフェイク（偽造、まやかし）的な手法が随所に見受けられる。その手法として挙げられるのは、①データの改変、②都合のいいデータ解釈、③労働者のために提唱されてきた制度を、同じ名称で経営側に有利な中身に変える換骨奪胎、などだ。裁量労働制についてのデータ加工は①の代表例といえるが、②については、ネットや新聞紙上で取り上げられてきた、有効求人倍率や正規雇用の増加数についての首相の解釈への疑問が一つの例だ[(2)]。

二〇一六年六月一日の記者会見で首相は、次のように語った。

「有効求人倍率は二四年ぶりの高い水準となっています。それも、都会だけの現象ではありません。就業地別で見れば、北海道から沖縄まで四七の都道府県全て一倍を超えました。これは史上初めての出来事であります。一人の求職者に対して一つ以上の仕事があるという状況を創り出すことができたのです」「リーマンショック以来、減少の一途をたどっていた正規雇用は昨年、八年ぶりに増加に転じ、二六万人増えました。この春の高校生の就職率は、二四年ぶりの高さであります。大学生の就職率は、過去最高となりました」「雇用を創り、そして所得を増やす。まだまだ道半ばではありますが、アベノミクスは順調にその結果を出しています[(3)]」

だが、有効求人倍率（一人の求職者に対する求人数）は仕事が増えなくても求職者数が減れば倍率は高まる。「生産年齢人口」（労働の中核となる一五歳以上六五歳未満の人口）は一九九〇年代前半の八七〇〇万人から二〇一六年の七六〇〇万人と、約二〇年で一割強減っている。だから、景気がよくならなくても、求職者数が減った分、求人倍率は上がることもある。首相が誇った「史上初めての出来事」は、アベノミクスの成功のおかげというより、「史上初めての生産年齢人口の減少」のおかげではないのか、という疑問だ。

一方で、「アベノミクスのもとでは有効求人数も伸びている。確かに求職者数は減っているかもしれないが求人が増えたのは景気がよくなったからだ」という主張もある。だが、生産年齢人口が減り、人が集まりにくくなれば、企業は懸命に求人を出すため求人数は上がる。また、高齢者や女性にも働くことを呼びかける「一億総活躍」政策の中で、家庭に妻がいる成人男性を想定した極端な長時間労働では働けない働き手も増え、複数の短時間の求人を出す場合も増えている。さらに、過酷な働き方の中で、就職しても早期に辞める若者も目立ち、その穴を埋めるため、雇う側は求人を増やす。このように見れば、有効求人倍率の高さは、必ずしも「アベノミクスの成功による雇用増」とは言えない。アベノミクスの成功を誇る前に、求人倍率の中身を確かめ、働き方の質を高める工夫をこらすことこそが、本当の労働政策のはずだ。

③のフェイクについては第1章以降に譲るが、資産がなく、日々の賃金に依存せざるを得ない多数の人たちの命綱である労働・雇用政策が、このようなフェイクの手法によって、どう歪められてきたのかを整理することが、この本の第一の狙いだ。

本命は「労働者保護」の大転換

だが、問題はそこにとどまらない。一連の雇用・労働政策におけるフェイクは、改憲へ向けた、単なる「タカ派色を薄めるための人気取り」「意味のないイメージ作戦」ではないからだ。これは、まがりなりにも戦後社会の基礎になってきた、「労働者保護」という土台を根本から転換させる仕掛けではないのか。そんな側面からの考察が、この本の第二の狙いであり、むしろ核となる問題意識だ。

私たちの働く場は、一日八時間の労働によって生活時間を確保する権利、労働組合をつくって労働条件を会社と交渉する権利、まじめに働けば生きていけるようにするための最低賃金、身分や国籍や性別に左右されない賃金など、戦後憲法のもとで認められてきたいくつもの規範の束で支えられている。「残業が恒常化しているのに、どこに一日八時間だけの労働があるのか」「労組の組織率は一七％台に落ちている。労組はどこにあるのか」などと皮肉る声も聞こえてきそうだ。だがそれでも、こうした規範は、守るべき原則として私たちの生活を守る役割を果たしてきた。

このような原則を端的に示したのが、次のＩＬＯ（国際労働機関）憲章の前文だ。

世界の永続する平和は、社会正義を基礎としてのみ確立することができるから、

そして、世界の平和及び協調が危くされるほど大きな社会不安を起こすような不正、困苦及び窮乏を多数の人民にもたらす労働条件が存在し、且つ、これらの労働条件を、たとえば、一日及び一週の最長労働時間の設定を含む労働時間の規制、労働力供給の調整、失業の防止、妥当な生活賃金の支給、雇用から生ずる疾病・疾患・負傷に対する労働者の保護、児童・年少者・婦人の保護、老年及び廃疾

に対する給付、自国以外の国において使用される場合における労働者の利益の保護、同一価値の労働に対する同一報酬の原則の承認、結社の自由の原則の承認、職業的及び技術的教育の組織並びに他の措置によって改善することが急務であるから、
また、いずれかの国が人道的な労働条件を採用しないことは、自国における労働条件の改善を希望する他の国の障害となるから、
締約国は、正義及び人道の感情と世界の恒久平和を確保する希望とに促されて、且つ、この前文に掲げた目的を達成するために、次の国際労働機関憲章に同意する。(4)

この憲章は、第一次、二次世界大戦の惨禍を経て、貧困がこれらの戦争を誘発したという反省の上に、戦後社会の働き方の国際基準とされてきた。だが、この間の「働き方改革」には、こうした原則を揺るがすものがいくつも潜んでいる。

たとえば、「残業時間の上限規制」だ。これまでの労働基準法では、週四〇時間、一日八時間労働が原則とされ、繁忙期などでこれを緩める場合は労使が協定を結んで残業時間を決めるよう求める条項があった。労基法第三六条で規定されていることから「三六(サブロク、またはサンロク)協定」と呼ばれてきたこの協定が、無際限の残業の抜け穴になり、過労死を招いているとして批判を浴び、それが今回の改定の発端となった。

だが、「働き方改革」では、繁忙期には一カ月一〇〇時間未満、二～六カ月の平均で八〇時間までの過労死認定レベルの残業も認められることが書き加えられた。法律に過労死水準ぎりぎりの残業時間が

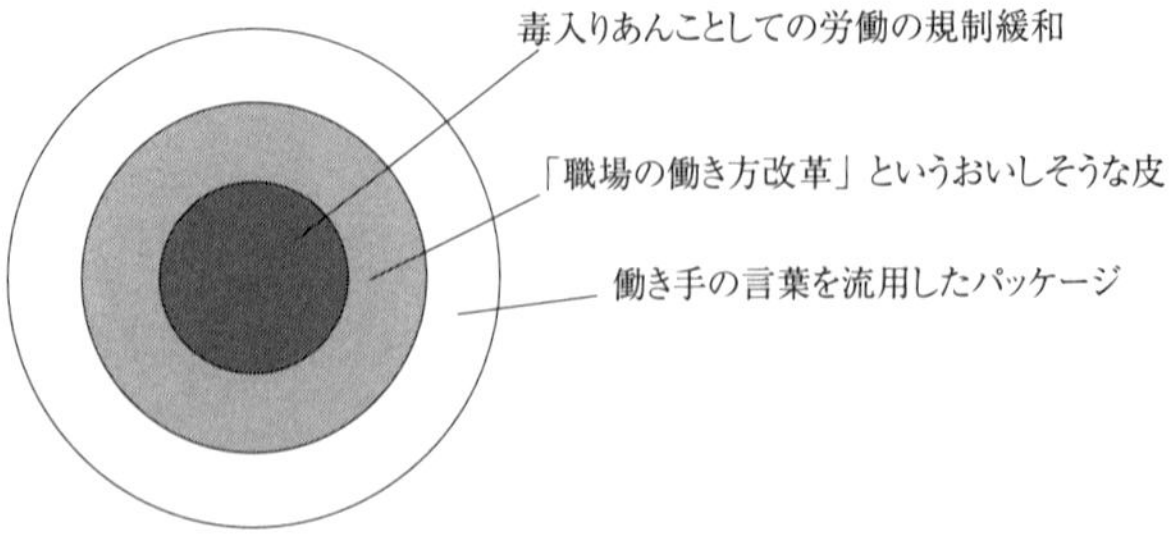

図 0–2　「働き方改革」の「毒まんじゅう」構造

書き込まれることで、生活時間を守るために設けられていた「一日八時間労働」という規範が相対化され、会社との力関係の中で、忙しい時は過労死すれすれまで働かせてもいいということが、規範化されていく恐れがある。

　これでは、「企業中心社会」[5]とまで呼ばれた日本企業の幅広い裁量権が、さらに極大化していくことにもなりかねない。しかも、労働側がこれを拒否すれば、「残業の上限規制」という働き手が待望してきた改正を、労働側が自らひっくり返したと、非難を働き手の側に押し付けることもできる仕掛けだ。

　これらに焦点を合わせてみると、「働き方改革」の「毒まんじゅう」としての側面が見えてくる。「残業の上限規制」「同一労働同一賃金」といった、働き手が待望してきた言葉のパッケージで包装され、それぞれの職場の工夫による働き方の改善というおいしそうな餅や皮にくるまれているが、真ん中には、過労死すれすれの残業の容認、高プロ、裁量労働の対象拡大へ向けた法改正という死に至りかねないあんこが入っているという構造だ（図0–2）。働きすぎや低賃金に悩む働き手たちが喜んで手を伸ばせば、その毒にあたりかねない。

いきわたる「企業ファースト」

「企業中心社会」も、企業という世界を中心に社員の家庭や教育が編成され、生活のすべての要素を企業に捧げさせるシステムではあった。だが、「働き方改革」の労働政策は、そのような企業による社員の支配にとどまらず、戦後に獲得した労働者保護の国際基準に沿って目指した労働法などの社会的な規範の総体を、企業利益に役立つことを目的として再編し、女性の人権を基盤とした女性の職場への進出を、企業の活性化のための手段に変質させた。また、民間の「働き方改革」にならって非正規公務員の待遇改善を目指すかと思われた地方公務員法、地方自治法の改定も、人件費抑制を維持するための非正規公務員の追認に化けたのではないのか。合言葉は、「生産性」だ。

第二次安倍政権の事実上のスタートである二〇一三年一月国会の所信表明演説で、首相は「世界で一番企業が活躍しやすい国を目指す」と述べた。そうした国へ向けた企業の「生産性」向上に向けて、人もモノも動員する大再編が始まる。安倍政権が目指す改憲は第九条の改正のことだと人々が思い込んでいるうちに、幸福追求権の第一三条、生存権の第二五条、勤労の権利を保障した第二七条、労働三権を保障した第二八条も、「企業の生産性」と「強い国家」へ向けて実質的に作り替えられようとしている。これは、もうひとつの「壊憲」だ。米国のトランプ大統領は「アメリカファースト」を唱え、東京都の小池百合子知事は「都民ファースト」を唱えた。これらの言葉を借りれば、「働き方改革」の素顔は「企業ファースト」と表現できるだろう。

こう書くと、次のような異論が出るかもしれない。「確かに第二次安倍内閣では、『岩盤規制の打破』など、企業ファースト的な政策が前面に打ち出されていた。だが、これに対する働き手からの批判の高まりにこたえて、『働き方改革』など、第三次安倍内閣以降は働き手寄りの政策に転換したのではないのか」

確かに、「働き方改革」は、日本の労働市場の激しい壊れ方に対する働く側からの悲鳴と、経営側の間にまで広がり始めた働き手の崩壊への危機感にこたえようとした面はある。第二次安倍内閣誕生以降、非正規は増加を続けて全労働者の四割近くに達し、その後も高止まりを続けている。過労死も続発し、生産年齢人口の減少やまともに生活できる雇用が減っていることを背景に、働き手が集まらず、経営が危うくなる企業も出てきた。アベノミクスで経済が成功すれば、「トリクルダウン効果」(企業や富裕層が豊かになるとその富が一般の人々にもしたたり落ちて来る、という論)で働き手は豊かになるとする当初の言説に反して、実質賃金はなかなか上がらない。減り続けた正社員は、ようやく二〇一五年から増加に転じた。だが、それでも賃金は上がらない。だから、国内消費は盛り上がらず、デフレも脱却できない——。となれば、働き方をなんとかしないと、ということに政権もようやく気づいた。そういう見方も間違いではないだろう。

第三次安倍内閣のころ、米国では二〇一六年の大統領選挙戦で、最低賃金の引き上げや大学の授業料無償化、TPP反対などを掲げる民主社会主義者、バーニー・サンダースが若者を中心に支持を集めていた。英国でもやはり民主社会主義者と言われるジェレミー・コービンが労働党の党首に選ばれ、二〇一七年の総選挙では保守党を単独過半数割れに追い込んでいる。韓国でも二〇一七年、リベラル左派と言われる文在寅《ムンジェイン》大統領が登場し、労働者尊重政策を掲げた改革に取り組んでいる。「企業ファースト」では社会がもたないという反省が国際的に高まる中で、その潮流を取り込んだのが「働き方改革」だといえるかもしれない。

だが、先にも述べたように、「働き方改革」にはいくつものフェイクが散りばめられている。それを考えると、これはサンダースやコービンの人気を織り込んだ新手のフェイクとの見方もできる。また、人々のニーズをそのつど取り込んでスローガンを変えていくその手法は、問題解決のために対策を立てる「政策」の手法というより、売れる商品を目指してパッケージングに工夫をこらす、企業の「マーケティング」の手法だ。政策の世界でも企業の発想法が支配する企業ファースト化が浸透している証しといえるだろう。

私たちの強みを生かす

だが、私たちは不安におびえてばかりいる必要はない。先に述べた米英でのサンダースやコービンに対する人気、韓国の文在寅政権の登場は、人を経済活動のための資源として動員し、競争させていく新自由主義政策の弊害に多くの人々が気づき始めたことの表れだ。安倍政権がこの間、フェイクを多用しなければならなかった理由も、そこにある。

グローバル企業が力をつけたとはいえ、戦前のような露骨な労働者抑圧は難しい。形骸化したと批判されることの多い議会制民主主義だが、戦後世界は、資産の多寡や性別にかかわらず、だれもが一票を持つ仕組みが原則になった。麻生太郎副総理は二〇一三年、民間シンクタンク主催の講演会に出席し、「憲法は、ある日気づいたら、ワイマール憲法が変わって、ナチス憲法に変わっていたんですよ。だれも気づかないで変わった。あの手口学んだらどうかね」と発言したとされる。議会制民主主義のもとでは、「あの手口」によって目くらましをかけることなしでは、好き勝手はできないということだ。

だからこそ、「働き方改革」にはフェイクが多用される。また、だからこそ、私たちは、心を落ち着けてフェイクの部分を見抜き、さらに、その情報を共有し、「あの手口」を押し返すネットワークを広げていくことが必要になる。本書の三つ目の目的は、そんな「働き方改革」の素顔を見つめ、私たちの強みを最大限に生かしつつ、「本当の働き方改革」を行うための方策を考えていくことだ。

そのために、この本は以下のように構成した。

第1章は「働き方改革」のもとでの「残業時間の上限規制」という名の長時間労働の標準化、第2章は「改革」の中の「日本型同一労働同一賃金」という名の賃金格差の固定、第3章は民間とは別天地と考えられがちな公務の世界で進む新自由主義化と非正規化の追認、第4章は、「女性が輝く」政策がもたらした、男女共同参画の空洞化、第5章は、そのような「企業ファースト社会」は、どのような構造を持ち、どうやって作られたのか、そして第6章では、「私たち自身のための本当の働き方改革」に何が必要かを考えていく。

多忙な読者のみなさんは、この中から関心のある部分だけを読んでいただく手もある。たとえば、「働き方改革」の経緯に詳しい方は、第5章の構造分析以降から読んでいただく、といった形だ。

今、働き方は大きな曲がり角にきている。企業の「生産性」のためでなく、働く人たちの生活のための改革へ向けて、この本を生かしていただけることを、心から願っている。

（本文中、敬称を省略した。また肩書きなどは当時のもの）

第1章

「上限規制」という名の残業合法化

1 「罰則付き規制」の素顔

労働時間は逆に伸びる?

「働き方改革」という言葉がマスメディアを通じて広く拡散したのは、二〇一六年八月三日、第三次安倍内閣・第二次改造内閣がスタートした際の記者会見での次のような首相冒頭発言からだった。

「最大のチャレンジは、『働き方改革』であります。長時間労働を是正します。同一労働同一賃金を実現し、『非正規』という言葉をこの国から一掃します。最低賃金の引上げ、高齢者への就労機会の提供など、課題は山積しています(1)」

このスローガンは、ある意味、ポイントを突いていた。「長時間労働の是正」と「同一労働同一賃金」は、いずれも日本の働き手にとっては、ある意味、悲願とも言えるテーマだったからだ。

まず、長時間労働は、過労死の原因とされてきたばかりか、共働きやシングルが家庭と仕事を両立するときの大きな壁となってきた。また、同一労働同一賃金も、女性や非正規の不当な低賃金を是正するための重要なカギとされてきた。日本社会は、これらの問題のために、生活を楽しみながら働くことや、どんな人でもまじめに働けば経済的自立を果たせるといった働き手の基本的な権利が妨げられてきた。

このうち「長時間労働の是正」の切り札として首相が掲げたのが、「残業の上限規制」だった。

一日八時間労働は、国際的な働き方の決まりであるILO第一号条約に規定されている。だが日本政府は、この第一号条約を批准していない。日本の労基法にも、「週四〇時間、一日八時間」の原則は書き込まれてはいる。ただ、日本企業は「終身雇用」があるから景気が悪い時に解雇しにくく、そのため繁忙期も人を増やさず固定メンバーによってやりくりしなければならないという理由のもと、一定限度なら労使協定を結べば残業をさせてもいいというやり方をとってきた(2)。この協定は、労基法第三六条に規定されているので、「三六協定」と呼ばれる。

三六協定については、「労働時間の延長の限度（限度時間）」（週一五時間、月四五時間、年三六〇時間など）に合ったものになるよう協定当事者の労使に努力義務が定められている。この限度は、働き手の健康を守るために出された一九九八年の労働省告示がもとになっている。ただ、「臨時的に限度時間を超えて時間外労働を行わなければならない特別の事情が予想される場合」には、「特別条項」付きの協定を結ぶことで、一定の回数に限って「限度時間」を超えた残業もさせることができる。つまり、日本でも「一日八時間労働」の原則に罰則付きの規制はあるが、三六協定さえ結んでおけば事実上、残業を青天井で認めるという形で「一日八時間労働」の規制逃れが合法化されるということになり、その実質的な歯止めは残業代だけ、ということになる。ＩＬＯ第一号条約を批准できずにきたのはそのためだ。

このような枠組みの中で、残業は過労死の温床と批判され、残業への法的な上限と、違反した場合の罰則を設けるべきだとの意見が高まっていた。首相の「残業の罰則付き上限規制」は、こうした批判をすくい上げたスローガンだった。

二〇一六年は、アベノミクスへの失望感が高まりつつあった時期。賃金はなかなか上がらず、企業が利益を上げれば経済成長の恩恵を受けて働き方も改善するというその論理に疑念が広がっていたからだ。

その中で、このスローガンは「成長から分配路線への政策転換」などと評された。首相自身も、こうした評価を歓迎するかのように、総選挙を控えた二〇一七年一〇月、「私がやっていることは、かなりリベラルなんだよ。国際標準でいけば」と発言している(3)。

だが、「上限規制」の中身を丹念に点検していくと、「分配へ向けた労働規制の強化」というより、規制の大幅緩和、企業の長時間残業の合法化と考えるべき要素が、いくつも見えてくる。

「働き方改革関連法」では、残業の上限規制は、年間では七二〇時間まで、休日労働を入れると九六〇時間まで、繁忙期には一カ月一〇〇時間未満、二～六カ月の平均で月八〇時間までとされている。一方、厚労省の過労死認定基準では、死亡(発症)前の一カ月でおおむね一〇〇時間、二～六カ月間の平均が月当たり八〇時間を超えていたら過労死と認定されうる。このため、今回の「上限規制」は過労死基準レベルの残業を容認するものとして、過労死した働き手の遺族がつくる「全国過労死を考える家族の会」(過労死家族の会)などの強い懸念と反発を招いた。

先に述べたように、残業の「限度時間」は、働き手の健康確保のためのものだ。特別条項は、そうした、人の生命にかかわる労働時間規制を超えた協定を認めてしまうことが大きな問題になってきた。それでも、これまでの制度のもとでは、特別条項付き三六協定を結んでいる企業の平均延長時間は月七七・五時間(二〇一三年、厚労省調べ)にとどまっている。ところが今回の「上限規制」は、これを超えて設定されている。それが労基法に書き込まれたことで企業はこれに合わせて協定を結びかねず、むしろ現行より残業時間が延びるおそれがあると大阪大学教授のスコット・ノースは懸念している(4)。

『朝日新聞』の、東証一部上場の二二五社への調査では、その過半数にあたる一二五社が二〇一七年七月時点で、「過労死ライン」とされる月八〇時間以上まで社員を残業させられる労使協定を結び、うち少なくとも四一社が月一〇〇時間以上の協定を結んでいた。(5) 日本を代表する企業の多くが新規制より長い残業協定を結んでいたことを見れば、今回の「上限規制」は意味があると考えることもできなくはない。ただ同時に、ノースが指摘するように、今回の「上限規制」が、残りの少なからぬ企業に対する「今より長い残業もＯＫ」というサインとなりうることは否めない。

立案にかかわった専門家らによると、当初は月六〇時間までの残業上限を目指す考え方も一部にあったという。六〇時間を超えると健康へのリスクが一気に高まるという研究結果があり、現行の残業割増率も六〇時間を境に通常の二五％から五〇％に引き上げられる仕組みになっているからだ。一九八〇年代、週四八時間労働から週四〇時間労働へ短縮したときは、労働基準監督官が中小企業を回ってひざを突き合わせて話し合い、約一〇年かけて目標を達成した例もある。これにならって、四、五年かけてでも「健康を守るギリギリの線」を上限とする方向で努力すべき、という考えだった。

だが、調整は経済産業省と経団連を中心に進み、結果は「一二カ月で割って平均すれば月当たり六〇時間」（つまり年七二〇時間に収まってさえいれば、六〇時間を超える月があっても問題ない）となった。月当たりの残業の最大上限が、「健康を守るギリギリの線」から「繁忙期に月一〇〇時間」という「過労死ギリギリの線」へとすり替わったことになる。健康確保のための「月四五時間、年三六〇時間」の上限は、厚労省側からの意見で、「原則」という形で滑り込んだ。

日本労働組合総連合会（連合）は「残業の罰則付き上限設定は労働者にとっていいこと」という姿勢を取ってきた。だが、その残業上限が明らかになると一線の労組員や過労死遺族から批判が巻き起こり、

「月一〇〇時間」に「未満」を加える修正要求で対応を図った。首相はこれを受け入れることで「連合の意向も取り入れた案」という形を整えた。

長時間労働による過労死・過労自殺が問題化している運転手や医師については、「それでは事業の継続ができない」という運輸業界や医師会の強力な反対で、導入が五年間猶予され、二〇一九年一月、医師の働き方についての検討会では二〇三五年度末までの特例として、一部医療機関に勤める医師は年一九〇〇〜二〇〇〇時間の残業上限が提案された。ただでさえ、過酷労働が敬遠されて希望者が減っているといわれるこれらの業界で、これではますます人手不足が進み、さらに過労死が増える、という悪循環への懸念も出ている。いずれも、「働き手の健康」(=人権の尊重)から「働き手が死なない」(=労働力の確保)への「企業ファースト」の論理への転換といえる。

労働時間からの市民権侵害

このような「上限規制」を労基法に盛り込めば、働き手の間の労働時間格差の拡大につながりかねない。これまでも国際基準に準じる形で、原則は「一日八時間、週四〇時間労働」とされてきた。ところが新基準が付け加えられることで、労使協定という手続きを踏みさえすれば、一カ月一〇〇時間未満まで、企業の裁量ひとつで労働時間を伸縮することがより明確になり、労働時間は今以上に、企業の出方次第となりうるからだ。

「これまでも一日八時間労働なんて守られていなかった」という人もいるだろう。だが、それは「本来、守るべきことが守られていなかった」だけだ。

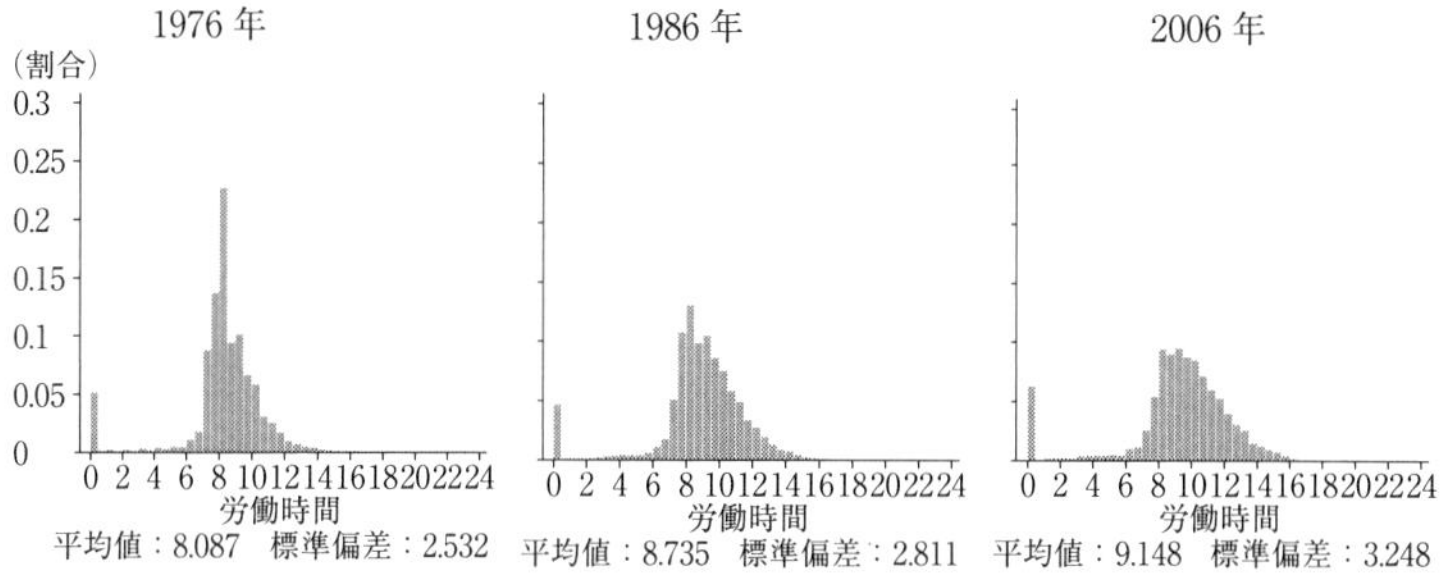

出所：黒田祥子「日本人の働き方と労働時間に関する現状」(内閣府規制改革会議　雇用ワーキンググループ資料，2013年10月31日)

図1-1　フルタイム男性雇用者の平日1日当たりの労働時間の変化(月～金曜日)

日本ではあまり知られていないが、ＩＬＯ第一号条約の「一日八時間労働」は、各国の労働者の要求によって勝ち取られた制度だ。「労働者のお祭り」といわれるメーデーは、一八八六年五月一日、合衆国カナダ職能労働組合連盟(後にアメリカ労働総同盟(ＡＦＬ)に統合)が、八時間労働制要求(8-hour day movement)の統一ストライキを行ったのが起源とされている。八時間労働は、労働者にとってはそれほどに基礎的な権利だ。なぜならそれは、労働者が睡眠をとるだけでなく、生活し、子どもを育てる生活権や、さまざまな社会・政治活動に参加する市民権を、時間の上で保障するものだったからだ。

労働経済学者の黒田祥子によると、フルタイムで働く男性のうち一日一〇時間以上働く人の割合は一九七六年の一七・一％に対し、二〇〇六年には四二・七％に上昇している。[6] 一九七六年当時は働き盛りの男性でも多くが一日八時間労働だった(図1-1)。ところが、一九八四年からの週休二日制度の導入以降、労働時間の分布は分散し、しかも一日一〇時間以上へとシフトする傾向が見られる。一日の労働時間規制に見合うよう仕事量を精査して減らしたり、人員を増やしたりするのではなく、一

表 1-1　労働時間の推移（フルタイム雇用者）

週当たりの平均労働時間

年	1976	1981	1986	1991	1996	2001	2006	2011
男女計	46.71	49.69	49.99	49.08	48.78	48.24	50.05	50.10
男性	48.23	51.13	52.40	51.54	51.33	50.99	52.78	53.13
女性	43.51	46.66	44.91	43.89	43.39	42.43	44.29	43.71

平日 1 日当たりの平均労働時間

年	1976	1981	1986	1991	1996	2001	2006	2011
男女計	7.76	8.08	8.27	8.29	8.36	8.31	8.63	8.67
男性	8.01	8.33	8.69	8.70	8.79	8.79	9.12	9.21
女性	7.22	7.55	7.41	7.43	7.45	7.30	7.60	7.54

フルタイム男性雇用者の労働時間別割合

年	1976	1981	1986	1991	1996	2001	2006	2011
0（単位：時間）	5.2	3.6	4.7	5.8	6.5	7.2	6.3	6.8
0〜8 以下	28.7	28.9	22.2	20.0	17.7	17.6	13.9	13.4
8〜10 未満	49.0	47.6	42.1	41.6	40.4	38.0	37.1	36.1
10 以上	17.1	19.9	31.0	32.6	35.4	37.2	42.7	43.7

出所：黒田祥子「日本人の働き方と労働時間に関する現状」（内閣府規制改革会議　雇用ワーキンググループ資料，2013 年 10 月 31 日）

日に長時間働かせることで仕事量も人件費も変えずに週末休みを確保するという「週休二日対策」がそこにあった。企業の負担軽減を最優先にし、働き手の平日の家庭・社会参加の時間を削ることで対応したということだ。

その結果、以後、一日の労働時間を伸ばして業務をこなすことへの心理的な障壁が崩れ、一日一〇時間を超す男性労働者の割合は増え続ける（表1-1）。こうして働き盛りのフルタイム労働者の社会的な活動への参加時間が奪われていったことは、労働組合活動の衰退と働き手の交渉力の弱化にもつながった。これは、市民権を労働時間の側から侵害するものだ。

いま、社会活動の担い手が高齢化しているといわれる。だがそれは、「少子化」や「若者の社会運動嫌い」のせいだけでなく、生産活動から引退した高齢者以外は社会活動の時間を持てなくなった日本社会の構造が大きく影響しているといえるかもしれない。

今回の労基法改定は、働き手の市民としての活動権の保障へ向けて「一日八時間労働」を取り戻そうとするのでなく、長時間労働の日常化というこれまでの流れを法制度の面から追認し、促すものだ。会社の業務以外の時間はますます縮小を余儀なくされ、日本の社会全体の活力は一段と弱まることになりかねない。

「残業」の意味の転換？

それ以上に見過ごせないのは、「残業規制」の意味そのものが、この改定で大きく転換されるのではないか、ということだ。

先にも述べたように、三六協定は、企業活動を維持できなくなるような予想外のやむを得ない事態になったときは一日八時間の原則を超えてもお目こぼしするとして、臨時的、例外的に結ぶはずのものだ。ところが、「働き方改革関連法」では、次のようなくだりが飛び出す。

「労働時間を延長して労働させることができる時間は、当該事業場の業務量、時間外労働の動向その他の事情を考慮して通常予見される時間外労働の範囲において、限度時間を超えない時間に限る」(傍点引用者)

残業とは、納期に間に合わないなど、予見できない仕事量の増加で労働時間を延長せざるをえない緊急時に行うもののはずだ。ところがここでは、はしなくも、「予見される」ものと書いてしまっている。予見されるなら人手を増やすなどして働き手の労働時間規制を守るのが筋だ。残業を前提にしている本音が表れてしまったということだろうか。

そんな働く世界での「残業の当たり前化」を端的に表しているのが、「固定残業代」の横行だ。これは、残業代をあらかじめ組み込んだ賃金で契約するもので、過労死の温床として、この一〇年ほど大きな問題になりつつある。たとえば二〇〇七年八月、居酒屋チェーンの新入社員（当時二四歳）が入社五カ月日に急性心不全で亡くなった事例は、「固定残業代」のもとでの長時間労働が原因とされている。「初任給」の約一九万四〇〇〇円の中身は基本給一二万円余に「役割給」七万円余を加えたもので、「役割給」とは過労死基準すれすれの八〇時間分の残業代のことだったからだ。それだけの残業を余儀なくされた末の死に、遺族は過労労災として勤め先を相手取って訴訟を起こし、勝訴している。

このような、残業が予定された働き方の拡大を、「最大月一〇〇時間まで」などとして労働時間制度の上でも追認したのが今回の「上限規制」だったといえないだろうか。働き手を守る労働時間制度から、会社の都合次第の「企業ファースト」の労働時間制度への転換だ。

しかも、無際限な長時間労働にかろうじて歯止めをかけ、家庭との両立にも不可欠な一日の労働時間の上限規制、「業務間インターバル制度」（一日の終業時と翌日の始業時の間に一定の時間を空ける規制）も、企業の努力義務となった。二〇一七年の厚労省調査では、導入企業は一・四％にすぎず、二〇一八年七月に閣議決定された新「過労死防止大綱」（過労死等の防止のための対策に関する大綱）では、この割合を二〇二〇年までに一〇％以上とする数値目標が盛り込まれた。だが、こうした手法では、人間の生命や生活の維持という基本的な権利が勤めた企業次第で変わることになり、働き手の間の格差を生むことにつながりかねない。

2 裁量労働制と高プロとのセット販売

仕事の量を左右できない「裁量労働制」

このような「残業の上限規制」には、もう一つの仕掛けがあった。裁量労働制の対象拡大と高度プロフェッショナル制度（高プロ）の二つの「セット販売」戦略だ。

「残業の上限規制」は、確かに、月八〇時間、月一〇〇時間を超す残業協定などを結んでいるような企業には一定の残業短縮圧力になる。もし労働側がこのセット販売を拒否すれば、「せっかくの残業上限規制を労働側が断った」とPRされ、拒否した側が悪者にされかねない。断るに断れない構図に追い込むことで、裁量労働制の拡大と高プロの二つも飲ませていく、という仕掛けとも見える。

裁量労働制の定義は、「実際の労働時間がどれだけなのかに関係なく、労働者と使用者の間の協定で定めた時間だけ働いたとみなし、労働賃金を支払う仕組み。企業は労働時間の管理を労働者に委ねて、企業は原則として時間管理を行わないことが特徴」（デジタル用語辞典）とされている。

一見、働き手は協定で決めた範囲内で労働時間を裁量でき、好きな時に帰れるかのように思える。だが問題は、労働時間を働き手の裁量で決められたとしても、業務量は会社の裁量次第ということだ。仕

表1-2　裁量労働制の変遷

1987年	裁量労働制の創設．専門業務型（デザイナー，記者，研究開発，ITのシステム分析など）．
1998年	企画業務型裁量労働制の導入．ホワイトカラーへの適用拡大．労働強化につながりかねないとの懸念を受け，企業の中枢部門において企画・立案・調査・分析の業務を行う労働者で一定の職務経験を経た者であることなど，限定された対象者に厳格な手続きを経ることで適用．
2015年	企画業務型裁量労働制に，法人顧客向けの「課題解決型の開発提案業務」などを付け加える形での裁量労働制適用拡大を盛り込んだ「労基法等改定案」（働き方改革関連法案）の国会提出．
2018年	国会で裁量労働制をめぐるデータの誤りが追及され「働き方改革関連法案」から削除．

事の量を増やされれば、働き手は「自分の裁量で自発的にサービス残業を引き受ける」しかなく、会社は責任を回避できる。「強制された自発性」だ。

　その過酷さについて、現場にじかに触れている労働基準監督官などの労組、「全労働」は、提言の中で次のように述べる。

「労働局や労働基準監督署を訪れる労働者の声に真摯に耳を傾けるならば、いかに多くの労働者が過重労働に苦しみながら労働時間規制の強化を求めているか、また、不定形・不安定な働き方に苦しみながら就労形態の改善（拘束時間の規制や休息時間の確保等）を求めているかがわかるであろう。とくに、『多様で柔軟な働き方』と言われる裁量労働制の適用を受け（中略）、ノルマ達成を厳しく迫られたり、あるいは激しい選別や競争にさらされる結果、無制限な長時間労働を余儀なくされている（多くは健康障害を発症）という訴えは後を絶たない。一方、労働時間規制の緩和を求める労働者は、皆無といってよい[7]」

　裁量労働制は一九八七年、デザイナーなどの専門的な職種を対象にした「専門業務型」から始まり、一九九八年、企業の中枢部門で企画・立案・調査・分析の業務を行うホワイトカラーが対象の「企画業務型」にまで広げられてきた(表1-2)。これを、「法人顧客向けの企画、立案、調査及び分析とこれらの成果を活用した商品の販売やサービスの提供で契約をとりつける業務」を対象にした「法人営業」などに拡大するというのが今回の案だった。裁量労働を過酷にしている「仕事の量への裁量の欠如」からいうなら、営業は、専門職や管理職的なホワイトカラー以上に仕事の量を自力で裁量しにくい業務だ。加えて、法案では雇用形態や年収による制限もなく、山井和則議員(当時、希望の党)の質問主意書(二〇一八年一月二九日提出)に対し、非正規でも低賃金でも適用は可能とする答弁書が二〇一八年二月六日に閣議決定されている。こうした働き手にとって、仕事量の裁量権は、正社員以上にない。

だが、この「セット販売」の仕掛けは、思わぬところからほころびを見せた。裁量労働をめぐる政府のデータの改竄問題が発覚したからだ。

データめぐる虚偽の続発

発端は首相の二〇一八年一月二九日の衆議院予算委員会答弁だ。ここで首相は「裁量労働制で働く方の労働時間の長さは、平均的な方で比べれば一般労働者よりも短いというデータもある」と説明した。もとになったのは厚生労働省の「平成二五年度労働時間等総合実態調査」から導き出されたとされるデータだ。ここでは企画業務型裁量労働制で働く人の労働時間は一日平均九時間一六分、一般労働者の平均は九時間三七分とされ、二〇一五年七月三一日の衆院厚労委員会と二〇一七年二月一七日の衆院予算委員会の二回にわたって塩崎恭久厚労相も、答弁に用いていた。ところが、このデータについて野党から疑問が噴出した。

まず、裁量労働者の労働時間は実労働時間だったが、一般の労働者の労働時間は一日八時間に「最長の」残業の平均時間を足したもので、異なるベースのものを比較していたことがわかった。また、首相が「平均的な方」と説明した労働時間は調査対象の事業所で働く全員の労働時間の「平均値」ではなく、各企業が「平均的な働き方の社員」の時間として出したものだった。

実は、裁量労働のほうが労働時間は長くなる傾向があるという調査もあった。労働政策研究・研修機構の「裁量労働制等の労働時間制度に関する調査結果　労働者調査結果」(二〇一四年)によると、「通常の労働時間制度」(裁量労働でない働き方)では、週四〇時間前後に相当する、「月一五〇時間以上二〇〇時間未満」の労働時間で働く人の割合は六七・〇%だ。一方、「専門業務型裁量労働制」は四一・〇%、「企画業務型裁量労働制」は四九・二%とその割合が低い。また、裁量労働制では週五〇時間から六〇時間以上にあたる「月二〇〇時間以上二五〇時間未満」の割合が、それぞれ三七・八%、三九・七%で、通常の労働時間制度の二一・二%に比べて高く、明らかに裁量労働のほうが労働時間が長くなる傾向が見て取れる。だが、このデータは厚労相や首相の答弁では触れられなかった。加えて、野党側の精査によって、問題の「平成二五年度労働時間等総合実態調査」に、同じ人の残業時間が一週間よりも一カ月の方が短いなどの異常な数値が多数みつかり、データの信憑性は大きく揺らぐことになる。

相次ぐ不備の指摘に、首相は二月一四日の衆院予算委員会で裁量労働制に関する自身の発言を撤回し謝罪した。ところが二〇日、これまで厚労省が「ない」と説明していたデータの基となる調査票が、厚労省本庁舎の地下倉庫に保管されていたことも発覚する。

二一日に開かれた衆院予算委員会公聴会に公述人として招かれた上西充子・法政大学教授は、これらのデータが単なるミスではなく、政府の意向に沿うための意識的な加工であったのではないかと指摘し、裁量労働制は働き手のただ働きを促進すると強く批判した。(8) 三月一日、首相は国会で、ついに裁量労働制の拡大を法案から削除し、先送りすることを表明した。

無視された働き手の健康

上西は、これらの事件のほぼ一年近く前の二〇一七年四月一四日のウェブサイト記事でも裁量労働について重要な指摘をしている。(9) 民進党(当時)の長妻昭が同年二月一七日の衆議院予算委員会で営業職への裁量労働制の拡大の危険性を指摘したことを引いて、「働き方改革関連法案」に盛り込まれた裁量労働制の法人営業への拡大は、一九九一年の電通過労自死事件をきっかけに広告業界が要求してきた結果ではないかと疑問を呈したのだ。

電通では二〇一五年に女性社員の高橋まつりの過労自死を引き起こしたが、その二五年ほど前の一九九一年にも二四歳の男性社員が過労自死し、大きな社会問題となっている。長妻の質問は、その六年後の一九九七年、電通会長が理事長だった日本広告業協会の「裁量労働制研究会」が労働省(当時)に、裁量労働の拡大を要望したことを指摘したものだった。

この事件の裁判で、男性社員の過酷な働き方は会社の指揮命令によって起きたものと判断され、電通は敗訴する。長妻は、「その裁判の中でも電通はこういうような主張をされているんですね。この亡くなったO君〔死亡した男性社員〕は裁量労働制ではなかったんですけれども、電通の主張は、このO君の労働は裁量的な労働だと。つまり、電通側は長時間労働も個人の選択によるものと主張されたんですね」

と述べ、電通敗訴の二年後の『労務事情』(二〇〇二年六月一日号)に掲載された電通人事部長のインタビューを引用している。

すなわち、このインタビューで人事部長は、営業と制作に対して一括して裁量労働制を適用したいと述べ、「単に法律の不備や使い勝手の悪さを批判するだけでなく、自らデータを使って、行政・立法に携わる方々や研究者等にも私たちの実態を説明し、理解を求め、法律に反映させていく努力が必要だと痛感しているところです」としており、今回の裁量労働制拡大そのままの主張だ。

長妻の質問をもとに、上西は、過重な業務を抱えて深夜や早朝にまで連続的な長時間残業を余儀なくされていた社員について「それを仮に自己の『裁量』による働き方だということにできるならば、会社の責任は問いにくくなるだろう。そういう電通側の狙いが、この経緯からは透けて見える」と書く。

こうして見てくると、今回の裁量労働の対象拡大の動きは、製造業部門での長期の労使交渉の中で形成されてきた労働者保護の労基法を、サービス業の都合に合わせた「企業ファースト」の労基法へ作り替えようとする作業の一環という見方もできる。

働き方は働き手の健康や暮らしの大枠を決定する。生活の糧は、働いて得る賃金にかかっているため、人々は働き方に応じて生活時間の方を伸縮するからだ。だからこそ、その規制の改定にあたっては、働き手の置かれている現状を正確に、客観的につかむことが問われる。特に危うさ満載の裁量労働制では、その必要性は大きい。

「働き手のため」を標榜していた「改革」だが、実は、働き手の健康と生活は置き去りにされ、「サービス産業ファースト」の法案を通すことだけが優先されていた。その事実を、データ改竄事件はわかりやすい形で露わにした。

だが、その後も裁量労働制拡大への動きは止まっていない。二〇一八年六月二九日、もう一つの仕掛けである高プロを盛り込んだ「働き方改革関連法」が成立した。その際、中西宏明・経団連会長は、法案の可決を歓迎しつつ、「残念ながら今回の法案から外れた裁量労働制の対象拡大については、法案の早期の再提出を期待する」とするコメントを発表した(10)。同年七月の労働政策審議会労働条件分科会でも、裁量労働制をめぐり厚労省側が、不適切データ問題を謝罪した上で、再調査を明言。使用者委員からは「柔軟な働き方の選択肢を広げるという改正ということで、私どもとしては大変期待をしていた」として、「対象業務の拡大について法案の早期再提出の環境が整うように改めてお願いをしておきたい」との要望があがり、次の規制緩和への動きが始まっている。

「異次元の緩和」としての高プロ

もう一つの仕掛けである高プロは、裁量労働制以上に広範な労働時間規制の緩和だ。「働き方改革関連法」の規定を見てみよう。

まず、対象は、「高度の専門的知識等を必要とし、その性質上従事した時間と従事して得た成果との関連性が通常高くないと認められるものとして厚生労働省令で定める業務のうち、労働者に就かせることとする業務」だ。かつ、「一年間当たりの賃金の額に換算した額が基準年間平均給与額(厚生労働省において作成する毎月勤労統計における毎月きまつて支給する給与の額を基礎として厚生労働省令で定めるところにより算定した労働者一人当たりの給与の平均額をいう。)の三倍の額を相当程度上回る水準として厚生労働省令で定める額以上」が払われると見込まれる労働者について、労働時間、休憩、休日及び深夜の割増賃金に関する規定は適用されない。つまり、厚労省がはじき出した「平均給与額」なるものの三倍を上回る「高年収」で、労働時間と成果の関係が薄い「高度の専門職」と政府が認めれば、労基法の労働時間にかかわる保護から外していいということになる。

二〇〇七年、第一次安倍政権で首相が国会提出を断念した「ホワイトカラーエグゼンプション」は、一〇〇〇万円程度の「高年収」の働き手は労基法の保護から外すという制度だった。年収が高ければ交渉力が高く、労働量を自分の裁量で左右できるはず、という仮定のもとに年収要件で労基法外しの線引きを行ったものだ。これには「年収が高くても過労死の事例もある」との批判が強かったため、「高専門」という要件も加えて看板を掛け変えたのが高プロだ。

高プロの年収要件は、省令で一〇七五万円以上となったが、単純な省令であるため、国会の審議なしで引き下げていくことも可能だ。二〇一四年六月の衆院厚労委員会では、当時の田村憲久・厚労相が、年収要件を引き下げるのではないかとの質問に、「少なくとも私が大臣をやっておれば、次の年に(年収要件を)五〇〇万ということはさせない」と答弁している。裏を返せば、大臣が代わればバーの引き下げもありうるとも解釈できる発言だ。ちなみに、田村厚労相はこの答弁の約三カ月後に交代している。

「専門性」の線引きも国会の議決がいらない省令で金融商品の開発、コンサルタントなど五業務に限られたが、同様に拡大の恐れがある。一九八五年に制定された労働者派遣法も、当初は交渉力が高い専門職なら問題が少ないとして、国会を経ない政令によって決められた専門的な業務などに限って解禁した。だが、その範囲は拡張され続け、一九九九年に原則としてどんな業務でも可能となり、二〇〇四年には、危険度が高い製造業も対象になった。その二の舞を心配する声は強い。

特に懸念されるのは、「異次元の量的緩和」ならぬ、「異次元の労働時間規制緩和」と呼ばれるほどの、働き手の健康を考えた労働時間の歯止めの弱さだ。これまでも、自分で労働時間を決めることができるような高位の管理監督者については、一日八時間を超えても割増賃金(残業代)はつかないとされていた(労基法第四一条)。だが、ここでは午後一〇時から午前五時までの深夜割増賃金は必要だ。また、「裁量労働制」では、休日労働、深夜労働には割増賃金が必要で、休憩の規定も適用される。これと比べると、その異様さが際立つ。

この高プロの枠組みでは、使用者は休憩(六時間を超える労働で四五分、八時間を超える労働は一時間)を与える義務(労基法第三四条)を免れ、法律の文言の上では、一日二四時間、無休で働かせることも理論的には可能で、原則週一回の休みを与える義務(同第三五条)も適用除外とされた。

政府や経済界が「自由な働き方」と述べていたにもかかわらず、働き手が労働時間を裁量する権利が規定されていないことに対して野党から追及が相次ぎ、省令によって、具体的な指示を受けて働く人は除くことになった。しかし成果で評価される点は変わらないため、目標達成まで働かされ続ける点は変わらないとの懸念はなくなっていない。

労働時間規制がないのは危ないという批判に対し、それに代わる措置として、高プロでは、①インターバル措置、②一カ月または三カ月の在社時間などの上限措置、③二週間連続の休日確保措置、④臨時の健康診断などの四つの「健康確保措置」と、年間一〇四日以上、四週間に四日以上の「休日確保措置」が盛り込まれた。また労働時間の把握がないことへの批判に対して、企業は「健康管理時間」を把握することになった。

だが、四つの「健康確保措置」は四つのすべてではなく、いずれかひとつを選べばいいというものだ。④を選べば、健康診断の実施だけですむことになる。また、月の初めに四日休ませ、後は月末まで毎日二四時間ぶっ通しで働く月が出ることも理論的には可能だ。その場合、月六〇〇時間程度の労働時間となる。

こうした指摘に対し、そのような働かせ方は非現実的と揶揄する声もある。だが、過労うつから退職した一年後の二〇一〇年に自死して労災認定されたアニメ制作会社の二〇代の社員が在職中、月六〇〇時間働いていたという例も報じられている(11)。法律とは起こりうる最悪の事態を防げる構造になっていることが大切だ。その意味で、高プロは欠陥法といえる。

さらに、「健康管理時間」は、会社にいた時間と会社以外の場所で働いた時間を足した時間のことで、社内での休憩時間や組合活動などの仕事以外の時間も含まれる可能性がある。このため、実際に働いた時間を意味する「労働時間」とは異なる。これでは、労働による災害である労災認定ができるかどうかも、危ぶまれる。従来の労基法と外見はそっくりで中身から企業責任部分を抜き取ったダミーを用意したようなものだ。ここにも「労働者保護」から「企業ファースト」への労働基準の転換がある。

また、裁量労働制の拡大の場合と同様に、雇用形態による制限は入っておらず、有期労働者に適用される可能性もある。有期の「専門的」な働き手に対し、年収要件の一〇七五万円を月の収入に換算してそれに見合った額を受け取っているなら、高プロが適用可能になるということだ。その場合、企業の短期プロジェクトに月九〇万円で採用され、四日だけ休んで月六〇〇時間ぶっ通しで働いたところで過労うつとなり、契約解除で失業後、長くうつで働けない体になる、などという最悪のパターンも起こりうる。将来、年収要件が下がれば、その範囲はもっと安い賃金の働き手に及ぶ。

高プロへの執着の歴史

「働き方改革関連法案」の仕掛けが二〇〇七年のホワイトカラーエグゼンプションより巧妙なのは、高プロが、「残業時間の上限規制」と「裁量労働制の拡大」との抱き合わせで盛り込まれたことだ。「残業時間の上限規制」によって、「一つは勝ち取った」という達成感を労働側に与え、さらに、裁量労働制の拡大との二段構えにしたことで、「高プロは残ったが裁量労働制は阻止した」として、反対の勢いをいったん弱める。こうして、残った高プロを通しやすくする作戦が、そこになかったか――と勘繰りたくなるのは、この制度に対する企業側の執着の歴史があるからだ。

ホワイトカラーエグゼンプションが日本で注目されたのは、二〇〇五年に日本経団連が打ち出した「ホワイトカラーエグゼンプションに関する提言[12]」からだ。この提言では、「当該年における年収の額が四〇〇万円（又は全労働者の平均給与所得）以上」を対象としたいと述べられ、中堅正社員のほとんどが残業代ゼロになるとして批判を呼んだ。火消しのため、厚労省は「九〇〇万円以上なら大丈夫では」とバーを引き上げた経緯がある。だが、「年収が高い労働者が労働時間を自分で決められるとは限らず、過労死は防げない」との批判はなおもおさまらず、国会への提出は見送られた。

この制度は、米国の対日投資促進のために小泉政権から始まった「日米投資イニシアティブ」の二〇〇六年報告書[13]に盛り込まれていた。ここでは、「（３）労働法制」として、次のように述べられている。

「米国政府は、労働移動を促すことが組織の価値の極大化を図る上で重要であると指摘し、この観点から次の四点を挙げた。

第一に、米国政府は、確定拠出年金制度の拠出限度額の引き上げ、給与天引きではない従業員拠出を認めること、及び従業員が最適な投資戦略を決めることや適時、ポートフォリオのリバランスなどの適切な行動を確保することを助けるために、投資助言サービスを任意で利用できることを認めるよう要請した。米国政府はこれらの変更が確定拠出年金制度をより魅力的なものにし、従業員、事業主双方に利益があると述べた。

第二に、米国政府は、解雇紛争に関し、復職による解決の代替策として、金銭による解決の導入を要請した。

第三に、米国政府は、労働者の能力育成の観点から、管理、経営業務に就く従業員に関し、労働基準法による現在の労働時間制度の代わりに、ホワイトカラーエグゼンプション制度を導入するよう要請した。

第四に、米国政府は、労働者派遣法による規制については、限られた時間の仕事や職場(選択)の自由を希望する者を含む労働者により多く雇用の機会を提供する必要があるとの観点から、これを緩和すべきであると指摘した」

これらの要請は、第二次安倍政権下で着々と実現されていった。まず、二〇一五年に大幅な規制緩和へ向けた派遣法改定が行われ、二〇一七年五月には厚労省の有識者検討会が解雇の金銭解決について論じた報告書をまとめ、そして、ホワイトカラーエグゼンプションは、高プロに衣装を変えて再登場した。

外資比率が五割を超える日本の大手企業も珍しくないいま、米国からの要求は日本のグローバル企業の要求とも重なる。裁量労働制をめぐるデータ改変から露呈した働き手の健康への政府の関心の薄さは、関心の焦点が、グローバル企業の求めるスケジュールの着実な推進にあったと考えれば納得がいく。こうしたグローバル企業の要請による「改革」と、働き手のための改革との違いは、柔軟な労働時間で知られるオランダが二〇〇〇年、働き手が労働時間を選ぶ権利を規定した「労働時間調整法」（二二三ページ参照）を制定し、働き手からの対抗措置も盛り込んだことと比べると一段と鮮明になる。

こうした「セット販売」によって、働き手はいま、「一日八時間労働」が原則だった社会から、次の三択からの選択を求められる社会に直面させられつつある。①「残業時間の上限規制」のもと、過労死レベルの残業を受け入れる普通の働き手、②何時間働いても一定の時間分の賃金しか受け取れない裁量労働の働き手、③労基法の保護から外される高プロの働き手だ。

加えて「働き方改革実行計画」には、「副業・兼業の推進に向けたガイドラインや改定版モデル就業規則の策定」も盛り込まれた。日本の企業は、残業代込みで生活が成り立つ賃金設計を広げてきた。だが、「残業の上限規制」や高プロは、企業の残業代節約は約束しても、働き手の生活賃金は保障しない。これを「副業」によって働き手の自己責任で補塡する仕組みへの転換だ。ダブルワークによって企業ベースの労働時間は減っても、働き手ベースの労働時間はむしろ伸びる。「企業ファースト」の労働時間削減策だ。

3 「熱血先生」の死と『一九八四年』の世界

無視された負担軽減措置

このような高プロの怖さに、当初、働き手たちの反応がどこか鈍かったのはなぜだろうか。時事通信の二〇一八年二月時点の世論調査でも、「高度プロフェッショナル制度」の導入について「賛成」三四・五％、「反対」三九・九％だった。反対が上回ったとはいえ、賛成も三割を超えている。それは、労基法で規定されている、毎週末には休みがあり、一日八時間を超えたら「残業」とされるという原則が当たり前になりすぎて、これらの規制が外された労働世界がどのようなものなのかを人々が実感できていないからかもしれない。

「労基法を外された世界」をイメージするには、これを先取りしてしまった働き手たちの現実を見る必要がある。教員の働き方は、そのひとつだ。神奈川県横浜市の市立中学の教員だった工藤義男の妻、祥子をたずねたのは、それを知りたかったからだ。義男は二〇〇七年六月、四〇歳の若さでくも膜下出血で倒れ、亡くなった。一七年のキャリアを持つ保健体育の教員だった。学生時代の同級生だった祥子は、「夫は、『先生の仕事が大好き。生徒が大好き。部活が大好き。自分の天職だ』と言っていました」と振り返る。そんな夫が、初めて「頭が痛い」「やりたくない」とこぼすようになったのは、同年四月、市内の別の中学に転任してからのことだった。

転任先は教育熱心な中流の多い地域の学校で、事前の調査や最初の校長面談では問題はないように見えた。ところが、転任が決まってからの校長との面談で義男はいきなり、いくつもの職務や引き継ぎ事項が書かれた一冊のファイルを手渡された。そこには負担の重い生徒指導専任の仕事も含まれていた。生徒指導専任は、生徒指導の中心となる職務で、転任一年目で任命されることは滅多にない。頼み込まれてやむなく引き受けた義男は、帰宅して家族に、「この学校はまずいかも」と、ぽつりと言った。

生徒指導専任になったことで、職員会議のほかに度重なる校外の生徒指導関係の会議にも出席しなければならなくなった。前任者からの引き継ぎはまったくなく、これらの会議のメンバー連絡網をつくるために一から町内会の名簿を調べなければならなかった。さらに、その住所があっているのか確認するために授業の合間を縫って区役所まで出向いた。だが、個人情報の保護が壁になってコピーがとれず、手書きでデータを写したという。

実は、転任先は、「生活レベルが高い」地域ならではの問題点を抱えていた。私立中学を受験する子どもが多く、市立は「受験に失敗した子が来るところ」という意識を持っている生徒が少なからずいた。このため教員に対しても上から目線になり、「そんなこと言ったら弁護士を呼ぶ」と生徒から教員が脅される例もあった。保護者の要求水準も高く、名簿が一字間違っていただけで強硬な苦情が来る。気を抜けない環境の中で、前任の教員も校長も、早期に転任していたというのだ。

横浜市は、生徒指導専任という職務の負担の重さを考慮して、担当する教員には授業時数を週に一〇単位時間以内に軽減し、生徒指導に専念させるという規定を設けていた。だが、義男は保健体育の授業のほか、一年生二クラスの道徳、総合教育を担当する副担任など、一〇単位時間を超える授業を担当し、さまざまな学校運営のための校務を一八も引き受けていた。新任の義男には学校の状況がわからず、校長から求められれば断りにくい。生徒指導での実績を評価されての転任ということもあって断り切れず、その結果、仕事がまとまって割り振られてしまったのではないかと祥子はみる。

授業時数の軽減措置については、義男が亡くなった後の過労死認定申請の際に初めて知った。そのような、教員を守るルールはほとんど周知されておらず、義男もそんな規定は知らなかったようだという。

転任して二カ月後の六月、三年生の修学旅行がやってきた。以下、ネットの「教働コラムズ」の記事によると、[14] 三年生は担当が違うのに、生徒指導の担当だからと引率を頼まれた。残業時間は過労死認定基準の月一〇〇時間を超えていた。義男は初めて、「やりたくない」と口にした。帰宅すると、義男は布団に倒れこんだ。この日を境に頭痛で動けなくなったが、二日後、体を引きずるようにして顧問を務める部活の試合の応援に出かけた。会場にいた保護者の話によると、義男は木陰に座り込んだまま部員たちに指示を出していた。その一〇日ほど後、義男は亡くなったという。

高プロの先駆けとしての給特法

このような教員の働き方の背景にあるのが、一九七一年にできた「公立の義務教育諸学校等の教育職員の給与等に関する特別措置法」(給特法)だ。この法律は、公立学校の教員について、時間外勤務手当(残業代)や休日勤務手当を支給しない代わりに、月の給料の四%にあたる教職調整額を支給することを定めている。

祥子は、義男の公務災害認定要求を通じて過労死の恐ろしさを痛感し、「過労死家族の会」の公務災害担当を引き受けた。その活動の中で、義男の死はこの給特法に原因があると考えるようになった。

給特法は、残業代、休日勤務手当などを義務付けた労基法第三七条から免除され、支給されるのは教職調整額として給料の四％に限定されている。だから、長時間働かせても人件費には跳ね返らない。その結果、管理職は教員の労働時間管理に責任を感じにくくなり、仕事が野放図に増えても長時間労働でしのげばいいと考えがちになる。「残業」や「労働時間」の観念がない中で、教員は、自らを教育のプロと位置づけているため、「子どもたちのため」として無限定に仕事を引き受けることになる。

祥子らは「家族の会」の活動を通して出会った新任の先生を対象に過労死についての学習会を開き、若い教員たちに、労働時間の基本は朝八時に登校、午後五時に退勤、昼は四五分の連続休憩が一般的だと説明したら、「休憩時間は連続して取っていいんですか？」と聞かれた。昼休みも子どもの給食指導などでゆっくり食べていられないので、連続して取るのが普通だとは考えられなかったのだ。祥子は言葉を失った。

就業規則も見たことがなく、労働時間にかかわる規定がどこに書いてあるかも教えられたことがない。出退勤時間を記録したり把握したりという意識がだれにもない。タイムカードもなく、出勤簿に、毎日ではなく、まとめて出席印を押したりしている学校がほとんどだ。中学・高校の部活では、生徒は午後六時半に終えることになっているという声もあった。これは教員の本来の帰宅時間である午後五時をオーバーしている。教員の残業があらかじめ織り込まれている、ということだ。

連合総合生活開発研究所（連合総研）が二〇一六年一二月に発表した調査では、小学校教諭は出勤時刻七時三一分、退勤時刻一九時四分、在校時間一一時間三三分、中学校教諭が出勤時刻七時二五分、退勤

時刻一九時三七分、在校時間一二時間一二分という在勤時間の長さだ(15)。また、労基法第三四条では六時間を超えて働いたら四五分の休憩時間が保障されているが、これについても、二〇〇六年調査では、小学校で平均六～九分、中学校で一五～一七分にすぎず(16)、出退勤を自動的に記録するＩＣカードがある場合でも、記録された在校時間から自動的に四五分が引かれる仕組みになっているなど、実態を反映しない時間把握となっていることが多い。

「専門性」が求める際限ない奉仕

「家族の会」への相談などからは、休憩時間中に保護者に手紙や連絡帳を書き、給食は子どもの指導があり、放課後に部活もあり、トイレに行く時間が取れないという訴えも少なくない。その結果、腎盂《じんう》炎《えん》になる教員もいる。

こうした労働時間の無法地帯の横行の背景には、給特法で教育にかける予算が抑えられているという国にとっての「実利」がある。名古屋大学大学院准教授の内田良によると、「膨れあがった時間外労働分を残業代に置き換えれば、一兆円規模(17)」にも達するという。これを支えるのが、子どものためにはなんでもすべきだという教員や保護者、地域社会の「聖職意識」であり、さらにその陰には、「教師や公務員は税金で生活しているのだから働くのが当たり前」という公務員バッシングや、「好きな仕事で死ねたのだからいいだろう」という専門職へのやっかみめいた視線が張り付いている。

高プロは、高専門性が、労働時間についての交渉力を増すという前提に立っている。だが、教員にみられるように、日本の社会での「専門性」は、交渉力の証というより、「際限ない奉仕」を求める圧力を引き出しかねない。こうした中で体調を崩して休むと、専門職の自覚が足りない弱い人間といわれ、復職しても「（厳しい専門職の世界で）やっていけるのか」と同僚からも冷たい目で見られる。長きにわたる政権からの圧迫などで、働き手を守るはずの労組も十分に機能しなくなっている。

夫についての労災が認定されたとき、祥子は教育長が各学校の管理職あてに「報道で認定を知った。認定されたということは労災ということ」と通知を出していることを知った。教員の働き方についての最高責任者であるはずの教育委員会のトップが、「自分は知らないことだった」というなら、一体、責任者はどこにいるのか。「電通の過労自死では、社長がまがりなりにも謝罪しました。いじめなら学校は謝ります。でも、学校からの命令による公務で教員が亡くなっても、だれも謝らず、いじめのように第三者委員会が入ることもない。全部、自己責任の病死。雇用責任はうやむやです」

給特法によって労基法第三七条が適用されなくなっただけで、こうなった。高プロではそれ以外の労働時間関係の規制もすべて免除だ。「こんな職場が、もっと強力な形で学校以外の職場にも拡散していきかねない」と、祥子は訴える。

二〇一八年一二月、中央教育審議会（中教審）は、教員の残業時間を、原則月四五時間、年三六〇時間以内とする「学校における働き方改革案」を了承した。民間の「働き方改革」に合わせた形だが、財源不足を理由に、授業がある学期中と休み期間を平均して週四〇時間を超えないという「一年間の変形労働時間」が採用された。給特法は維持され、罰則の歯止めもなく、これでは学期中の長時間労働は改善せず、「自助努力で労働時間を短縮しろと強要される『時短ハラスメント』が起きる」との現場の不安は強い。

『一九八四年』の世界

祥子の言葉は、ジョージ・オーウェルの小説『一九八四年』を思い起させる。

一九四九年に出版されたこの近未来小説は、ビッグブラザーという独裁者を通じて、人々が監視や情報操作によって内面支配され、自由な発想や人権を抑え込まれていく不気味さを描いたものだ。ビッグブラザーは、「ニュースピーク」という手法で、従来の言葉に真逆の意味を付与し、それによって世論操作を図る。たとえば「戦争は平和である」というスローガンによって、日常的に戦争状態が続いていることを人々に印象付け続け、常に緊張状態を強い、自由に行動できないよう縛っていく手法だ。そうした語法のもとに、「平和省」は永久に戦争を続けるために軍事をつかさどる政府機関となり、「真理省」は国民に対するプロパガンダで歴史や記録を改竄する政府機関となり、「豊富省」は統制経済と労働管理によって国民から搾取し戦時経済を維持するための政府機関となる。

「好きな時に自由に帰れる」とされた高プロや裁量労働制は、仕事が終わるまで「自発的に」何時間でも働き、帰らない「自由」を与える。そうした解釈やPRのあり方は、『一九八四年』の手法を思わせる。

祥子が語る、出勤時間や退勤時間をみなが忘れてしまった世界、休憩時間とはどのようなものだったかさえ人々が知らない世界も、『一九八四年』の世界に似ている。そこでは、歴史や過去の生活についての情報は改竄され、人々は過去のことを何一つ覚えていない。プロパガンダによって、自分たちの生活がどのようなものだったか、今がどこから来ているのか、といった記憶を消去されてしまっているからだ。

給特法は、教員の世界から労働時間規制についての記憶を消し去った。高プロは、同様の記憶を、より大規模に消去していく恐れがある。いくら働いてもきりがない苦しさに悩む子や孫たちから、「労働時間規制？　それはどのようなものだったの？」と聞かれる日を、高プロは私たちに予感させる。

第2章

差別を固定化させる「日本型同一労働同一賃金」

前章の「残業時間の上限規制」と並んで「働き方改革」の柱となったのが、「同一労働同一賃金」だ。「同一労働同一賃金」は、働き手、特に女性や非正社員にとっては長く悲願となってきた。同じ仕事をしていても男性正社員に様々な差をつけられたり、責任の重い仕事を担っていても「どうでもいい仕事しかしていない人たち」と蔑視されたりして、経済的自立も難しい——。「同一労働同一賃金」には、そんな格差是正への期待がかかっていたからだ。

だが一方、こうした偏見は、人件費削減には便利な道具だ。「女性だから」「非正社員だから」という社会意識を味方に、企業は楽々と安い労働力を手に入れることができるからだ。こうした扱いを受け続けるうち、当事者たちも「自分たちは安くてもしかたない働き手」として抵抗力を失い、人件費削減はますます容易になっていく。そんな、「最強で最悪の人件費抑制策」を、「世界で一番企業が活躍しやすい国」を目指す政権は、どう扱ったのだろうか。

1　労働側不在の「同一賃金」

サプライズのスタート宣言

第二次以降の安倍政権の労働政策で、「同一労働同一賃金」が登場したのは、二〇一六年一月二二日、通常国会での安倍首相の所信表明演説だった。首相は、非正規雇用対策の推進について触れ、「本年取りまとめるニッポン一億総活躍プランでは、同一労働同一賃金の実現に踏み込む考えであります」と言い切った。サプライズともいえるスタート宣言だった。

『朝日新聞』(二〇一七年五月一四日付)は、二〇一五年一月二三日の新原浩朗《にいはらひろあき》・内閣府官房審議官(当時)と労働法学者の水町勇一郎・東京大学大学院教授との会見を発端として報じている。関係者らによると、第一次安倍政権で「再チャレンジ」政策を手掛け「社労族」を自認するとされる安倍首相が、非正規対策として「同一労働同一賃金」を手掛けたいと考え、これを受けた新原が関連する論文を読むうち、関心を持ったのが水町の論だったという。

新原は「内閣府で経済財政諮問会議の舞台回しを取り仕切る」[1]とも評された経産省出身の官僚だ。一方の水町は一九九〇年代、日本は残業や転勤などの正社員としての被拘束性も含めた同一義務も基準にした同一賃金という平等原則の社会である、とし、正社員と同じ義務を負っているパートの格差は、差別と認めるべきと主張した。

それまで女性労働やパート労働の問題にかかわる人々は、女性や非正規の格差是正のために、担っている業務内容を職務分析して点数化し、これを男性や正規と比較し、点数の割に賃金で大差がつく場合は不合理な格差として是正するというＩＬＯ方式を求めてきた。「担っている仕事(職務)」だけでなく、残業や転勤ができるかどうかも考慮して賃金を決めることは、家庭責任を持ち転勤が難しいからこそ短時間労働を選ばざるを得ない女性に不利に働き、ワークライフバランスにも逆行する、という考えからだ。

こうしたＩＬＯ基準を求める派とは異なり、残業や転勤の有無なども含めた形での同一労働同一賃金は可能とする水町の論は、会社の裁量権を重視して同一労働同一賃金論に否定的だった経済界にも受け入れ可能と見られたのではないだろうか。

会見から約八カ月たった二〇一五年九月九日、労働者派遣法の改定に伴う派遣社員の「待遇改善」をうたった派遣先正社員との「同一労働同一賃金推進法」(本章第4節参照)が成立する。その過程で同一労働同一賃金への関心が政権内で高まり、二〇一五年一〇月、一億総活躍担当相に就任した加藤勝信が、「総活躍」政策の柱として、新原を中心に、水町案を軸にした「同一労働同一賃金」案を本格化させていく。同月スタートした「一億総活躍国民会議」でも「同一労働同一賃金」はテーマになるが、労働側は参加しておらず、関係者によると調整は、経産官僚と経団連トップを軸にした、労働側を含めない形で始められた。

二〇一六年五月に公表された「規制改革に関する第四次答申――終わりなき挑戦」の「雇用分野」や、六月に閣議決定された「ニッポン一億総活躍プラン」に「同一労働同一賃金」は盛り込まれた。九月には「働き方改革実現推進室」が開所し、ここに厚労官僚も参加した。同じ九月には「働き方改革実現会議」が立ち上げられ、「一億総活躍国民会議」には参加していなかった神津里季生《こうづりきお》・連合会長が加わった。この実現会議の場で一二月二〇日、政府の「同一労働同一賃金ガイドライン案」が示され、翌二〇一七年三月にはこれをもとに「働き方改革実行計画」が決定される。

この「ガイドライン案」と「実行計画」に沿う形で、二〇一七年四月からは同一労働同一賃金へ向けてパートタイム労働法、労働契約法、労働者派遣法の三つの改定について厚労省労働政策審議会で審議が始まり、「パートタイム・有期雇用労働法案」と、「派遣法改正案」の二つの法案として「働き方改革関連法案」の中に繰り込まれる。「関連法案」は、個々の審議が十分にできない「一括審議」方式を通して、二〇一八年六月、国会でスピード成立する。

こうした過程からは、「同一労働同一賃金」の立案に労働側がほとんど関わっていなかったことが見えて来る。当時の厚労省のホームページ[2]では、「ガイドライン案」は、「現時点では『案』であり、今後、関係者の意見や改正法案についての国会審議を踏まえ、労働政策審議会における議論を経て、最終的に確定され、改正法の施行時期に合わせて施行される予定です（平成三二（二〇二〇）年四月一日。（中略））」とされていた。つまり、「同一労働同一賃金」は、まず経産官僚と経営者側の調整を通じて骨格が固められ、その後に労働側を加えて「労働政策」としての正当性を担保し、まだ正式には確定されていない「ガイドライン案」に沿って法の大枠が決められ、最後に労政審と議会に持ち込まれたことになる。「企業ファースト」による新しい意思決定方法の登場だ。こうした手法については、企業内の労使交渉での賃金決定を原則とする労働側を入れると話が進まなかったから、早期導入のためにはやむを得ない、とする擁護論もある。だが、それは、改憲へ向けて成果を急ぐ政権の都合を優先し、肝心の働き手を素通りする結果を招くことになった。

「分配政策」への転換？

こうした労働政策を、企業寄りの政策を推し進めてきた第二次安倍政権の政策転換の証ではないかと受け止める声もある。「同一労働同一賃金」が盛り込まれた「規制改革に関する第四次答申――終わり

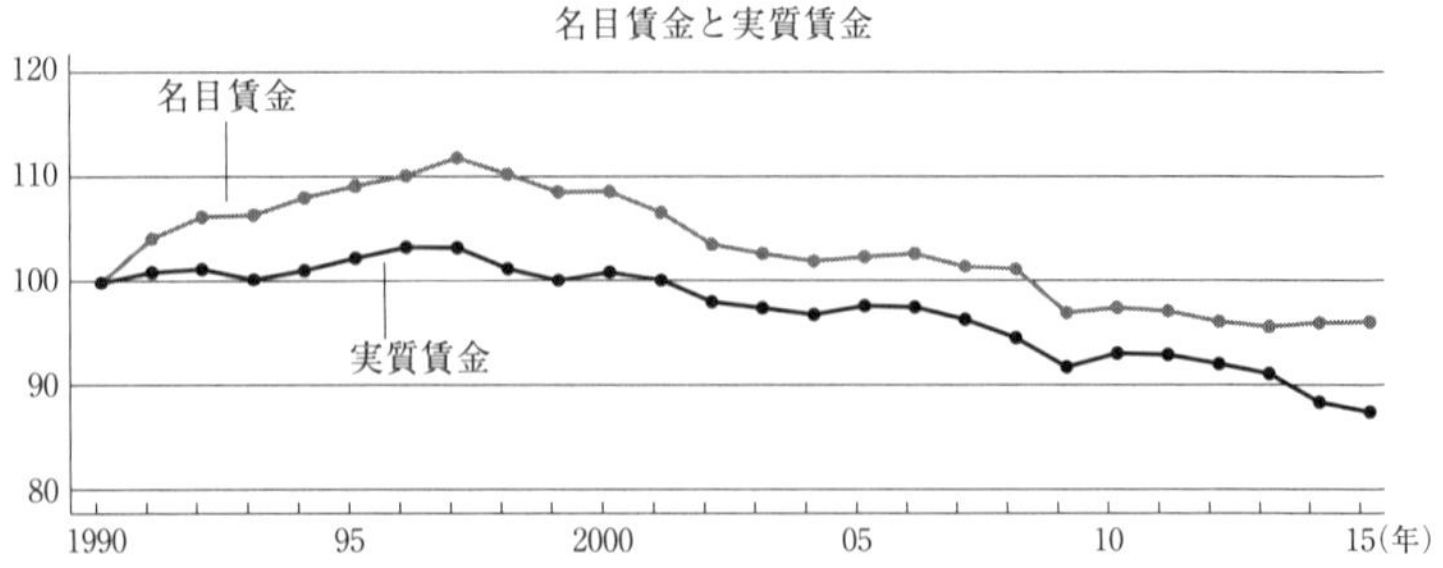

出所：厚生労働省「毎月勤労統計調査」

図 2-1　1990 年を 100 としたときの実質賃金の変化

なき挑戦」(二〇一六年)で、「雇用分野」の項に、「①就職・転職が安心してできる仕組みづくり」「②健康・安全・安心に働ける職場づくり」「③公平な処遇で活躍できる仕組みづくり」といった文言が並ぶなど、「安心」「公平」を強調するキーワードが並べられたからだ。

第三次までの同答申は、円滑な労働移動や「解雇の金銭解決」など企業が解雇しやすい仕組みづくりを進めることで企業負担を減らすものだった。「企業の雇用責任」と考えられてきた労働力確保を、「職業紹介の民営化」といった人材ビジネス振興策と抱き合わせつつ、「市場での調整」によるものへ切り替えていくという新自由主義的な方向性と言っていい。その色合いが、第四次答申で変わったのは、なぜだったのか。

考えられるのは、アベノミクスが主張してきた「トリクルダウン効果」が実現しないことへの批判の高まりに、何らかの対応が必要になったことがあるだろう。企業利益が過去最高とはやされる一方で、一九九〇年から続く実質賃金の低下に歯止めがかかったとはいえない状況が続いたからだ(図2-1)。正社員比率は低下傾向をたどって非正規労働者が増え続け、二〇一四年には三七％台に達した

(表2-1)。二〇一五年一一月に発表された「就業形態の多様化に関する総合実態調査」(厚生労働省、二〇一四年調査)では非正規労働者が初めて四割台に乗ったとして大きなニュースになった。非正規は、経済的自立が難しい低賃金に加え、短期雇用であるために賃上げを求めれば契約を打ち切られかねない。そうした働き手を増やすことで人件費を抑える経営手法が定着した中では、企業利益が上がっても、働き手に賃金は回りにくい。この構造を温存したままで、「トリクルダウン」はあり得ない。

そんな働き手からの批判に加え、雇う側にとっての問題も発生していた。一九九五年からの生産年齢人口の減少が顕在化して求職者が減り、人手不足が深刻化し始めたからだ。企業にとっては「労働力の流動化」どころか、「労働力の囲い込み」が必要な状況が出現し、働き手が定着するような政策が求められたということになる。

「成長すれば富は働き手に回る」という想定の非現実性が、現実によって明らかになる中で、「残業の上限規制」「同一労働同一賃金」という労働者保護の言葉がスローガンとして浮上していく。

表2-1　正規雇用と非正規雇用の推移

年	正規雇用(万人)	非正規雇用(万人)	割合比較
2009	3395(対前年－15)	1727(対前年－38)	66.3：33.7
10	3374(－21)	1763(＋36)	65.6：34.4
11	3352(－22)	1811(＋48)	64.9：35.1
12	3340(－12)	1813(＋2)	64.8：35.2
13	3302(－38)	1906(＋93)	63.4：36.6
14	3287(－15)	1962(＋56)	62.6：37.4
15	3313(＋26)	1980(＋18)	62.6：37.4
16	3376	2023	62.5：37.5
17	3432(＋56)	2036(＋13)	62.8：37.2

(注)　2015年までと以降では集計方法が異なるため対前年比は省略.
出所：総務省統計局「総務省労働力年報」をもとに作成(2009～15年は2015年度版，2016～17年は2017年度版の数値)

国際基準の排除とガイドライン方式

だが、第四次答申をよく読むと、労働力の確保を「企業負担の軽減」「市場による調整」を掲げる新自由主義的な姿勢が変わったわけではないことがわかる。一例が「公平な処遇の在り方」についての次のような説明だ。

「『正規』『非正規』といった雇用形態の区分が広く用いられているが、多様な働き方改革を推進する観点からは、こうした区分を用いるよりも、無期・有期、フルタイム・パートタイム、直接雇用・間接雇用（派遣労働）といった選択肢を組み合わせた呼称を用いて区分することで、多様な選択肢から働き手一人一人が最適な働き方を選択でき、それぞれの働き方が尊重される社会を目指していく必要がある」

「正規」「非正規」という区分には、無期雇用、生活賃金という働き手の安心を担保する働き方がレギュラー（正規）であり、そうでないものはイレギュラー（非正規）、という意味合いも含まれている。[3]「目指すべきモデルとしての正規」という世界観だ。だが答申は、イレギュラーとされてきた不安定なパートや契約社員、派遣の働き方を「多様な働き方の一つ」として「正規」と同列に並べることを「公平な処遇」と言い換え、これらのメニューから働き手が自己責任で「選んで」組み合わせることで生活設計を立てる社会を推奨している。働き手が安心して働ける働き方を保障するという従来の労働政策とは異なる発想だ。体にいいパンやおいしいパンをつくるよう努力するのでなく、まずいパンや有毒なパンと栄養のないパンから〈最適な〉ものを〈選択〉しろ、と言うのと、どこか似ている。

こうした枠組みの上に立って、第四次答申は次のように述べる。「同一労働同一賃金の実現に向けて、我が国の雇用慣行に十分留意しつつ、法改正の準備を進める。あわせて、どのような待遇差が正当でないと認められるかについて、早期にガイドラインを策定し、事例等を示す」。ここでのポイントは、①「我が国の雇用慣行」に沿っていることと、②「ガイドライン」を通じて事例を示すことだ。①は、ＩＬＯ基準の職務に沿った同一労働同一賃金でなく、「ウチの会社」のやり方で会社が裁量で「同一」を決められるようにする方式を続けることができ、企業は社外の公正規準による介入を排除して賃金決定権を維持できることを意味する。②があれば、国会での論議を経た立法ではなく、経済界と経産官僚などによる調整にもとづくガイドラインをつくり、「やっていい事例」「やってはいけない事例」をあらかじめ指定し、後者さえ避けておけば問題は発生しない。たとえば、経済界の意向を聞いて企業が順守しやすい例をもとに「やってはいけない事例」を策定しておけば、企業は大きな改変をせずに法律を守れることになる。

経団連と同友会の「同一労働同一賃金」

第四次答申と同時期、経営者団体からも次々と提言が出された。答申から二カ月後の二〇一六年七月一九日、経団連が、提言「同一労働同一賃金の実現に向けて」を発表した。概要では、「わが国の雇用慣行に留意した日本型同一労働同一賃金を目指していく観点から、日欧の雇用慣行や人事賃金制度の相違を踏まえ、経団連の基本的な考え方と非正規従業員の待遇改善に向けた具体策を提言する」と述べている。「日本型同一労働同一賃金」の登場だ。

さらに「本文」では「職務内容や、仕事・役割・貢献度の発揮期待（人材活用の仕方）など、さまざまな要素を総合的に勘案し、自社にとって同一労働と評価される場合に、同じ賃金を払うこと」「ガイド

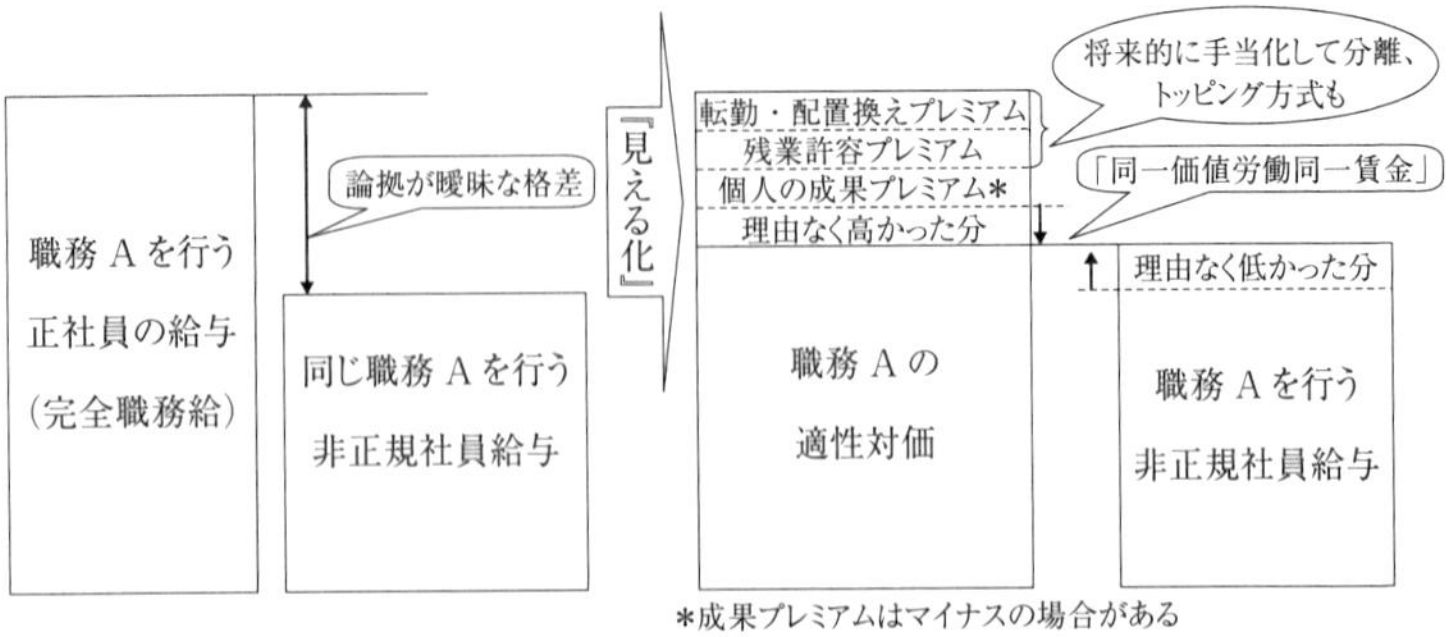

出所：経済同友会「新産業革命による労働市場のパラダイムシフトへの対応――『肉体労働（マッスル）』『知的労働（ブレイン）』から『価値労働（バリュー）』へ」

図2-2　賃金差の理由を可視化したイメージ図

ラインの策定や法制度の見直し、簡易な救済制度の利活用等により、同一企業における正規従業員と非正規従業員の不合理な待遇差を禁止する現行ルールの実効性を高める」（傍点引用者）と続く。会社を超えた社会的基準ではなく各社の判断に任されること、ガイドライン方式をとること、の二点は、答申と基本は同じだ。

翌二〇一七年二月には経済同友会の「『働き方改革』に関する主要論点に係る意見」も発表される。ここでも、日本は企業を超えた産業別労組による賃金決定ではないとして、企業別の賃金評価とガイドライン方式を推進する点は共通しており、さらに転勤や残業の「許容度」を「プレミアム」として「可視化」させることも提案される。**図2-2**はその前年八月の同友会の別の提言に盛り込まれた図だが、転勤や残業を受け入れる姿勢がない正社員は職務に関する評価が同じでも非正社員並みの賃金になりうるという「同一労働」のイメージが見て取れる。

2　バックラッシュか、大きな一歩か

評価者の主観への歯止め欠く

このような「日本型同一労働同一賃金」方式を示した「ガイドライン案」では、基本給について、「職業経験・能力」「業績・成果」「勤続年数」のそれぞれに沿って正社員に賃金を支給している場合、正社員と同一の部分については、それらに応じて同一の支給を非正社員にしなければならないとしている。「能力給」は、実際に何をしているかではなく、潜在的な「能力」を問うため、上司の偏見に左右されがちな仕組みだ。「女性は結婚してやめるから将来性を期待できない」として結婚してもいないのに評価を下げられた例が、かつての取材では寄せられている。「成果給」も、「成果とは何か」をめぐる合意が社員との間で取り交わされないことが多い日本では、恣意的なものになりやすい。成果給が広がった二〇〇〇年ごろ、社員から「評価があいまいで茶坊主社員へのエコひいきが生まれる」といった不満が続出したのは、その代表的な例だ(4)。「勤続年数」となると、短期契約である非正社員には一段と不利だ。契約を何度も更新して正社員と同様に長期に働いている非正規の場合を考えても、そんなに長期に必要な社員なら無期雇用の正規とするのが筋ではないだろうか。

しかも「ガイドライン案」では、「職務内容」のほか、転勤などの「職務内容・配置の変更範囲」や、「その他の事情」も考慮するという「注記」が加えられている。「配置の変更」の有無で賃金格差が容認

される「コース別雇用管理」は、実際には転勤していない社員でも転勤コースにいるからとされ、転勤のない非正規との格差を温存する装置となってきた。「注記」では、こうした批判を考慮してか、「主観的・抽象的」なものではなく「客観的・具体的」なもので判断するようクギは刺している。だが、その客観性を保つために不可欠な、客観的評価基準の決め方には触れていない。

また、「ガイドライン案」では、「合理的な格差」以外は禁止という言葉を避け、「不合理な待遇差の解消」とされている。「合理的」という言葉を使うと、企業側に合理的かどうかの「立証責任」が発生することになる。この「企業の立証責任」という言葉も経営側の抵抗が強く、「実行計画」では、「企業の説明の義務化」となった。ただ、評価にまつわる情報を会社が独占している現状で、説明義務だけでは、非正社員による立証は簡単ではない。一九九〇年代に提訴した住友系三社で働く一般職女性らの男女賃金差別訴訟では、男女社員に賃金差があるかどうかを証明するために開示を求めた社員全体の賃金表を、会社側ばかりか労組も開示せず、原告は三社労組を相手取って簡易裁判所に開示を申し立てている。(5) この例から見ても、企業側の立証責任は重要なカギだ。

これによって、まず非正社員は、正社員の待遇との間に差があることを立証する責任を負うことになった。一方、雇用主も「不合理」でないことを基礎づける事実を主張・立証するという形で「双方が主張・立証を尽くすべきもの」(6)と水町は述べる。「説明」が企業に義務づけられたことを生かして非正社員側がどれだけ情報を引き出せるかが今後の勝負という解釈だが、雇われる側にとっては、どんな情報を企業が持っているかさえわからないことが多く、壁はなお厚い。

差別を押し返す武器がない

「日本型同一労働同一賃金」と、経営側が避けようとするＩＬＯなどの国際的な手法とは、何が異なるのか。それは、「差別の是正」が目的とされているかどうかの違いではないだろうか。

日本社会では、「差別」という言葉の定義がはっきりしない。「デジタル大辞泉」を見ると、「１ あるものと別のあるものとの間に認められる違い。また、それに従って区別すること。２ 取り扱いに差をつけること。特に、他よりも不当に低く取り扱うこと」とされている。１の用法や、２の「取り扱いに差をつけること」といった用法が広く流通しているために、「差別の是正」と言ったとたん、「人間はみな違う。違いがあって何が悪い」といった反論が返ってくることになる。

一方、笹沼朋子・愛媛大学教授は「一定の集団を市民社会において劣位に属する集団とみなして、その集団もしくは構成員に対して諸々の権利と利益を侵害する行為類型(7)」と、差別を定義づける。「個人間に差をつけること」ではなく、社会の構造によって生まれた特定の層に対する権利侵害としての差別という位置づけだ。

ＩＬＯが推奨し、欧米で主流とされる「職務分析」を用いた「同一労働同一賃金」「同一価値労働同一賃金」の判断方法は、こうした構造的な力による権利侵害を防ぐことを目指す。ここでは、「性別」「正規・非正規」「人種」「国籍」などに対する偏見の壁を乗り越えるため、その仕事がどんな職務から成り立っているかを分析し、それらに「知識・技能」「責任」「負担」「労働環境」の四つのポイントで点数を付けることで「実際には何をしているか」を客観的数値に変換し、その総和を比べる。「得点要素法」と呼ばれる方法だ(8)。

「同一労働同一賃金」は「同一の仕事」の比較だが、「得点要素法」は、異なる仕事を比べる「同一価値労働同一賃金」にも適用できる。たとえば、「女性の仕事」と考えられがちなケア労働を、スキル、責任の大きさ、負担の重さ、労働環境の過酷さといった要素で分析して点数化し、肉体労働など「男性の仕事」と考えられがちな仕事の点数と比べることで価値を比較する。これによって「女性の仕事は安いのが当たり前」「しょせん家庭の中でタダでやってきた軽い仕事」といった思い込みによる低賃金を見直そうとするものだ。

正社員と非正社員についても、仮に同じ会社のエアコンの効いた涼しいオフィスでパソコンソフトを操る正社員と、猛暑の店内でハンバーガーを焼く非正社員がいた場合、少なくとも労働環境では非正社員の方が高い点数になりうる。これらを専門家が数値化し、点数が接近しているのに賃金が極端に違っていた場合はその原因を調査し、不当と判断されれば非正社員の待遇改善を図る、といった考え方だ。

このような「同一労働同一賃金」について、北明美・福井県立大学教授は、経営側と労働者側の見解は世界のどこでも異なっている、と指摘する。[9] 経営側の「同一労働同一賃金」は、「同一生産性同一賃金」だ。（ちなみに日本の場合は「生産性」が、企業への貢献度や忠誠心に暗黙のうちに置き換えられ、企業の「覚え」第一となりやすく、企業への従属の強要という内面支配につながりやすいため、企業業績の向上につながらないこともある。）一方、労働者側の「同一労働同一賃金」は、仕事や習熟度がほぼ同じなら、どの企業に勤めていようとほぼ同額の賃金という原則だ。これは、経営側が、「生産性」によって個別に分割して支配しようとするのに対し、労働者側は企業横断的な労組を通じ、全く同じような仕事でなくても似たような仕事なら同一賃金を支払えという要求を出すことで、分断を乗り越えて対抗しようとするためのものだったという。

ただ、そのような労働側の同一労働同一賃金が、それなりに浸透しているといわれる欧米でも、かつては職務の評価ポイントが男性などの主流労働者に有利に傾きがちだった。明治大学教授の遠藤公嗣によると、一九七〇年代からの米国のフェミニズム運動の盛り上がりを背景に、性別による差別を内包する賃金評価方法への批判として、非主流の労働者の仕事の価値を「得点要素法」によって評価して差別を是正する職務分析の潮流が生まれた[10]。それが欧州にも波及し、国際基準として定着していったという。

ところが、日本では「職務評価」というと、一九五〇年代に一時流行した「米国にならった職務給」の評価方法と混同されることが多い。このときの職務給は、敗戦後、ＧＨＱの助言を背景に、米国流の「管理の近代化」を目指した「仕事」「能率」重視の賃金システムとして広がった。北の言うところの「経営側の同一労働同一賃金」だ。ところが、企業が忠誠心や貢献度を重視する日本では、経営側からも職務分析評価の煩雑さなどが敬遠され、「職務」（担っている仕事）より「能力」（将来性や貢献度や忠誠心）を評価する「職能給」に軍配が上がったとされる[11]。

労働側にも、社会保障が弱い日本で、「職務給」の名によって生活給部分が削がれていくことへの警戒感は強かった。企業ごとに異なる基準を設けて細かく職務を分けて社員ごとに賃金差をつけるという分断賃金としての「職務給」に、企業別労組という枠組みでは対抗できないとする批判的な意見も根強かった。

このような歴史を背景に、差別是正の同一労働同一賃金の旗振り役であるべき労組側にも、職務評価アプローチをためらう空気はなお根強い。そうした中で、経産出身官僚と経団連幹部中心で進められた

「ガイドライン案」は、社会構造によって「劣位に属する集団」に追い込まれた人々の「権利と利益を侵害する行為類型」を正す、働き手にとっての武器という、本来「同一労働同一賃金」に期待された視点は、あまりにも弱い。そうした「武器」の有無で何が違ってくるかを、「ガイドライン案」が「問題にならない例」として挙げた次の事例から見てみよう。

「B社においては、定期的に職務内容や勤務地変更がある無期雇用フルタイム労働者の総合職であるXは、管理職となるためのキャリアコースの一環として、新卒採用後の数年間、店舗等において、職務内容と配置に変更のないパートタイム労働者であるYのアドバイスを受けながらYと同様の定型的な仕事に従事している。B社はXに対し、キャリアコースの一環として従事させている定型的な業務における職業経験・能力に応じることなく、Yに比べ高額の基本給を支給している」

職務分析の手法で評価すると、指導者であるパートのYは、先の得点要素法の四つのいずれのポイントでも指導される総合職Xを上回り、Xとの賃金の格差に疑問符がつきかねない。だが、「ガイドライン案」では、将来「管理職となるためのキャリアコース」にいるということで、Xの基本給はYを上回っても問題ないとされてしまう。これでは「管理職コース」に仕分けすれば、仕事にかかわりなく賃金格差が維持できるのではないか。

進んでいた職務分析アプローチ

日本社会でも、欧米のような職務分析にもとづいた同一(価値)労働同一賃金への動きは、遅々としてではあったが進みつつあった。

一九七五年、男女別の賃金制度だった秋田相互銀行で、女性社員らが会社を相手どって訴訟を起こし勝訴した。これらを追い風に、「男女雇用平等法」の制定を求める機運が盛り上がり、一九八六年に「男女雇用機会均等法」が施行される。ただ、募集・採用、配置・昇進などでの性差別は禁止されたものの、全国転勤を引き受けるかどうかを踏み絵に男性を「総合職」に、女性のほとんどを「一般職」に仕分けする「コース別雇用管理」は容認された。一方の性に不利な条件を設けることで間接的にその性に不利益を与えることを「間接差別」と呼ぶが、この雇用管理は、「間接差別」「看板を掛け替えた男女別賃金」として批判を浴びる。

この雇用管理によって、全国転勤が正社員の標準型とされてしまい、家族のケアなどから転勤がしにくい女性たちはパートなどへと流れるようになった。そのパートの賃金が「夫に扶養されていて生活に困らない」を理由に、極端に低くとどめられるシステムは、女性の貧困化へとつながっていく。こうした中で一九九〇年代以降、転勤の有無などを理由に「総合職」と「一般職」の間に賃金格差を設けることで事実上、女性の多数の賃金を低水準にとどめる「コース別人事」に対する賃金差別訴訟が、野村證券、兼松、住友系企業などの一般職女性たちから提起される。

さらに、長野県の丸子警報器のパート女性たちが、ほぼ同じ仕事の正社員とパートの賃金格差の是正を求めて提訴し、一九九六年、地裁で画期的な判断が出される。パート側が勝訴し、同じ職務ならパートの賃金は正社員の八割以下ではならないとするものだ。

二〇〇一年には、同年齢・同期入社の男性との賃金格差をめぐって女性社員が起こした「京ガス訴訟」の地裁判決で、原告が勝訴する。昭和女子大学教授の森ます美による職務評価意見書が証拠として採用され、判決では「各職務の遂行の困難さにつき、知識・技能、責任、精神的な負担と疲労度を主な比較項目として検討するとさほどの差はなく、各職務の価値に格別の差はないものと認めるのが相当」として、異なる職務の価値比較にもとづいた判断が出された。初の同一価値労働同一賃金訴訟と言われるものだった。

同一価値労働同一賃金について、日本政府は一九六七年、ＩＬＯ第一〇〇号条約（同一価値の労働についての男女労働者に対する同一報酬に関する条約）も批准している。男女の賃金差別を禁じた労基法第四条に同一価値労働同一賃金も含まれており、既存の国内法で対処できる、との見解による批准だった。

だが二〇〇八年、条約の実施度を監視するＩＬＯ条約勧告適用専門委員会は、連合やワーキング・ウィメンズ・ネットワーク（ＷＷＮ）などの日本の女性団体の情報をもとに、「本委員会は、同法（労基法第四条）が同一価値労働同一報酬の基本に触れていない」と結論付ける。ここでは「男女同一価値労働同一報酬原則は、男女が行う職務または労働を、技能、努力、責任、あるいは労働条件といった客観的要素に基づいて比較することを必ず伴う点を強調したい」とし、原則に沿った法改正を求めている。このほか二〇〇九年の女性差別撤廃委員会「総括所見」や、二〇一一年、ＩＬＯ第一〇〇号条約違反として女性労働にかかわるユニオンなどが連名で行ったＩＬＯ事務局長への申し立てに対する調査委員会報告でも、同様の指摘がなされる。

そんな攻防の中、二〇〇八年に施行された改正パート労働法では、職務内容、人材活用（異動や転勤など）の仕組みなどが正社員と同一のパートに対する均等待遇が盛り込まれた。家族のために転勤を引き受けられず、パートを選ぶ女性が多い現実を考えると、「人材活用」要件は女性に均等待遇を使わせないためのものかと疑いたくなるが、とはいえ、正社員とパートに初めて同じものさしが適用されることになった。

こうした蓄積を踏まえ、労働法学者の浅倉むつ子は、賃金差別申立の解決手続きとして職務分析を生かす仕組みを提案している。[12] 女性や非正規なども簡便に労働紛争を解決できる制度として労働審判がある。その場に賃金差別の申し立てを持ち込めるようにし、申立人と比較対象となる社員の職務分析を第三者の専門家が行った結果を、審判の証拠として採用できるようにするという案だ。これなら企業が職能給から職務給に全面転換しなくても、不満を抱く社員については職務分析による仕事内容の客観化が可能になり、企業側の恣意的評価に歯止めをかけられる。また、労組の職務給への抵抗感を弱めることもできる。

このように、職務分析による同一労働同一賃金へ向けた動きがそれなりに進んでいた中で、「能力」「勤続年数」といった仕事についての客観基準を欠いた賃金評価が「ガイドライン案」に列挙されたことは、これまでの差別是正へ向けた職務評価の流れを押し戻し、経営側の評価権を温存するためのバックラッシュとしての効果を持ちかねない。

もちろん、圧倒的に優位に立つ経営側をギリギリの線で説得し、迅速に「同一労働同一賃金」を導入できたことを「一歩前進」と評価し、それをできる限り生かす立ち場もありうる。たとえば、「ガイドライン案」では「基本給」について、「無期雇用フルタイム労働者と同一の職業経験・能力を蓄積している有期雇用労働者又はパートタイム労働者には（中略）同一の支給をしなければならない」とし、「一定の違いがある場合においては、その相違に応じた支給をしなければならない」とある。水町はこの部分について「前提条件が同じ場合の均等待遇だけでなく、前提条件に違いがある場合の違いに応じた均衡待遇の確保が求められている」[13]と説明している。これまでのパート労働法では、正社員とまったく同じ条件でないと均等待遇を受けられず、対象者が極めて限定される結果を招いた。「ガイドライン案」は、条件が異なってもその度合いに応じた処遇を「均衡待遇」として義務付けたことで救済対象が広がり、「同一価値労働同一賃金」のように異なる職務の比較もあり得るという点で、大きな一歩になりうるということになる。

「バックラッシュ」か「大きな一歩」か。これを考えるために、「ガイドライン案」の枠組みが現実の紛争でどう機能しうるのかを、この間相次いだ「労働契約法第二〇条訴訟」判決をもとに追ってみたい。

3　明暗分けた「手当」と「基本給」

「有為な人材」という主観

「私たちは会社だけでなく、裁判所にも差別された」

二〇一七年三月二三日、労働契約法(労契法)第二〇条違反として起こされた「メトロコマース」訴訟の地裁判決報告集会で、四人の原告の一人、後呂《うしろ》良子はこう訴えた[14]。

民主党政権下の改正で新設された労契法第二〇条には「無期雇用社員と有期雇用社員の労働条件の不合理な格差の禁止」が規定された。二〇一三年四月の施行以降、正社員との待遇格差を不合理とする非正社員たちが、この規定を生かそうと続々と訴訟を起こした。二〇一四年五月に起こされた後呂たちの訴訟もその一つだった。地裁判決の約三カ月前の前年一二月、「同一労働同一賃金ガイドライン案」が公表され、その影響も注目されていた。結果は全面敗訴だった。

「メトロコマース」は、都内の地下鉄「東京メトロ」の子会社で駅の売店を経営している。職位は正社員、契約社員A、契約社員Bの三ランクから成る。原告らは売店販売員の八割近くを占める契約社員Bにあたり、時給一〇〇〇円、一年契約を繰り返し更新、フルタイムで働いても手取りで一二万〜一三万円程度という賃金水準だった。

日々の業務内容はどのランクでも全く同じで、客はもちろん、社員同士さえも違いに気づかず働いていた。だがある日、欠席者の代役としてやってきたベテランの契約社員とおしゃべりしているうち、三種類の社員がいることや、賞与などさまざまな点で待遇に違いがあることを知った。それはおかしい。そう考えた原告らは二〇〇九年、労働条件の是正へ向けて東京東部労組メトロコマース支部を結成した。

交渉で原告たちが勝ち取った次のような改善点は、その働き方の過酷さを浮かび上がらせる。[15]

①販売員は売店で立ちっぱなしだったが客がいないときは丸いすに座って良いと約束させた、②勤務中にトイレに行けず体調不良になる販売員が続出していたことから売店を閉めて休憩できる権利を確認した、③有給の忌引き休暇、食事補助券の支給、福利厚生のホテル割引、社内報の配布など、正社員だけに付与されている待遇を非正規労働者にも適用し均等な扱いに是正させた、④これまで契約社員Bは何年働いても同じ時給だったが、一年に一〇円ずつの定期昇給を導入させた。

二〇一三年、組合はもう一つの壁にぶつかる。組合員の瀬沼京子が六五歳の「定年」を迎え、契約更新の打ち切りを言い渡されたからだ。一年更新の不安定な契約なのに定年だけは無期契約の正社員と同じにやってくる。年配女性の求人は少なく、転職は難しい。生活をかけて懸命に働いてきたのは正社員と同じだ。ホテルでの定年を祝うパーティーや社長からの感謝状がある正社員に比べ、瀬沼は通知一つで契約終了となる。同支部は瀬沼の定年延長を求めてストライキを打ち、定年は一年延長された。

組合は、母の介護を抱えていた瀬沼の介護休暇も求めて団体交渉に入った。だが、会社側が回答を避け続けるうち、瀬沼は介護退職に追い込まれた。これに抗議し、二〇一四年五月のメーデーに再びストを打ったが事態は変わらなかった。それなら、前年度から施行された労契法第二〇条を使ってみよう、と後呂らは決意した。

訴訟を通じて掘り起こされた資料によって、**表2-2**のようないくつもの格差が浮かび上がった。一日の所定労働時間は正社員よりむしろ一〇分長い八時間労働で負担は重い。ところが、手当から賞与、退職金まであらゆる面で**図2-3**のような差がつく。この格差は、年金額にまで響く。

だが、東京地裁判決では、「原告は正社員と同一労働ではない」とされ、認められたのは、早出残業手当の格差の是正分、約四〇〇〇円だけだった。原告らは、判決から次の四つの問題点を指摘している。

①原告は「売店で一緒に働く正社員と同じ職務」と主張したが、判決は比較対象を全正社員六〇〇人とし、売店販売員の正社員一八人は「例外的な存在」として比較対象から外した。

②次に、正社員は転勤や職種転換の可能性があるとして、労契法第二〇条に規定された「変更の範囲の違い」から相違があるとした。

③丸子警報器訴訟判決では同じ職務のパートの賃金は正社員の八割以上とされたのに、基本給と賞与

表 2-2 「メトロコマース」裁判で明らかになった非正規差別の実態

正社員と契約社員Bの労働条件の違い

	正社員	契約社員B(原告ら)
契約期間	無期(65歳定年)	1年(通算約10年更新)
所定労働時間	1日7時間50分 1週39時間10分	1日8時間(土曜勤務の場合,平日7時間, 土曜5時間) 1週40時間
基本給	月給制(職務給[資格・号俸]と年齢給から構成)	時給制(1000円から毎年10円昇給, 1100円で頭打ち)
住宅手当	扶養家族ありの場合15,000円 扶養家族なしの場合9,200円	なし
家族手当	扶養家族1人で8,000円, 2人目以降は1人につき4,000円	なし
早出残業手当	最初の2時間は27%増, 2時間を超える部分は35%増	何時間残業しても25%増
深夜労働手当	35%増	25%増
賞与	夏季　2カ月分+17万円(+α) 冬季　2カ月分+17万円(+α) 期末　10万円	夏季　12万円 冬季　12万円 期末　約2万円
褒賞	勤続10年時　表彰状と3万円 勤続15年時　表彰状と6万円 勤続30年時　表彰状と12万円 勤続40年時　表彰状と15万円 定年退職時　感謝状と5万円相当の記念品	なし
退職金	勤続10年定年退職で242万円	なし

出所:「すべての労契法20条裁判の勝利をめざす4・23集会」(2018年4月23日)での全国一般東京東部労組・須田光照作成の資料

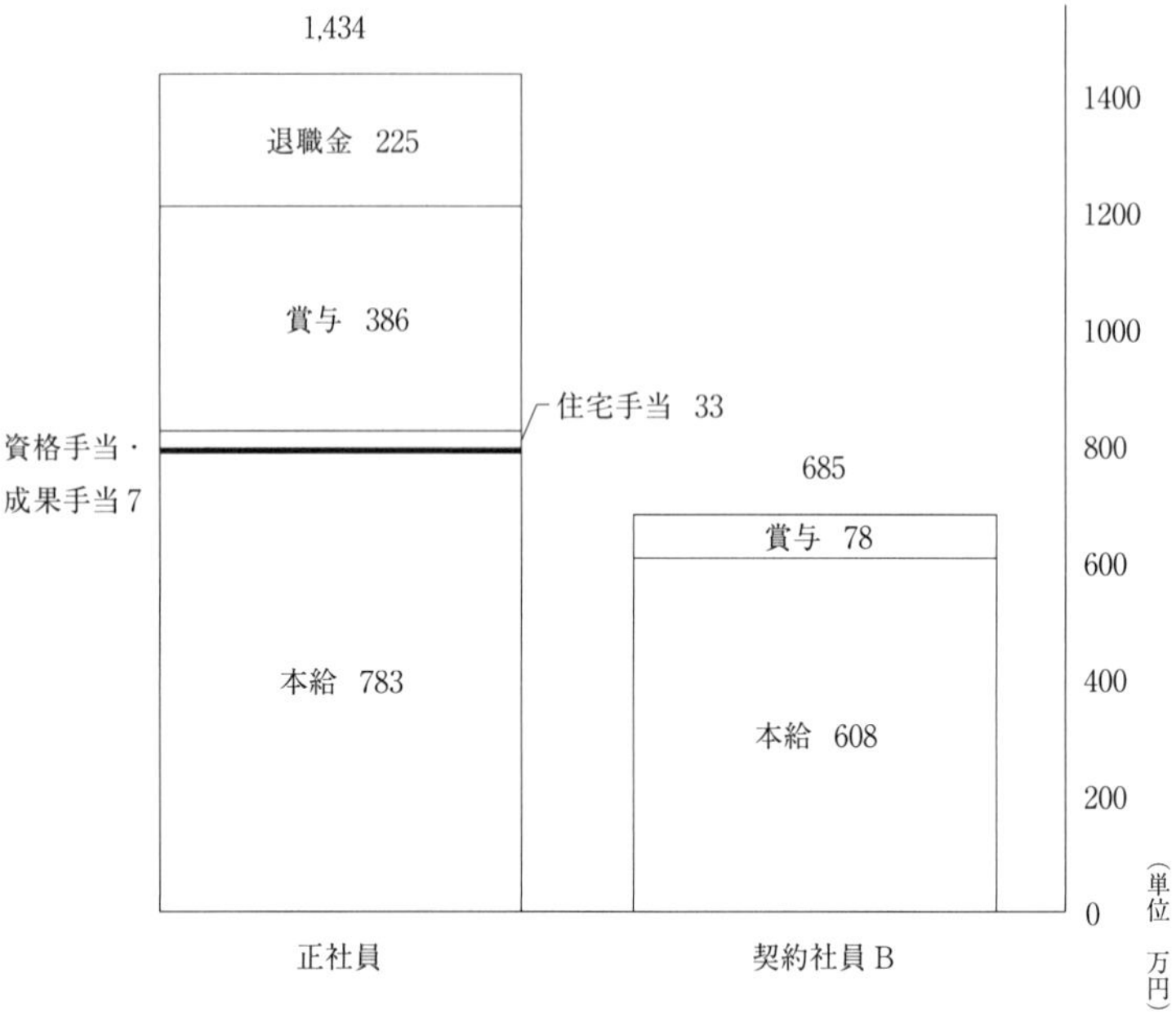

出所：「すべての労契法 20 条裁判の勝利をめざす 4・23 集会」(2018 年 4 月 23 日）での全国一般東京東部労組・須田光照作成の資料

図 2-3 「メトロコマース」の正社員と契約社員 B が 2011 年から 2013 年までに受け取る賃金の差

を合わせて正社員の六五％であっても「いまだ不合理ではない」とした。

④「長期雇用を前提とした正社員に対する福利厚生を手厚くし、有為な人材の確保・定着を図るとした会社側の主張に一定の合理性」があると繰り返した。原告たちは「有為な人材」ではないという差別観がそこにある。

労契法第二〇条は、「労働者の業務の内容及び当該業務に伴う責任の程度（「職務の内容」）」「当該職務の内容及び配置の変更の範囲」「その他の事情」の三つを考慮して、不合理と認められるものであってはならないと規定している。判決はこれらのうち、「職務の内容」では売店販売員以外の正社員一般と比べ、「配置の変更の範囲」によって実際には転勤していない正社員との格差を容認し、「その他の事情」によって「非正社員は有為な人材ではない」という蔑視を追認したことになる。

二〇一七年八月一四日付の『労働新聞』ではこの判決について、労働事件で経営側の弁護を担当する「経営法曹会議」所属の岡芹健夫《おかぜりたけお》弁護士が、「まだ生成過程」としつつも、業務内容より「配転の有無」や業務の「出来映え」に責任を持つかどうかで正当化されることが多そうだ、と述べ、「使用者側にとっては立証が容易」「職務の棲み分けで対応が可能」と論評した。

下方に合わせた修正

メトロコマース訴訟地裁判決から半年後の二〇一七年九月、日本郵便の契約社員三人が正社員との手当における格差をめぐって起こした訴訟の東京地裁判決でも、配置転換の有無が職務内容や責任に結びつけられた。手当については「有為な人材の獲得・定着を図る」ためのものとして、全国転勤がある従来の正社員と契約社員との格差は問題にされず、全国転勤がない正社員である「新一般職」とだけ比較された。その結果、この二つは職務については「一定の相違しかない」とされ、年末年始勤務手当は新一般職の八割、住居手当はその六割が認められるにとどまった。

翌二〇一八年二月の大阪地裁の判決では、これらの範囲が広がり、契約社員は年末年始勤務、住居の各手当について新一般職に支給された額と同等の額が認められ、扶養手当も認められた。特に扶養手当については「親族の生活を保障するもので、職務内容の相違により支給の必要性は大きく左右されない」とされ、非正規でも家族を背負っていれば認めるという実態により即した判断となり、「有為な人材」論は消えた。

だが、せっかく認められた住居手当は、二〇一八年春闘の労使交渉では思わぬ結果となった。会社側は、「転勤がない」として、新一般職の方の住居手当を廃止し、非正規もこれに合わせて不支給とした。住宅手当を、転勤に伴なう住居費用と読みかえ、「下方に合わせた修正」だった。郵政産業労働者ユニオンは会社側の春闘回答に対し、「住居そのものに関する費用負担は一般職〔転勤なしの正社員〕、地域基幹職〔転勤ありの正社員〕の別なく同等であり、転居費負担と住居費負担を混同している」(16)と反論している。

こうして新一般職から削った原資が、裁判で認められた契約社員への一日当たり四〇〇〇円の年始勤務手当の新設に充てられ、会社の人件費負担は抑えられることになった。

原告たちの疑問は「同じ仕事をしているのに、なぜ賃金や待遇がこんなに違うのか」という素朴なものだった。それが、労契法や「ガイドライン案」に「職務内容」以外の判断基準が盛り込まれたことで、判断は様々に揺れた。これらの「揺れ」は、二〇一八年六月一日の最高裁判決で一つの着地点を迎える。

ジェットコースター判決

二〇一八年六月一日、最高裁は、非正規運転手に対する賃金格差が労契法違反に当たるかどうかをめぐる二つの訴訟で、相次いで判断を示した。労契法第二〇条をめぐる初の最高裁判断であり、二〇一六年一一月に公表された「働き方改革」の「ガイドライン案」が、実際の事件で、今後どう適用されていくかを占うものとしても、注目が集まった。

一つ目の静岡県浜松市の物流会社「ハマキョウレックス」の契約社員運転手らが、手当格差の是正を求めた訴訟は、全面勝訴となった。二つ目は、横浜市の運送会社「長澤運輸」の再雇用の嘱託運転手らが賃金格差是正を求めたものだったが、こちらは一転、全面敗訴となった。長澤運輸訴訟原告は「六〇歳で定年になったら賃下げという、わけのわからないことを裁判所が認めた」(『朝日新聞』二〇一八年六月二日付)と、怒りをぶつけた。明暗を分けたのは、手当についての訴訟(ハマキョウレックス)か、基本給についての訴訟(長澤運輸)かにあった。

ハマキョウレックス訴訟一審では、職務内容では契約社員が正社員と違いがないのに、全国転勤がないこと、「将来、会社の中核を担う人材として登用の可能性」がないという「有為の人材論」によって通勤手当しか認めなかった。例の三要件のうちの「配置の変更の範囲」「その他の事情」が重視されたことになる。だが二審では、個々の手当と職務内容の関係を判断して、無事故手当、作業手当、給食手当にまで支給を認め、最高裁では皆勤手当も認めた。「ガイドライン案」注記の、「主観的・抽象的」なものではなく「客観的・具体的」なもので判断する、というくだりによって「有為な人材論」が採用されなかったことは、前進だった。

一方の長澤運輸訴訟では、二〇一六年五月の一審判決で原告が全面勝訴していた。職務内容も「配置の変更の範囲」も同一だったことが、素直に適用された判決だった。だが、「ガイドライン案」が出た後の二審では、「定年退職後に賃金が引き下げられることは通例」という「その他の事情」が考慮されて逆転敗訴した。「職務内容」重視の判決から「その他の事情」重視の判決へのジェットコースターのような展開だ。

最高裁判決は、年金支給までの再雇用という異なる賃金体系の働き方であることなどから、一定の範囲内なら格差は不合理ではないとした。「ガイドライン案」では「基本給」について、正社員と非正社員が「能力」「成果」「勤続年数」が同一なら同一としつつも、第2節で紹介したように、雇用管理が異なるコースによる格差を容認する事例を挙げている。最高裁判決は、これらに沿った判断と言える。手当は「コース別」に関係なく支給されるものが多いため、改善を勝ち取りやすいが、基本給では、「コース別」の労働条件を決め、これに合わせて一定の範囲内で異なる賃金を支給すれば、業務内容が同じでも不合理ではない格差となりうる。

担当した山本庸幸《つねゆき》裁判長は、通産省(現経産省)出身だが、経産主導とも言われた今回の「ガイドライン案」を、奇しくも判例化する形になった。

ここでの「一定の範囲内」という条件付けは、「ガイドライン案」の「均衡待遇」を考慮したものと思われるが、ＩＬＯが推奨する職務内容についての客観的評価基準がないため、原告たちの労働・生活実態との大きなズレをもたらすことになった。

まず、大手企業ホワイトカラーの場合は、年功賃金下で賃金が上がり続ける。だから、再雇用の時点で賃金を下げることは現役社員たちの賃金原資の確保につながるかもしれない。だが、原告らをはじめとする中小企業の現業社員の多くは何年働いてもさほど給料は上がらず、「再雇用だから」と下げられては、生活を保てる水準を割り込んでしまいかねない。実際、「再雇用」の賃金体系によって、嘱託運転手らの年収は約五〇〇万円から三〇〇万円台に下がり、「入社一年目の人より低く」(原告)なったという。

また、大手企業の再雇用の場合の賃下げは、高齢で体力が落ちることを考慮し、仕事内容や労働時間の軽減と抱き合わせで行っていることが多い。「職務の対価としての賃金」という考え方に配慮した手法だ。

ところが、長澤運輸の場合、「基本給」と「能率給」と「職務給」の三つから成る正社員の賃金が、嘱託社員になると、「基本賃金」と「歩合給」に変わり、現役時代より競争的で労働強化を求められるものになっている。「職務給」は、乗車したトラックの大きさによって月七万円から八万円程度支給され、稼いだ分にかかわりなく、乗車という仕事に対して保障される。それがなくなり、「歩合給」だけでカバーしなければならないということは、高齢で体力が落ちる時期に成果を上げないと給料が減る厳しい賃金体系に切り替えられてしまったことになる。

「ガイドライン案」は、「有為な人材」論のような企業の極端に主観的な評価には、一定の歯止めをかける役割を果たした。ただ、高裁判決を前にしたメトロコマース訴訟の原告は、「手当という小さな額の是正で、基本給という根本の差別が帳消しにされてしまうのが心配だ」と、つぶやく。「雇用管理区分」という檻を通じた「劣位に属する集団」(笹沼)への差別の打破へ向けて、働き手の側からの社会運動が、今後、改めて不可欠になった。

4　派遣の待遇改善封じ

派遣の特質の無視

これまでの訴訟では、契約社員たちの賃金格差の妥当性が問われた。だが、同一労働同一賃金を最も必要とするのは、「社員」としてでなく、「仕事」をスポットで売る派遣労働者と言ってもいいかもしれない。その意味で、この章の最後は、派遣社員の「同一労働同一賃金」について見ておきたい。

「ガイドライン案」は、末尾で派遣労働者についても次のように述べている。

今回、労働者派遣法では、派遣元事業主は、派遣労働者の待遇のそれぞれについて、当該待遇に対応する派遣先に雇用される通常の労働者の待遇との間において、職務の内容、当該職務の内容及び配置の変更の範囲その他の事情のうち、当該待遇の性質及び当該待遇を行う目的に照らして適切と認められるものを考慮して、不合理と認められる相違を設けてはならない、とされた。ただ、難しいのは、日本は、同じ仕事でも企業によって大きく賃金が異なることだ。派遣先の労働者との同一賃金を実施すると、同じ仕事をしているのに派遣先が変わるたびに賃金水準が大きく変動し、同一労働同一賃金にならなくなってしまう。欧州のように企業横断型に職務の賃金水準が決まっているわけではない社会に、派遣という働き方を接ぎ木したツケだ。

こうした派遣社員の実態を無視した同一労働同一賃金論議は、先に述べた二〇一五年の派遣法改定の際の「同一労働同一賃金推進法」から続いている。その経緯を検証すると、「働き方改革」を標榜する第二次安倍政権下で、派遣社員はむしろ、待遇改善の可能性を狭められ続けてきたことが浮かんでくる。

派遣社員は派遣会社（派遣元）と雇用契約を結び、社員が必要なときだけ派遣先企業によって派遣会社から借り出される。つまり、派遣先企業は形式的には雇用者ではない。だから、派遣社員は実際に働いている企業との待遇改善交渉が難しい。労使交渉は労働者が労働条件を上げるための基本的で最低限の手段だが、これを事実上奪われているのが派遣社員ということだ。

「派遣会社と契約を結んでいるなら派遣会社と交渉すればいいのでは」という疑問をしばしば聞く。派遣労働者の労働条件は、派遣会社が決めるものというわけだ。だが、たとえば賃金は派遣先が出す派遣料から派遣会社が一定の経費や利益を引いたものが賃金として渡される。このカット率は、平均して三割程度、悪くすると五～六割程度とも言われるが、いずれにせよ、賃金などの労働条件に実質的な権限をもつのは派遣先企業ということになる。

そうしたことから、これまで派遣社員の待遇を上げるには、一定以上の期間働いて、派遣先に常に必要な労働力と見なされる場合は、実態に即して派遣先の社員に転換させ、実際に労働条件に権限を持つ企業と交渉できるようにすることが有力な解決法とされてきた。それを事実上、断ち切ったのが、次に取り上げる二〇一五年九月の労働者派遣法改定だった。その結果、派遣社員のままでの待遇引き上げの方法を、ひねり出さねばならなくなったことが、「ガイドライン案」への派遣労働者の同一労働同一賃金の盛り込みの背景にある。

「生涯派遣」への道

こうした派遣労働の脆弱さを一般の人々に突き付けたのは、二〇〇八年のリーマンショック後に起きた大量の派遣社員の契約解除(「派遣切り」)だった。世論の批判を受け、二〇〇九年に政権交代した民主党政権は二〇一二年、こうした派遣労働の歪みを正そうと、「労働契約申込みみなし制度」(みなし制度)を盛り込んだ改正労働者派遣法を成立させた。これは派遣先企業に一定の違法行為があった場合、派遣先企業に派遣社員を直接雇用させる制度で、違法行為があった時点で派遣先はその申し込みをしたとみなす仕組みだ。労働者派遣法では、工場派遣などの「一般業務」は期間の制限があり、これを超えれば違法行為とされてきた。こうした違法行為は当時横行しており、これを理由に「みなし制度」を使えば直接雇用の道が開けるはずだった。

ところが、改正法が施行されるはずだった二〇一五年一〇月を前にこの改正法は第二次安倍政権によって再改定された。再改定では「一般業務」と「専門業務」の二区分を廃止し、派遣会社と無期契約を結ぶ無期派遣社員と、有期雇用契約を結ぶ有期派遣社員とに分けた。無期派遣は期間制限がなくなり、派遣の固定化が合法化されることになった。有期派遣は「派遣は臨時が前提」であることを逆手に取られ、正社員化でなく、三年を超えたら原則として、同じ部署では働けないことになった。事実上の三年解雇の合法化だ。

代わりに、三年を超えて働きたいと申し出た派遣社員に対し、派遣会社は、次の四つの「雇用安定措置」のうちどれかひとつを行うよう義務付けられた。①派遣先の企業に、派遣労働者の直接雇用を依頼する、②派遣労働者に新しい派遣先を提供する、③派遣事業主によって派遣労働者を無期雇用する、④

その他、だ。①は「依頼」すれば結果は問われず、②は、より安い賃金の派遣先でも問題はなく、③は無期限の派遣なので不安定さは変わらない。いずれも「安定化」にはほど遠い。しかも、「四つのうちどれかひとつ」という方法はいくつもの措置を取っていると見せかけて最も負担の軽いものを選べばすむ、という点で残業の上限規制の健康確保措置と同じだ。また、有期派遣社員の期間制限は派遣先の部課を移したり、派遣労働者を替えたりすることで容易にすり抜けることができるため、期間制限違反という違法行為が生じる余地は大幅に狭くなり、期間制限の違法行為があれば直接雇用という道は、事実上ふさがれることになった。

このため、派遣社員たちはこの改定案を「生涯派遣法案」と呼び、当事者によるネットワークも結成されて反対運動が広がった。立場が弱く、声を上げにくいと言われてきた派遣社員たちによるかつてない反対運動に背中を押される形で野党議員も踏ん張り、改定案の審議は施行日とされていた九月一日をすぎてしまった。この施行日を九月三〇日に書き換え、同月一一日、再改定法はようやく成立した。みなし制度の実施をぎりぎりの時点で回避させた強引な成立だった。

そんななか、野党は「同一労働同一賃金推進法案」を提案し、九月九日に成立する。派遣労働の固定化に対抗して、その業務の対価を正社員並みに引き上げることを狙ったものだったが、それも、「維新の党」(当時)が政府の修正に応じたことで骨抜きになった。「職務に応じた待遇の均等の実現」という当初の記述が修正によって「業務の内容及び当該業務に伴う責任の程度その他の事情に応じた均等な待遇及び均衡のとれた待遇の実現」に変更されたからだ。「ガイドライン案」と同様、「職務の内容」以外の要素を盛り込むことで企業の大幅な裁量権を温存する同一労働同一賃金だった。

三年後の結末

派遣法の改定案が衆院本会議で採決された二〇一五年六月一九日、傍聴席で、「一人一人の生活がかかっていることを、賛成した議員はどう考えているのか」と泣き崩れた派遣社員の女性がいた。一五年間派遣として同じ会社で働いてきた東京都のシングルマザー、渡辺照子だ。それから約三年たった二〇一八年一二月六日、五八歳になった渡辺は、三カ月契約を何度も更新して一七年間働いてきた派遣先の最後の出勤日を迎えた。二〇一五年の派遣法改定で、同じ部署では三年までしか働けないことになり、これを理由に派遣先から、契約は打ち切ると通告されたからだ。

シングルマザーで老親の介護も抱える渡辺にとって、転職は難しい。「派遣なんかで長く働き続ける方がおかしいとも言われた。でも、女性は三五歳をすぎると転職先が減り、子持ちというハンディもある。だから、長期にわたって正社員とほぼ同じ仕事を懸命にこなしてきたのだから、どこかで正社員に転換してもらえるかもしれないという期待にしがみつくことになる。そんな派遣社員は、私以外にもたくさんいる」と言う。

二〇一八年一一月、「ガイドライン案」をもとにした「同一労働同一賃金省令・指針案」が、労政審の部会で承認された。ここでは国会の付帯決議を踏まえ、同一労働同一賃金を理由に労使の合意なく正社員の賃金を引き下げてはならないことが加えられた。また、定年後の再雇用については長澤運輸事件についての最高裁判決を受け、再雇用だから即賃金格差が是認されるわけではなく、様々な事情を総合的に考慮して不合理かどうかを決めること、と一応の歯止めをかけた。

派遣労働者の賃金については、派遣先社員との同一労働同一賃金方式と、派遣会社と労働者側代表などが労使協定を結び公的統計をもとに算定した一般労働者の賃金目安と同等以上の賃金とすることによる同一労働同一賃金方式の二つが示された。前者では、会社が変わると同じ仕事でも賃金が変わってしまう点で同一労働同一賃金とは言えない。後者は、企業横断型にはなるかもしれないが、派遣社員による労組をつくるのは難しく、高スキルで高賃金の派遣社員の賃金が、低賃金社員も含む低水準の「賃金目安」にまで引き下げられかねないとして、派遣労働者の待遇改善を求める「派遣労働ネットワーク」などから問題視されている。企業を超えた職務賃金がない社会で、スキルを測る客観基準も整備できないまま派遣労働をこれだけ広げてしまった無理が、表面化した形だ。

「残業の上限規制」は、生活時間を侵害してきた日本企業の労働時間への裁量権を、法で追認した。「日本型同一労働同一賃金」も、労働の対価としてよりも「忠誠心」など会社の主観がものをいう賃金決定の仕組みに非正規も繰り込み、より合理的な形で、法で追認する結果となった。さらに、国会や働き手からの批判や疑問には、法案の修正ではなく、拘束力の弱い省令・指針で対応して形を整えた。それは、「何をしているか」より、「どんな人間」か、で値決めを行い、差別的処遇を固定化する仕組みでもある。

第3章

公務の「働き方改革」の暗転

「同一労働同一賃金」「残業の上限規制」など、雇用の質の向上を掲げた「働き方改革」が「政府の最重要課題」と叫ばれる中で問われたのは、その足元の公務部門の働き方だった。一般には「公務員は安定した仕事」という思い込みが根強く、公務労働者はいつも、こうした「改革」すべき対象の蚊帳の外に置かれがちだった。だが、その実態は民間と同じように非正規化が進み、五人に一人が非正規という事態にある。そのほとんどが経済的自立が難しい水準の「官製ワーキングプア」(国や自治体などの「官」が生み出した非正規労働者)で、基本的な労働権も保障されにくい過酷な状況に置かれている。この章では、「働き方改革」が、こうした働き手に何をもたらすのかを考えていきたい。

1 「官製ワーキングプア」の合法化

一一年で四割増加

政府の「働き方改革」についての論議が盛り上がるなか、問題にされ始めたのが国や自治体で一線の仕事を担う人たちの「官製ワーキングプア」の存在など、公務部門での働き方の問題だった。バブル崩壊後の不況下で相次いだ大規模なリストラと非正規労働の規制緩和によって、二〇〇一年からの小泉政権のもと、民間企業で非正規労働者は急増した。特に、この時期に就職できなかった多くの若者が職業生活のスタートラインから大量に非正規化して職業人として育成される機会を失い、「ロストジェネレーション」（失われた世代）とも呼ばれるようになった。これに対応して第一次安倍政権（二〇〇六年九月〜二〇〇七年九月）が「再チャレンジ」政策を掲げるなど、働いても貧困脱出ができない低賃金非正規に対する問題意識が高まった。「官製ワーキングプア」は、そうした政府自身が、非正規公務員という形の「ワーキングプア」を生み出しているという、マスメディアによる造語だ。[1] こうした公務非正規の増加を促したのが、小泉構造改革だった。

小泉政権は、「改革なくして成長なし」をスローガンに、財政削減を目指す「聖域なき改革」を開始した。それまで公務員は、総務省の文書でも、「職員が職務に安んじて精励できるようにすることによる公務の能率性の追求、（中略）企画立案やサービスの質の担保等の観点から『任期の定めのない常勤職員を中心とする公務の運営』という原則は維持しつつ検討することが必要」[2] とされてきた。だが、自治体は、交付金が削減されれば、これに応じて職員の「定数」も減らさざるを得ない。一方で、自治体が提供している公共サービスは住民生活を支えるもので、そう簡単には削れない。正規職員の減少をカバーするため、職員一人分の予算で三人を雇えるような低賃金の非正規職員を、「定数外」の形で増やしたり、民間に委託したりすることでしのぐ自治体が増えていった。その抜け穴に利用されたのが、**表3－1**のような地方公務員法（地公法）第三条三項や第二二条だ。

地公法第三条三項では、たとえば学校の校医（学校医）による健康診断のように、専門知識を生かして一時的に必要な公務にボランティア的に貢献する「特別職非常勤職員」が認められている。また、第二二条では急な欠員などを補充する「臨時職員」（臨時的任用）が認められている。いずれも恒常的な仕事ではないので「常勤」以外の職員でも担っていい、という位置づけだ。恒常的な仕事ではないことになっているため、対価も一時的な奉仕活動への報酬（＝薄謝）などの形で払われる。この働き方を拡大解釈し、一時的な仕事という名目を保つため契約は短期としつつその反復更新を通じて格安の常勤公務員の代役を作り上げる、という手法だ。しかも、非正規公務員は「公務」であることを理由に民間のようなパート労働法や育児介護休業法の適用は受けられないと言われ、非正規であることを理由に、正規公務員のような公務員としての保護も拒否されるという「法の谷間」に置かれがちだ。そうした労務管理を通じて保護からも権利からも外し、人件費削減に利用しやすい抵抗力の弱い労働力が作り出される。

財政削減の中でこうした非正規公務員は膨れ上がり、総務省が二〇一七年三月末に発表した「地方公

関する制度

任期付短時間勤務職員
一般職（地公法適用あり）
任期付法第5条
①一定の期間内に終了することが見込まれる業務 ②一定の期間内に限り業務量の増加が見込まれる業務 ③住民に直接提供するサービスの提供体制の充実 ④部分休業を取得する職員の業務の代替 【任期付法第5条】
競争試験又は選考【地公法第17条】
3年以内（特に必要がある場合は5年以内） 【任期付法第6条2項】
給料及び手当【自治法第204条】 （手当は任期の定めのない常勤職員と原則同じ）
条例等で規定 （休暇は任期の定めのない常勤職員と原則同じ）
適用あり【地公法第27, 28条】
適用あり【地公法第27, 29条】
適用あり【地公法第30～38条】
•勤務時間等により厚生年金，健康保険，雇用保険を適用 •公務災害を適用
定数条例外【自治法第172条3項】

表3-1　短時間勤務の公務職員に

	非常勤職員		臨時的任用職員
職の区分	特別職(地公法適用なし)	一般職(地公法適用あり)	一般職(地公法適用あり)
根拠法令	地公法第3条3項3号	地公法第17条	地公法第22条2·5項
採用の要件・対象	(臨時又は非常勤の顧問，参与，調査員，嘱託員及びこれらの者に準ずる者の職【地公法第3条3項3号】)	(職員の職に欠員を生じた場合の任命の方法の一つとして，採用を規定【地公法第17条】)	①緊急の場合 ②臨時の職の場合 ③任用候補者名簿がない場合 【地公法第22条2·5項】
採用の方法	規定なし〔面接等による〕	(競争試験又は選考【地公法第17条】)〔面接等による〕	規定なし〔筆記試験，面接等による〕
任期	規定なし〔通常1年以内〕		•6月以内，6月以内で更新可 •再度の更新は不可 【地公法第22条2·5項】
給与	報酬及び費用弁償【自治法第203条】		
勤務時間・休暇	条例等で規定		
分限処分	規定なし	適用あり 【地公法第27, 28条】	適用なし【地公法第29条の2】 (分限について，条例で規定可)
懲戒処分	規定なし〔要綱等で規定〕	適用あり【地公法第27, 29条】	
服務(守秘義務等)	規定なし〔要綱等で規定〕	適用あり【地公法第30〜38条】	
社会保険等	•勤務時間等により厚生年金，健康保険，雇用保険を適用 •公務災害又は労災を適用		
定数	定数条例外【自治法第172条3項】		

(注1)　地公法：地方公務員法
任期付法：地方公共団体の一般職の任期付職員の採用に関する法律
自治法：地方自治法
(注2)　〔　〕内は実態上多くみられる運用
出所：総務省「地方公務員の短時間勤務の在り方に関する研究会報告書」2009年1月23日

表 3-2　公務員の職種別正規・非正規の比率(2016 年 4 月 1 日現在)

(単位：人)

職種	非正規公務員 A	正規公務員	合計 B	非正規割合(%)A/B 2016.4.1現在	2012.4.1現在	2008.4.1現在	2005.4.4現在
一般事務職員	159,559	732,573	892,132	17.9	16.7	13.3	11.9
技術職員	9,316	211,959	221,275	4.2	3.9	3.0	2.8
医師	8,138	21,956	30,094	27.0	25.7	26.2	25.7
医療技術員	11,851	46,409	58,260	20.3	17.8	13.7	11.0
看護師等	28,043	150,174	178,217	15.7	13.4	11.8	10.4
保育士等	99,958	94,544	194,502	51.4	50.8	45.1	40.0
給食調理員	37,985	24,892	62,877	60.4	54.1	44.7	38.2
技能労務職員	56,853	90,673	147,526	38.5	34.0	26.7	24.2
教員・講師	92,494	842,394	934,888	9.9	8.5	6.2	5.0
図書館員	16,484	8,761	25,245	65.3	—	—	—
その他	122,450	410,692	533,142	23.0	19.8	16.7	14.8
合計	643,131	2,635,027	3,278,158	19.6	17.8	14.7	13.0

(注 1)　正規公務員の職種の分類については,「地方公共団体定員管理調査結果」の「第 4 表　職種別職員数」の区分・職員数を再分類したもの.

(注 2)　正規公務員の数字は，職種別のデータが出ていない一部事務組合の職員を除く.

出所：上林陽治「欺瞞の地方公務員法・地方自治法改正」(連載「私は非正規公務員」10)，WEBRONZA，2017 年 4 月 24 日(非正規公務員の数値は 2016 年の総務省調査，正規公務員の数値は，総務省「地方公共団体定員管理調査結果」2016 年 4 月 1 日現在)

務員の臨時・非常勤職員に関する実態調査結果」(二〇一六年四月一日現在)によると、その総数は全国で約六四万人、第一回の二〇〇五年調査から一一年で四割もの増加となった。うちフルタイムで働くのは約二〇万人。もはや基幹的な労働者と言える。

　地方自治総合研究所研究員の上林陽治の調査による**表3-2**のように、図書館、保育所、給食調理などの住民のケアにかかわる業務にあたる部門では半数以上が非正規だ。これらは女性が多い部門であり、その結果、全体の四分の三にあたる約四八万人を女性が占めている。また、賃金水準は**表3-3**の通り、正規の三~四割、年収換算で一六〇万円台から二〇〇万円台がほとんどだ。二〇〇九年に取材した兵庫県内の公立保育園の臨時職員保育士は、半年契約を何度も更新して一一年間働いても、年収二

表 3-3　公務員の職種別正規・非正規年収格差(2016 年 4 月 1 日現在)

(単位：円)

		非正規公務員(2016.4.1)		正規公務員(2015.4.1)			
		時給平均額(A)	年収換算額(A×8 時間×20 日×12 月)　…X	月例給与平均額(B)	期末勤勉手当平均額(C)	年収換算額(B×12 月+C)　…Y	格差 X/Y
一般事務職員	特別職	1,080	2,073,600	412,638	1,676,807	6,628,463	31.3%
	一般職	919	1,764,480				26.6%
	臨時職員	845	1,622,400				24.5%
教員・講師(義務教育)	特別職	1,699	3,262,080	420,098	1,821,499	6,862,625	47.5%
	一般職	1,385	2,659,200				38.7%
	臨時職員	1,218	2,338,560				34.1%
保育所保育士	特別職	1,195	2,294,400	350,517	1,476,902	5,683,106	40.4%
	一般職	1,055	2,025,600				35.6%
	臨時職員	1,004	1,927,680				33.9%

(注)　非正規公務員の時給平均額は，該当団体数の単純平均値．

出所：上林陽治「欺瞞の地方公務員法・地方自治法改正」(連載「私は非正規公務員」10)，WEBRONZA，2017 年 4 月 24 日(非正規公務員の数値は 2016 年の総務省調査，正規公務員の数値は総務省「地方公務員給与実態調査結果」2015 年)

二〇万円程度で月五万五〇〇〇円の家賃を引いたら生活費が足りず、実家の農家からコメや野菜を送ってもらってようやくしのいでいる、と語っていた(3)。

そうした労務政策の背景にあったのが「女性の仕事は(夫の補助だから)安くてもいい」という性差別的な発想だった。そのわかりやすい例が、一九九〇年代、非常勤保育士の賃上げを求めた労組や親たちに対し、ある自治体の人事責任者が放った「主婦が家庭でただでやっているような仕事に高い賃金は出せない」という言葉だろう(4)。

これらからは、公務員の非正規化とは、住民の生活を支えるという公務の根幹原則を、地公法の脱法的な拡大解釈と、世間の性差別意識を背景にした女性の低賃金とを駆使してなんとか支えようとした自治体の苦肉の策だったことが見えてくる。

「会計年度任用職員」の登場

二〇一七年五月に成立した「地方公務員法・地方自治法改正案」（二〇二〇年施行）は、このような足元の公務分野での非正規公務員の均等待遇へ向けた「働き方改革」として期待された。

自治体職員の労組、自治労（全日本自治団体労働組合）も、不十分さは指摘しながらも、非正規公務員の処遇改善に一定の前進があったと評価する談話を発表した。たとえば、自治労の上部団体の連合（日本労働組合総連合会）は、同日付のホームページで「本法は課題の全てに対し解決策を講じるものではないが、いわゆる『法の谷間』に置かれ、官製ワーキングプアとも称される地方公務員の臨時・非常勤職員の処遇改善に向け、一定の前進がはかられたことは評価できる」としている。

確かに、これまで存在しないはずという建前で覆い隠されてきた自治体非正規の存在を政府が認め、法律に位置づけざるを得なくなったことは、非正規公務員たちの粘り強い運動の成果だった。だが、これらの労組が「不十分」と指摘した個所を検討していくと、この改定は、実は「官製ワーキングプア」の合法化であり、公務員原則の地殻変動とでも言うべきものかもしれないと思えてくる。

先に述べたように地公法第三条三項や第二二条による非正規の多くは、本来の「一時的な職」という趣旨に反した働かされ方だ。事実上の常勤というその実態に合わせて、常勤並みの待遇へと改善を図るべきだと批判されてきたのはそのためだ。だが改定法は、こうした本来の趣旨に外れた部分を「会計年度任用職員」という新設の一年有期雇用に移行し（図3-1）、「一時的な仕事を担う公務職」という趣旨に沿った特別職や臨時的任用とは別建てにした。つまり、常勤公務員を、低賃金で短期雇用の職員と、無期雇用の従来の職員に分け、前者を仕事は恒常的にあるが契約は一年単位という形で後者と差別化し、非正規公務員を追認・合法化・固定化するという大逆転だった。

特に問題とされているのは、「会計年度任用職員」の改定地公法での定義が、どんな職務を担っているかで決まるのでなく、一会計年度(一年)を超えない有期という条件を満たすもの、とされたことだ。これだと、職務が一時的なので非常勤、職務が恒常的だから常勤というのではなく、契約期間さえ短くしておけば、恒常的な仕事であっても一年単位の有期雇用(=会計年度任用職員)にできてしまう。雇う側が好きなように有期雇用をつくり出せる仕掛けだ。第2章第2節では、雇用管理区分によって同一業務でも(一定程度の範囲で)同一賃金でなくてもいいという労務管理の容認について触れたが、これに似て、雇う側が業務内容にかかわらず主観によって労働条件を決められることになる。

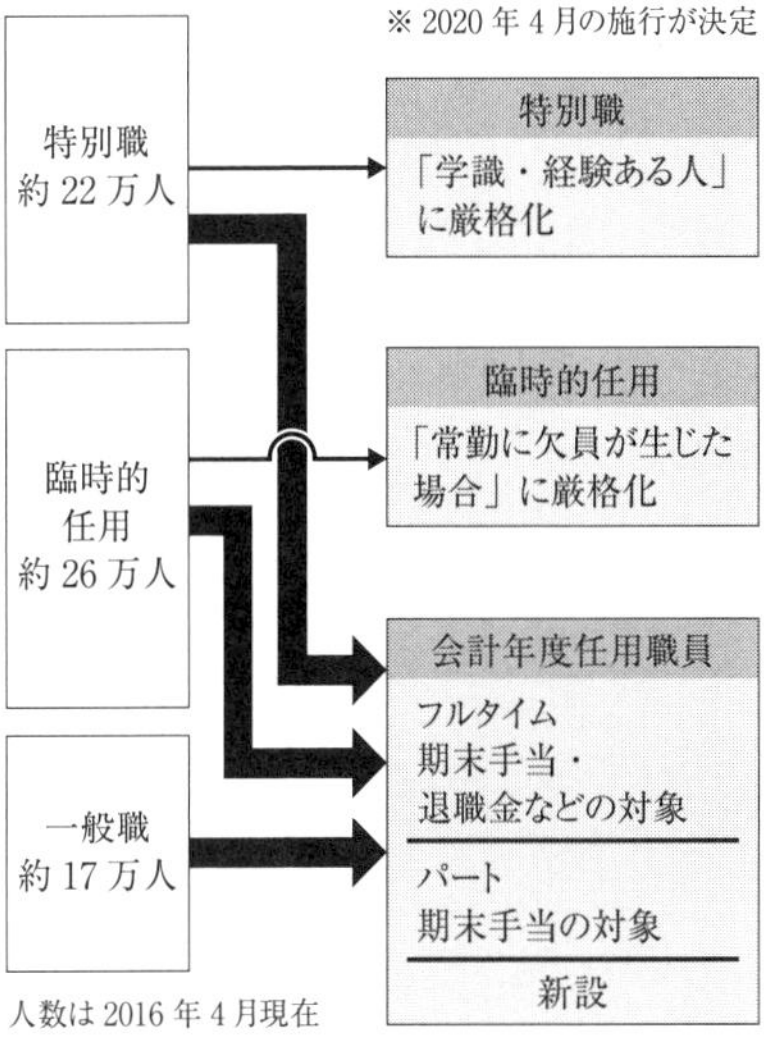

出所：『朝日新聞』2017 年 3 月 8 日付

図 3-1　地方公務員法・地方自治法改定による非正規公務員制度の変化

その特異性を、上林は「官製ワーキングプアの法定化」「欺瞞」として次の三点から批判する。まず、これまで述べたように、不安定な労働者でも公共サービスを提供できることを法定化してしまったことだ。会計年度任用職員の定義について上林は、「常時勤務で無期雇用の正規職員が配置されない職を総称して『非常勤の職』と言っているのであって『職』(=業務や仕事)そのものの性格(=本格的、恒常的、常用的)を意味していない。したがって、いままで常勤の職員が配置されていた職を、会計年度任用職員をもって代替させた途端に、その職は『非常勤の職』になる」(5)と、そのからくりを説明する。その結果、公共サービスは安定した常勤が担うことでその質を確保する必要がなくなる。二つ目は、「労働時間差別の合法化」、そして三つ目が「権利剝奪《はくだつ》の立法化」だ。

会計年度任用職員の待遇は、「フルタイム」(正規職員と同じ労働時間)であれば、正規並みに、給料と手当、退職金が支給されるとされている。一方、「パート」(正規職員より短い労働時間)だと、報酬、費用弁償という労働の対価ではなく「薄謝」ベースの従来通りのものだが、「六カ月以上勤務のものには期末手当を支給する」とされている。「フルタイム」なら正規並みに賃金が出て、「パート」でも、半年以上勤めればボーナスが出るという点を見ると、改善と思いたくなる。だが、フルタイムかパートかを決めることができるのは雇う側だ。働く側ではない。理論的には、正規より一分でも労働時間を短くしておけば、給料や退職金ではなく、報酬や費用弁償で済んでしまう作りになっており、雇う側は自由に、従来のままの低待遇で雇えることになりうる。また、「期末手当」の新設についても要注意だ。払いたくなければ三カ月とか五カ月とか六カ月より短い契約を結んでしまえばいいわけで、いずれも、雇う側の裁量で低賃金を固定化できる仕組みといえる。

労働時間差別と労働基本権の喪失

労働時間差別の禁止は、オランダで一九九六年に立法化されている。労働時間の長短で、同じ仕事の働き手に待遇差をつけてはならないとする規定だ。また、二〇〇〇年には「労働時間調整法」で、働き手がパートかフルタイムかを働き手が選べる仕組みを規定した。今回の会計年度任用職員のように労働時間を短くすれば仕事の中身にかかわりなく低賃金にできるなら、人件費を切り下げたい雇用主はパートを増やし、労働市場は劣化してしまう。また、雇う側が短時間労働を押し付ければ、働き手は貧困化する。日本の労働市場で起きていることは、まさにそれだ。安倍政権が掲げる「賃上げ」政策を本気で目指すなら、オランダのような法制度を導入すべきだった。

しかも、会計年度任用職員制度の導入で、これまで約二二万人の特別職に認められていた労働基本権も剝奪されかねないという懸念も出ている。

地公法改定から二週間ほどたった二〇一七年五月二四日、東京の「連帯労働者組合・板橋区パート」「同・杉並」、京都の「ユニオンらくだ」、兵庫の「あぱけん神戸」の四労組が、今回の地公法改定についてＩＬＯ第八七号条約（結社の自由や労働者の団結権の保護）と第九八号条約（団結権、団体交渉権の保護）に違反するとして、ＩＬＯに対し申し立てた。この申し立てについて、全国の労組、労働団体から三二六の賛同団体署名が寄せられた。日本では、憲法第二八条が保障する労働基本権のうち、警察や消防などを除く公務員には職員の組合を作る団結権が認められ、交渉もできる。だが、労働協約を結ぶ権利は制約され、ストライキを行う争議権はすべて禁止されている。代わりに、人事院や人事委員会の勧告によって、不当な賃金になることを防ぐ仕組みが設けられている。

イギリスやフランスでは警察などを除きスト権も認められており、ＩＬＯは日本政府に対して、このように公務員の労働基本権が制限されることは条約に違反するとして、これまでに一一回も改善するよう勧告している。ただ、こうした公務労働者の中でも、特別職は民間人のボランティア的な要素が強いことなどから労働基本権が認められてきた。今回の地公法改定によって特別職から外れて会計年度任用職員に移行すれば、それらの権利が奪われることになる。公務員の労働条件を司る人事委員会や公平委員会に訴えることはできるが、最長一年という有期契約では審理に入る前に契約期限が来て雇止めになってしまう。つまりは無権利状態になる、というのが、申し立てた四労組の主張だった。

すでに、地公法改定に先立つ二〇一四年七月、総務省は、特別職の対象者を、法の本来の趣旨に合わせて厳格化するよう通知を出し、これを受けて二〇一五年、愛媛県善通寺市が、非常勤保育士や給食調理員を、特別職から争議権などがない一般職に変更している。この新規則の適用が始まった二〇一六年四月、労働協約締結権と争議権は失われ、二〇〇六年の労組結成以来、団体交渉で積み上げてきた産前産後休暇の有給化などの労働協約が破棄され、労組が提訴する事件も起きている。[6] また、二〇一八年一月九日付の『熊本日日新聞』は、同紙が熊本県などへの取材をもとにした集計で、県内の特別職九八〇五人の八割に当たる約八〇〇〇人が会計年度任用職員への移行で労働基本権を制限される見通しであることが明らかになったと報じている。

2　劣化する身近な公務

相次ぐ公務労災訴訟

このような非正規公務員の追認・合法化は、その問題点を一段と悪化させ、公務サービスそのものを劣化させていくことにもなりかねない。そのひとつが、非正規の公務労災問題だ。

「娘は相談してくる弱い人たちのためにギリギリまで頑張り続けたからこそ、自死せざるを得なかった。弱いからではなく、強かったからこその死だ。私は娘を誇りに思う」

二〇一八年七月一一日、東京・永田町の参議院会館で開かれた集会に、森下眞由美の声が響いた。娘の森下佳奈は、北九州市の嘱託職員として区役所で子ども・家庭問題の相談にあたっていたが、採用から九カ月後の二〇一三年一月、心身の不調から休職し、うつ病と診断されて退職した。その後も体調は改善されず二〇一五年五月、二七歳で自ら命を絶った。残されたメールからは、限られた人員の中で非常勤に仕事が集中して過重労働となり、相談に来た人たちに十分な対応ができないと悩む佳奈に、上司が心ない言葉を投げかけていたことや、職員たちの相談者に対する態度に佳奈が傷つく姿が浮かんだと、森下は語っている。

ところが、公務労災として申請したところ、市は、雇う側が職員の状態を探知する「職権探知主義」を取っているので、職員側からは労災申請ができない、などと主張した。森下らは二〇一七年、上司のパワハラが原因で娘が自殺したのに、非常勤だったことを理由に公務災害の認定請求が認められなかったことで精神的損害を受けたとし、市に慰謝料など計一六〇〇万円の損害賠償を求めて福岡地裁に提訴した。

こうした公務労災をめぐる訴訟が相次いでいることから、公務非正規の待遇改善に取り組むNPO法人「官製ワーキングプア研究会」は、二〇一八年五月、北海道と大阪府を除く都道府県や政令指定都市など一六五団体(回答団体九四)に対し、「臨時・非常勤職員等の安全衛生制度に関する調査」を行い、同年七月、調査結果を中間報告した。それによると、当事者や遺族が労災を申請できないとしている自治体は一六・三%で、四〇・二%が職員安全衛生管理規則で申請できると規定し、四〇・二%が規則にはないが運用でできると回答した。北九州市とは異なり、八割が非正規公務員の側から申請できるということになる。

とはいえ、北九州市の事例が特異なものとは言い切れない。この調査にかかわった同研究会理事の山下弘之によると、自治体の労災についての条例や施行規則は一九六〇年代に出された旧自治省(総務省)の準則に沿った形で作られたことから、当時の行政主導の「職権探知主義」のままになっているものがある。まずは、これを改正することが喫緊の課題と山下は指摘する。(7) ただ、改正したとしても問題は残る。「職権探知主義だから申請できない」としたり、「職権探知主義だが運用で本人申請できるから自治体に措置をとる責任はない」としたり、様々な理由で責任を逃れようとする体質が自治体側にあるからだ。特に、パワハラやセクハラなどによる精神的な病気となると、「外聞が悪い」ことや、立証しにくいことなどから、自治体側の逃げ切り姿勢が目立つ。短期雇用という働かせ方が、いつでも切れるという雇う側の安易な意識を招き、労災申請という働き手の命や健康にかかわる権利まで危うくしていることがわかる。

非正規公務員がごく一部の例外的な働き方だった時代なら、労災、特に精神的なダメージによる労災はまれだったかもしれない。だが、非正規公務員はいまや五人に一人にまで増え、しかも、住民のケアという最も根幹の公務サービスを、一線で恒常的に担う基幹労働力となっている。その事実を直視せず、「臨時だから安くて制度も未整備」として「恒常的で基幹的な働き方」という二つの「いいとこどり」

を続けようとする手法は、もはや限界だ。今回の地公法改定は、そんな状況を維持し続けることにつながりかねない。

郵便を出す時間に遅れたらクビ？

二〇一八年に表面化したあるハローワークでの雇止め事件は、このような短期契約の雇用が公務サービスの現場を荒廃させ、パワハラやセクハラ労災の土壌を生んでいる状態を浮かび上がらせている。結論から言うと、この雇止めは直前で回避され、一応は解決となったため、事業所の実名を挙げることは避ける。

きっかけは同年二月、「官製ワーキングプア研究会」の白石孝理事長のもとに来た、非常勤相談員からの相談だった。数日前に上司からいきなり呼び出され、「来年の雇用はない」と通告されたという。白石理事長から「ひどい事例なので取材してみては」と誘われ、研究会の理事として、面談に同席することになった。

ハローワークは厚労省の管轄下にあり、相談員はほとんどが非常勤だ。国の非常勤は、「日々雇用」として一日単位で契約される極端に不安定な働き方が基本だった。ところが、二〇〇八年のリーマンショックを機に生まれた「年越し派遣村」などで非正規労働者の待遇改善を求める世論が高まり、国も、足元の非常勤の「日々雇用」制度を見直して一年契約のやや安定度の高い契約に切り替えられることになった。ただ、「常勤ではない」という原則のため、二回更新して三年たったら公募で選びなおすというルールが二〇一〇年八月、人事院から通知されている。

このルールからすると、二〇一九年はその相談員が公募で選びなおされる年ではない。その前の三年間は実績が評価されて再度任用され、その後も仕事上の落ち度はないから、能力に問題があっての雇止めとも思えない。理由が明らかにされないまま、通告のわずか一時間後に、この相談員の後任を募集する公募求人が公開されたという。

実はその前日、相談員は次長と課長から一室に呼びこまれ、一週間ほど前に仕事関係の郵便をルールより少し遅れて出したことを執拗にとがめられていた。職場内には郵便の受付窓口があり、午後二時までに出すことが決まっている。その日、相談員は、午後二時四五分ごろにこの窓口に出向いた。二時を過ぎていることはわかっていたが、求職者のために書類をできるだけ早く送ってあげたいと考えたからだ。すでに郵便局員が集配に来ており、受付時刻が過ぎていることで窓口の職員に受け取りを拒否されたが、押し問答の末、受け取ってもらうことができた。そのことをめぐって次長ら二人に、なぜ時間を守らないのか、ルールを守らない人間は社会人として失格だ、と二〇分ほどにわたって詰問され、「今後どうするかは明日所長と相談して決める」と契約更新への影響をちらつかされた。その翌日の雇止め通告だった。

所長に理由を聞きに行くと、自分が決めたことではないと言われ、三月に入った三週間後にようやく次長を通じて「郵便の締め切り時間を守らないなどのルール違反が理由」と聞かされた。

そうした「違反」をしている職員はけっこういる。それだけで雇止めになるのはどこかおかしい、と考えるうちに、ひょっとしてあれが？ という体験が、いくつも頭に浮かんできた。所長との飲み会にいつも参加しているメンバーが優遇されているといううわさが職場に流れていたが、家族のケアを抱えているため、そうした飲み会に行っていなかった。所長が女性と街で一緒に歩いているところに鉢合わせしてしまったこともあった。どれも些細な事柄で、それが雇止めに響いた確証もない。ただ、「ひょっとして」と考えてしまうのは、身分の不安定さを背景に、理由がはっきりしない雇止めが日常的に起きていたからだった。

契約は一年で、更新できても上限は三年だから、どんなに実績を上げたとしても、三年たてばポストを空けて新規の応募者と同等に公募に参加しなければならない。家族の生活がかかっている職員は少なくないから、何とか次の公募でも採用してもらおうと上司の顔色に一喜一憂することになる。こうしたやめるにやめられない状態にあることを知って、些細なことを「ルール違反」として、時には薄笑いを浮かべつつ執拗に問いただすようなパワハラの事例は後を絶たず、その挙句に心を病む同僚は目立つという。

この雇止めは、新年度が始まる寸前に、突然撤回された。「働き方改革」の裁量労働データ改竄事件に国会が揺れていた時期に同僚たちの間では、これ以上のスキャンダルを避けたいと、本省が動いたのではないかともささやかれた。メディアが取材に動いているという情報もあったが、真相はわからないままだ。

今回は、雇止めは回避されたが、契約が切れる次の一年後、更新の上限を迎える次の三年目は、わからない。「求職者が仕事に就いて喜ぶ姿にプライドとやりがいを感じて続けてきた」と相談員は振り返る。「でも、私たちががんばった結果、就職した人が増えて失業が減ると、今度は失業が減ったから人員を減らすと言われ、自分の失業リスクが高まってしまう。自分で自分の墓穴を掘っているような気分です」

国民に顔を向けた公務サービスとなるために、「不当な支配に屈しない」ことを目指した「公務員の身分保障」が、非正規化で大きく揺らぎ、そんな中で、上司の顔色をうかがわないと職を失いかねない状況や、求職者のために頑張れば頑張るほど自分が失業に追い込まれる事態が頻発している。

「聖域なき改革」の素顔

ハローワークだけではない。二〇一八年七月二三日付の『東京新聞』は、「働き方改革関連法」で長時間労働の是正などを掲げる厚労省が、企業を監督・指導する労働基準監督官を三年間で五七一人増員する一方、労災申請に対応する担当官を六六六人減らす配置転換を計画していると報じた。人員削減による人手不足で労災認定には遅れが出ているにもかかわらず、「監督官を増やすため」に、労災担当官が減らされれば、労災認定業務はいっそう支障をきたす恐れがある。「働き方改革」へ向けて目に見える部分では態勢強化をうたう一方で、裏では労働行政の人員を削減するという手法だ。

公務の「働き方改革」が、このように、非正規の固定化、その労働権の制限、公共サービスの削減に終わってしまう背景にあるのが、先に述べた小泉政権以来の「聖域なき構造改革」路線による財政削減だ。公立学校の非正規教員問題は、その代表例とも言える。

非正規教員の比率は調査によって異なるが、二〇一六年の総務省調査では九・九％、二〇一三年度の文科省調査では一六・五％に達する。引き金を引いたのは、小泉構造改革下での「定数崩し」の容認だった。

ここでは、義務教育の国庫負担割合が従来の二分の一から三分の一に減らされ、教員一人分の人件費で複数の非正規教員を雇ってもいいことになった。文科省事務次官を務めた前川喜平の『週刊東洋経済』(二〇一七年九月一六日号)でのインタビューは、そのいきさつをわかりやすく説明している。「あの頃は前門に総務省、後門には財務省がいた」と前川は語る。義務教育は、人が人を教える仕組みだから、当然、人件費がほとんどを占める。財務省は、バブル崩壊後の不況の中で税収が減り、財政削減をしたいと考えていた。総務省は、地方交付税の膨張を整理するよう求められていた。この二省が案出したのが「国庫補助負担金の廃止・縮減」「税財源の移譲」「地方交付税の一体的な見直し」をセットにした「三位一体改革」(二〇〇二年閣議決定)だった。国から地方に出ている国庫補助負担金を減らし、これに見合う税財源を地方税の形で回すことで「地方の自由裁量」を増やし、国からの地方交付税を減らすという「改革」だ。その際に、公共事業の補助金は「投資」であることを理由に削減対象から外され、教育や福祉などの「人件費」に狙いが絞られた。標的となったのは、この分野が「ナショナルミニマム」(国民的最低保障)であるために金額が多かったからだ。こうした人件費にかかわる補助金を持っている文科省や厚労省が、「地方の自由度を高めるというが、結局は義務教育の水準を下げる自由を与えるだけ」などと抵抗すると、「省益のために負担金を手放さない、とめちゃくちゃ悪口を言われ」(前川)、教育と社会保障部門から予算は削減されていく。このような人件費切り下げと、教育への住民ニーズの高まりの乖離を埋める形で、非正規教員は「臨時的任用職員」として増加を続ける。

二〇一七年の日教組による「臨時・非常勤教職員の緊急実態調査」(一月一六日〜四月一五日、インターネットを通じて二〇一一人が回答)は、その過酷な実態を浮かび上がらせる。まず、多くの自治体で給料に上限があり（年齢給で正教員の三六歳相当を上限とする自治体が少なくない）、「任用は最長一年以内」とされているため、年度末前後に数日の空白期間が置かれてその前の実績は無効になる。加えて、無給の空白期間にも子どもの指導などで出勤させられ、賃金が出ない夏休みは生活に困る教員もいる。産休などの休暇も十分とれず、時間外手当や交通費でも正教員と格差がある。二〇一六年九月に開催された総務省の「地方公務員の臨時・非常勤職員及び任期付職員の任用等の在り方に関する研究会」では、臨時採用されて七年間学級担任を続け、年間所得は二四六万円というシングルマザーの教員の例が挙げられている。これは、その地域の経済困難家庭に対する就学援助制度の認定基準を下回る水準だという。「教える官製ワーキングプア」と言おうか。

こうして見てくると、「聖域なき構造改革」の「聖域」とは、憲法第二五条で規定された国民の「健康で文化的な最低限度の生活」のことだったことがわかってくる。この分野が侵されることは国民の貧困につながり、だからこそ、これらは「聖域」とされてきた。その意味で、今回の地公法改定は、小泉政権で官房長官などの要職を務め、続く第一次安倍政権でその路線を引き継いだ安倍が、聖域を「岩盤」（プロローグ参照）と言い換え、第二次政権で行った総仕上げと見ることもできる。

3　「官から民へ」の詐術

「公務員たたき」の嵐

疑問なのは、こうした住民自身の首を絞めかねない「聖域」への切り込みが、なぜこれほどやすやすと行われたか、だ。日教組で非正規教員問題を担当する中谷正史の言葉は、その原因の一端を垣間見せる。教育予算を増やしてくれるよう働きかけをしたとき、国会議員から「(公務員を)たたけばたたくほど票になる。教育予算を上げても票にならない」と言われたというのだ。

小泉政権下の二〇〇二年七月四日、文科省から都道府県・政令指定都市の教育委員会宛てに出された次のような通知は、そうした社会の空気を反映している。ここでは、近く始まる夏休み期間について、「地域住民や保護者等の疑念を抱かれないことはもとより、この休業期間を教職員の資質向上等に有効に活用し、情報公開等においても十分理解を得られるよう、勤務管理の適正を徹底することは極めて重要[8]」としている。これは、「給料をもらって長い夏休みをとれる先生たちはずるい」といった地域住民やその意を受けた議員からの声に押され、夏季の研修は教育委員会などによる官製のものに限定するとの通知だ。この通知によって、それまで教員たちの教材づくりに重要な役割を果たしていた自宅などでの自主研修は認められなくなり、夏休み中も出勤を求められるようになった。

似たような現象は、教員以外の公務員にも起きていた。ほぼ同時期、地方都市の公立保育園の保育士に電話取材したことがある。その保育士から、「土日出勤の代休で平日に自宅にいると、近所から、公務員が平日もずる休みをしていると役所や新聞に通報されるのでカーテンを閉めている」と言われ、驚いた。

中谷は、少子高齢化の中で、子育て中の家庭が減り、教育より高齢者への社会保障費の増額を求める有権者が増えたことが、これらの締め付けの一因になったのではないかと言う。だが、さらにその背景にあったのは、バブル崩壊後の一九九〇年代末に起きた民間企業での大リストラと、雇用の規制緩和の中で急増した働き手の非正規化だったのではないか。そんな中で、「安定した仕事」と考えられていた公務員が「自分たちのカネ（税金）でいい思いをしている人たち」として怨嗟の対象になり、それが「公務員たたき」へとつながっていったのではないか。

「公務」への知識の欠如

そこには、公務員の身分保障についての誤解もある。学生たちに進路について聞くと、よく出てくるのが「身分保障があり、クビにならなくて安定している公務員になりたい」という言葉だ。正規の公務員にも「クビ」はある。ましてや非正規公務員の働き方の過酷さは、民間と同等か、ときにはそれ以上だ。このような「公務員はクビにならない」という誤解は、次のような公務員にかかわる法律の文言から来ていると思われる。

地公法第二七条では「職員は、この法律で定める事由による場合でなければ、その意に反して、降任され、若しくは免職されず、この法律又は条例で定める事由による場合でなければ、その意に反して、休職されず、又、条例で定める事由による場合でなければ、その意に反して降給されることがない」（傍点引用者）とされている。また、国家公務員法第七五条では「職員は、法律又は人事院規則に定める事由による場合でなければ、その意に反して、降任され、休職され、又は免職されることはない」（傍点引用者）とある。公正に公共サービスを提供できるよう、政治家や有力者などの権力による恣意的な圧力によって法律や規定以外の理由ではクビにされないための保障が規定されているだけで、一定の条件での免職（つまり解雇）や降給はあるということだ。

恒常的な公務は常勤職員が担うという原則も、質が高く安定した公共サービスを国民や住民に保障するため、不安定な働き方を排するためのものだった。それと同様に、法律や規定以外の理由で恣意的にクビにされないという条項も、国民や住民を考慮した措置だ。「公務員の優遇」とは異なる。「健康で文化的な最低限度の生活」を保障する基礎的な公共サービスの安定供給がなければ、人は安心して働いたり、子育てしたりできない。財政破綻で保育園も学校も最小に統合されてしまった北海道夕張市で起きたことは、その好例だ。夕張市には財政破綻後、その窮状を救おうと、誘致の依頼に応じてやってきた大手企業もある。だが、肝心の働き盛りの住民の多くは、子どもへの影響を懸念して教育サービスが充実している近隣自治体に出て行った。雇用は市内に生まれたが、働き手は他の自治体から出勤してくることになってしまった。

公共サービスが提供する基礎的な条件は、所得が低く、サービスに高い対価を払えない人にも権利として保障される必要がある。そうでなければ、人は生きていけない。だから、利益を度外視しても運営できるよう、皆から集めた税金で賄われる。その意味で、利益を上げられる分野で活躍する企業とは、目的も手法も違う。ところが日本社会では、「公共」「公務」についての教育が弱く、その区別がつかない人も多い。そんな中で猛威を振るったのが、小泉構造改革下での「公務員たたき」だ。こうして、「公務員たたき」は、国民の「健康で文化的な最低限度の生活」という「聖域」への侵犯を容易にする力となった。

ことは公務内部にとどまらなかった。小泉構造改革は、公的施設そのものを「民営化」して、行政本体から切り離していく動きも併せて進めていったからだ。

指定管理者制度と独法化

二〇〇三年、東京都内のある区立図書館の若い女性司書たち数人が、取材してほしいとやってきた。一年契約を何度も更新して非正規の司書として採用され、働いてきたが、区が指定管理者制度のもとで図書館を民間業者の管理に任せる計画が持ち上がり、仕事を失いかねないという。いまでも賃金は安く、短期契約の不安定な働き方だが、特別職の非常勤として労働基本権は認められ、労組を結成して労働条件の改善に取り組んできた。役所の直接雇用なら、労働条件や図書館の改善を区に直接求めることもできる。だが、外部業者の指定管理になってしまうと、それさえできなくなるという心配だった。「指定管理にすればコストダウンになると区はいうが、委託費には管理者となる企業の利益も含まれている。同じ賃金ならむしろ直営の方が安いはず」と、司書たちは自ら行った経費の試算を見せてくれた。

彼女たちの話をもとに「法の谷間に置き去り　均等遠い公務パート」という記事[9]を掲載したが、読者の反応は鈍かった。わずかに届いた反響の投書は、無駄な公務員を削減することの何が悪いのか、というものだった。「公務員たたき」の魔力が社会を覆っていた。

指定管理者制度とは、公的施設の設置目的を効果的に達成するために、その施設の管理を、地方公共団体が指定する法人その他の団体（指定管理者）に行わせることができる制度だ。二〇〇三年六月の地方自治法改定で導入された。二〇〇五年三月二九日付の「総務省指針」（新地方行革指針）では自治体に対し、行政改革の推進のための「集中改革プラン」の策定と公表が「助言」され、具体化すべき事項の中に

「民間委託等の推進(指定管理者制度の活用を含む。)」が盛り込まれた。指定管理者制度を利用していない場合にはその理由等の具体的な状況を公表することなど、中央から委託を指示されていると思わせるような内容だった。

指定管理者制度のもたらす問題点として、福岡県小郡市立図書館の館長だった永利和則は、①経費節減が最優先し正規職員が削減され、②行政への図書館の直接的な参画が難しくなり、③仕様書ベースで管理が進むため、想定外のことに対応するのが難しい、④管理者が変わった時の職員の雇用不安、⑤自治体のノウハウの喪失などを挙げている(10)。

二〇一五年、CD、DVDやコミックなどのレンタル業大手TSUTAYAを全国展開していることで知られるカルチュア・コンビニエンス・クラブ(CCC)が佐賀県武雄《たけお》市の公立図書館で指定管理者となり、蔵書として大量の古本を購入していたことが発覚した。翌年、同社が指定管理者となった神奈川県海老名市の図書館でも、開業準備段階で追加購入する選書リストの半数近くが料理本だったことや、海外の風俗ガイド本が含まれていたことが市民の点検によって明らかになった(11)。民間企業の壁に阻まれて行政の目が届きにくく、公共サービスの質が劣化していく一つの姿を、この事件は示している。

指定管理者制度は、「小さな政府」へ向けた新自由主義的改革を目指して一九八〇年代に英国に登場したサッチャー政権の市場原理導入による「ニュー・パブリックマネジメント」にならったものといわれる。小泉構造改革では、同じくサッチャー政権の手法といわれる「独立行政法人」(独法)化も進められた。政府の事業のうち、大学、博物館、病院、研究機関などが、政府から独立した方が効果的とされ、主務官庁から運営交付金を受け取って「自己責任」で運営する方式だ。

総務省は独法化によって、公立八一病院の七六％で「医業利益」（自治体の補助などを除いた医療による収入から経費を引いたもの）が改善したとしている。[12] これに対しジャーナリストの北健一は、成功モデルとされた大阪府立病院の取材をもとに、人にかける費用の削減による「改善」の危険性を指摘している。[13] 同病院の二〇〇六年の独法初年度と前年度とを比べると、人件費は収支の改善とほぼ同額の一七・三億円減っている。松下電器（現在のパナソニック）から理事長を迎えて民間企業の人件費削減を持ち込む手法が徹底され、内部文書では、人員について「福祉ではない、基本は減少が時代の流れ」「看護師については生産性が低い」（だから削減）、「医師については優秀な人材は、確保」と記述され、職員は患者と向き合う余裕を失っていく。

二〇一六年一一月、当時の高市早苗総務相は経済財政諮問会議で、こうした民間への業務委託を実施して節減した自治体の経費水準を地方交付税の算定に反映させる「トップランナー方式」を示し、二〇一六年度はまず、学校用務員事務、プール管理、案内・受付、公園管理など一六業務で導入するとした。

トップランナー方式とは本来、電気製品や自動車などの省エネルギー基準を、現在製品化されている最も効率のよい製品の性能か、それ以上の水準に設定するという企業の生産にかかわる方式のことだ。利益になりにくいが人の生存に不可欠な分野を税で支える、という公共の原理がいま、収益で動くことを原則とする企業の論理に覆われようとしている。

4　ＰＦＩ法改定と水道民営化への道

「歴史的法案」の成立

こうした一連の民営化の総決算ともいえるのが、二〇一八年六月に国会を通った「改定ＰＦＩ法」だ。ＰＦＩは「プライベート・ファイナンス・イニシアチブ」の略で、これも英国での規制緩和・民営化路線が生んだ手法だ。もとになる「ＰＦＩ法」は、独法化が法制化された年に国会を通っている。

ＰＦＩは、公的施設の設置と管理についての事項を決めた条例が制定されてから管理権限を業者に委任する指定管理者制度よりさらに進み、公共施設などの社会資本の建設から管理まですべてを民間企業に任せるものだ。民間の資金や経営手法・技術力を活用して少ない財政負担で景気を刺激することが狙いとされているが、要するに、行政の責任だった公共施設づくりの主体が、企業にとって代わられるということになる。

今回の改定は、この施策の背中を押すため、①担当省庁ごとに分散していた民間事業者や施設管理者からの問い合わせなどの窓口を総理大臣に一本化する「ワンストップ」方式にし、総理大臣から関係機関の長に照会などができるようにする、②利用料金設定などについて自治体が条例を定めておけば、料金について自治体の承認を不要にする、③水道事業で国からの借金を繰り上げて返す時の補償金を免除する、などの措置が柱とされている。

ＰＦＩ問題に詳しい元都庁職員の石田誠は、「改定ＰＦＩ法」の成立を「歴史的な法案成立」[14]と呼び、従来の委託との決定的な違いとして次のような点を挙げる。まず、新ＰＦＩ法は「企画・設計」「建設・維持管理、運営」までの全工程と、公共サービスのほぼ全体を網羅し、さらに民間の「創意・工夫の発揮」について「これを妨げるような規制」があれば、それを「撤廃や緩和を推進する」（第七六条）と明記した。これによって自治体は、監理運営権を移譲された民間側に運営のノウハウを教わる存在となり、その法令順守を監視するだけの組織に転落する。[15]人件費削減のための非正規の増加や、公的施設の管理権の民間移譲、公的機関の独立採算化などの域を超えて、私企業が公共の資産を自由に利用して利益を上げられる仕組みへの転換だ。「公務員の働き方改革」を大きく踏み越え、「公務員だった働き手を民間に付け替えていく改革」と言える。

規制緩和推進派で、大阪の橋下府政や東京の小池都政の特別顧問に起用された上山信一は、「直営にこだわるが故に、いい人材が取れない、いい医療ができないという悪循環に陥っています」「どうも独法化は合理化、コストダウンの手段と誤解している人たちがいるようです。勉強不足でしょう」と民営化反対の動きを批判している。[16]確かに、民営化で利用料金が下がるなら住民への還元になるだろう。もし民営化によって働き手の労働条件がよくなり、賃金が上がるようなことがあれば、それはいい意味での改革になるかもしれない。そもそもＮＰＯなどへの民間委託は、そのテーマについてノウハウを持つ民間人が、役所のことしか知らない公務員に代わって事業を担うことで、同じ予算でより高い効果を発揮することを狙いとしてきた。

だが、サッチャー政権によって民営化の実験場となった英国でさえ、委託の場合は直営の時に計上していた予算を下げないよう努めること、委託前に雇われていた労働者を委託先で雇用する労働者保護の仕組みの整備などの歯止めが一応はある。[17] 収益が上がりにくいから公共部門が支えるとされていた分野で、日本の民営化のように、歯止めもないまま目先の収益を上げようとすれば、大阪府立病院に見られたような人件費の削減と利用料の引き上げくらいしか手はない。

海外では再公営化の動き

ＰＦＩ法改定の先に政府が目指していた水道事業の民営化へ向け、二〇一八年一二月、コンセッション（公設民営）方式[18]での民営化を自治体に促す改定水道法が成立した。水という最も基礎的な資源の管理について、私企業が活用して収益源にすることを、国が促進するところまで事態が進んでいることに、私たちはもっと敏感であるべきではないだろうか。[19]

国連環境アドバイザーの吉村和就によると、海外では、一九八〇年代後半から相次いで民営水道化が進められたが、うち三七カ国の二三五事業が再公営化されている（『下水道情報』二〇一八年三月二七日付）。そのひとつ、パリ市では、いったん多国籍企業のヴェオリア系などとの公設民営契約で民営化された水道事業が、二〇一〇年、再公営化された。二〇一八年二月、都内で開かれたシンポジウムでは、再公営化されたときの水道担当の副市長、アン・ル・ストラが講演し、①会計が不透明になり、大幅な利益隠しが行われていたこと、②事業利益が設備投資などに再投資されていなかったこと、③水道料金が一七四％増になったこと、④情報の企業独占でまともな検討ができなくなったこと、⑤監視を行うための半官半民の事業体に当の企業が資本参加していたこと、などを再公営化の理由として挙げた。これらは、図書館などの指定管理者制度の現場でも指摘されたことだ。

二〇一八年七月、一連の「公務の働き方改革」の真の狙いがうかがわれるような報告が発表された。有識者による総務省の「自治体戦略二〇四〇構想研究会第二次報告」だ[20]。ここでは、高齢化がピークを迎え、若い勤労者が激減する二〇四〇年ごろ、地方自治体がいまの半数でも業務に対応できる仕組みの構築が求められている。働ける人口が激減するなかで、公務に従事する人材を、企業の需要に応じて吐き出させていくためには、出し入れが簡単な非正規公務員の恒常化や、公務労働者の民間への移し替えが可能な仕組みが必要となる。この報告について報じた二〇一八年七月四日付の『朝日新聞』は、公務労働の不足分については「高齢者も『支える側』に回り、自治体職員に代わって公的役割を担ってもらうことが念頭にある」としている。私企業への人手供給によって生じた公共機関の穴を埋めるための高齢者らの「一億総活躍」政策の側面も見えて来る記述だ。

小泉構造改革のスローガンのひとつだった「官から民へ」は、「威張った官僚」から一般国民へ公共サービスを開放するかのようなイメージを人々に与えた。だが、その実態は「みんなが無償・低額で利用できる公共から、独占的な私企業への人材や資産の移転」だったのではないか。財政学者の神野直彦は次のように述べる。「日本では公に官というレッテルを張ってしまいます。そのうえで『官から民へ』と心ないメディアが騒ぎ立てます。〔中略〕民とは統治されるものという意味です。〔中略〕『民』には市場とか企業とかいう意味はありません。〔中略〕ところが、『官から民』へという合い言葉は『公』の領域を、市場にゆだねるべきだとか、企業に委ねるべきだという意味として使われるのです。というよりも『官から民へ』は公を私化してしまえという主張なのです[21]」

【現場との対話1】

住民生活から考える「公務の働き方改革」

奈須りえ（大田区議会議員）

第3章で見てきた「公務の働き方改革」と「一億総活躍社会」は、公共サービスを受ける側の住民の暮らしも気づかないうちに変えていく。ここでは、東京・大田区の区議会議員として民営化や規制緩和の住民への影響について地域の最前線から発言を続けてきた奈須りえと、住民生活の側から「公務の働き方改革」について考えてみた。

非正規公務員と女性非活躍社会

竹信　奈須さんは、一九八二年に大手損保会社に就職されたんですよね。男女雇用機会均等法が制定されたのが一九八五年でその時代を経て、二〇〇三年に大田区議に当選されています。均等法は、女性の職場進出を促しましたが、同時に女性保護の撤廃という労働時間の規制緩和によって、男性の極端な長時間労働に合わせられなければ正社員として働き続けられない状況をも生み出しました。続いて、「小泉構造改革」の真っただ中で区議になり、「官から民へ」という自治体行政での規制緩和も体験されてきたわけですよね。

自治体の議員の中には、税金の無駄遣いを減らすとして非正規公務員の増加を推進したり、「公務員たたき」を先導したりする人も目立つのですが、奈須さんは区議として、まず公務員の非正規化をどうご覧になっていますか。

奈須　正規は高度な専門性や技術を必要とする仕事、非正規はそうではない仕事と明確に分けるべきだ、とよく言われているんですけど、ほとんど同じことをしていて、実態は労働時間や身分の差なのに人件費や処遇に大きな違いがありますよね。恒常的に必要な仕事なら、労働時間に応じてでもいいから同じ対価を払うべきなのに、短時間労働だと、途端に単価が安くなって最低賃金レベルになってしまう。その結果、公務労働の価値を下げてしまった。おまけに公務員の間の分断も生んでしまったのかなと思うんです。

竹信　公務部門では、専門性の高い仕事での非正規が多いようです。たとえば、ハローワークの相談員や消費生活相談員、男女共同参画センターの企画担当職員、保育士や教員などですよね。これらは、女性が多く担ってきた公務で、女性の安定雇用の源泉になりえたものだったのです。その部分が、「夫がいるはず」とか「女の仕事は安くて当然」などといった世間の偏見を背景に、人件費引き下げへ向けた非正規化の標的にされていったという感じです。北欧など女性が活躍する社会では、女性が家で抱えてきた育児や介護を専門性の高い女性公務員に任せることで女性が安心して働くことができ、同時に、こうした仕事を任された女性公務員にとっても、経済的自立が可能な安定就労を確保できる仕組みを作ってきた。日本の場合はその逆です。

奈須　「女性非活躍社会」を作ってきたわけですね。私は、外部化されているのは現業職というふうに整理してきました。学校用務や、保育、造園などですよね。専門的な技能を持っているところこそ技能を評価してちゃんとした賃金を支払うべきなのに、こうした分野から委託などの外部化が進むんですよね。

竹信　言ってみれば、住民を直接支えるサービスから低賃金化されていっているんですよ。この分野はほとんど人件費なので、そこを削るために非正規化する。「官製ワーキングプア」とか批判されると、今度は委託化で仕事を外に出す。そうすると、会社が違うんだから賃金が違っても当たり前、という錯覚が生まれて人件費を下げやすくなります。

働き手の賃金を会社に回す

奈須 そうですよね。公務員の非正規化、民営化って、本当に人件費の削減なんですよ。それで行政コストが下がっているかというと実はそうではない。たとえば、保育園の民営化の場合ですが、保育園ごとに「公定価格」という行政が作っている単価に従い、公費を給付しています。子どもの定員であったり、職員の配置であったり、アレルギー対応をしているとか、細かい算定基準があって、それに応じて算定されて支払われるんですけれども、その中で、保育士の給与の基準というのは公務労働に準拠していて、ワーキングプアになっちゃうような安い賃金は算定されていないんです。それならなぜ保育士は低賃金なのか。それは、補助金を受けている企業が人件費を削減して利益を上げたり、内部留保を増やしたりして、賃金に払われるべき公費が保育士の賃金にきちんと回っていないからです。

竹信 保育士への賃金分を企業に回すことが容易な仕組みができてしまったということですね。

奈須 内閣府と厚生労働省が示す二〇一八年の公定価格のうち、人件費基準額は、正規の保育士で年額約三八五万円、主任で約四五五万円、所長で約四八五万円。調理員で約三一八万円です。これに、夜間保育、休日保育、処遇改善費用として勤務年数に応じ一年でも二%、一〇年を超えると一〇%の加算がつきます。しかも、東京二三区だと二〇%の地域加算がつきますから、一年目の保育士で手当て抜きでも人件費基準額は約四六二万円になります。

ところが、例えば三〇〇万円ぐらいしか払わなければ、一五〇万円ほどは他の利益にまわすことができる。働き手を非正規にすると、人件費というコストを削減することができる。こうして、事業者によっては、差額が利益や内部留保などに使われている可能性があります。

竹信　他の公的な施設でも、民営化や外部委託で似たようなことが起きていますよね。

奈須　一番象徴的なのが図書館の民営化です。指定管理者制度とか。窓口の多くが女性なんですよね。地方自治総合研究所研究員の上林陽治さんは、「非正規化に伴い、図書館は女性職種化し、そのまま民営化したので、図書館は女性が多く働く職場になった」と指摘しています。図書館を民営化したらサービスが良くなったと言われることがあるけれど、カウンターに低賃金でも雇える若い女性が並んでサービスが良くなったように感じる、というジェンダーの問題でもある。そうやって運営経費を下げてきたんですよ。

竹信　女性が対応したら「サービスがよくなった」というのは、公共サービスと接待を取り違えているんでしょうか（笑）。歪んだ「女性活躍」です。

サービスは向上したか

奈須　このように人件費を下げて、浮いた分で本を買っている構図になっているのが、大田区の図書館の指定管理者制度です。指定管理者制度というのは民営化の一手法なのですが、指定管理者を選考する時の評価基準に貸し出し冊数という項目がある。そうすると、いつ借りられるかわからない何万円もするような専門書を買うより、話題になっているベストセラーをたくさん買ったほうが、貸し出し冊数が増えて評価が上がるんです。今、区民が、図書館に置く本をリクエストできるようになっています。そうすると、ベストセラーなどは何百もリクエストが来ますが、それらにどこまでこたえるべきか、ということですね。

竹信　見た目には住民のニーズに沿ったサービスをしているように見えますが、図書館とは読む人が少なくても資料価値の高いものを備えておくことが重要ですよね。そうした資料に触れることが保証されなくなってしまうのではと、心配になりますね。

奈須　大田区では、類似施設を含め、一七の図書館があるんですけど、一館あたり同じ本を副本として三冊まで買うことができます。各館でベストセラー本を主本も含め四冊も買うと区全体で何十冊にもなるでしょう。で、それを一気に買うことになるわけですが、大体半年ぐらいするとみんな興味が薄れちゃうから借りなくなる。そうすると、除却と言って大量に捨てちゃう。大量購入、大量廃棄ですね。

それが、町の本屋さんがなくなってしまった一因でもあると思っています。町の本屋さんに行くと、昔はちょっと変わった店主のセレクションなどの工夫があって、並んでいる本の背表紙を見て、思わぬ本を買ってしまったりして、それが知識の幅を広げてきた。今は、新聞や雑誌の広告にあった、インターネットに載っていた、という広告サイドの意図によって頭の中まで作り変えられるようになってしまう。図書館の民営化とセットでそうしたことが進んでいる。

竹信　あらゆるものが、もうかるかどうかという市場的価値に変えられ、住民は、自治に参加する権利主体ではなく、商品を売るための「消費者」にされている感じですね。

奈須　もっと怖いのが図書館の本の選び方なんですよ。大田区の場合には中央館以外全部民営です。住民が本のリクエストをした場合、恣意的な門前払いがないか、という問題です。私の友人が実際に経験したことですけど、「国立市の元市長、上原公子さんの国立景観訴訟[1]についての本が欲しい」とリクエストしたら、「買いません」と断られた。そこで「なんでこれ断ったんですか？　予算がないんですか？」と大田区に確認すると、「ああ、間違えました」と。

一番問題だと思ったのが、区民からどんなリクエストが来て、その中から何を選び、何を却下したのかが記録されていなかったこと。

竹信　そうした仕組みはその後変わったんですか？

奈須　私が指摘したことで、指定管理者がリクエストに応えなかったリストを大田区に報告するようになりましたが、リストは情報公開請求しなければ見られない。窓口で政治と宗教の本は買わない（リクエストしても応えない）と言われた友人がいますが、門前払いすれば、応えなかったことにもならない。そういうところにも、竹信さんが指摘する市場経済の影響というのがあるのかなと。

竹信　住民は、知る権利を保障される対象ではなく、行政という「サービス提供業者」にとっての「お客様」になってしまったんですよね。

負担は軽減されたのか

奈須　民営化によって本当に負担が減ったのかも考えないと。実はこの間、「国民負担率」（租税負担および社会保障負担の国民所得に対する比率）の統計に計上されないものが増えてきていると思うんです。たとえば、区立なら、特別養護老人ホームに入っているおばあちゃんの入所料も、認可保育園の保育料も区の歳入に入る。税金と同じ扱いです。ところが、指定管理者制度によって、民間事業者に料金徴収の権限を与える利用料金制を採用すると、特別養護老人ホームの利用料も、障害者施設の利用料も体育館の使用料もプールの料金も、指定管理者のポケットに直接入っちゃうんです。そうすると、大田区の歳入歳出で見ると、たとえば特別養護老人ホームを含めた高齢者施設を民営化することで四四億円、プールを民営化することで一億円が歳入歳出から減りました。こういうことがものすごい勢いで政治の現場では起きているわけです。

中でも一番怖いのが介護保険です。介護保険制度が導入されて民営化され、デイサービス、ヘルパー派遣などの利用料は介護保険の事業者に払っているから、税金扱いされていない。先ほどの特養もそうですが、同じ福祉で私たちが負担しているのに、民営化されると、税負担にカウントされず、見かけ上の国民負担率は低くなるわけです。ある意味、民営化の本質ですが。よく日本の国民負担率はスウェーデンと比べて低いから消費税を上げるべきだとか言う人がいますが、見かけ上の国民の負担だけ見ていると、実際の国民負担は見えず、実態を見誤ってしまう。

竹信　財布を別にして国民の負担を見えなくする一種の目くらましですね。

公的施設の修繕も言い値？

竹信　今、いろんな庁舎などが高度成長期に建設されて耐用年数を迎えているじゃないですか。市庁舎、区庁舎とか。そういうところを修繕しようとしても、今は施設管理も委託しているので、役所の人がどこをどう直すのか分からなくなっちゃっているところがあると聞きました。

奈須　施設を指定管理者制度で民営化し、行政内の専門職が減れば、見積もりなども民間に出すことになり、民間業者の言い値になっちゃう。分かりやすいのがＩＴ化なんです。自治体の職員にＩＴ化のノウハウはないじゃないですか。以前、大田区と同じぐらいの人口規模の東京二三区で、システム経費にいくら払っているかと調べたら、払っているところは何十億も払っている。少ないところは数億というところもあり、大きな差があった。こうした自治体のシステムを受注している企業の社員の話を聞いたことがあるんだけど、契約のイニシアチブは企業側にあると言う。制度変更に伴うシステム変更の費用分担など、細かい部分は難しくてわかりにくい。税制改正、保険料改定などの制度変更がある度に、莫大な費用を住民が負担する。

竹信　二〇〇六年の埼玉県ふじみ野市の公営プールで起きた事故では、安い業者へと入札でどんどん変えていくうちに、本体の役所に管理ノウハウを知っている人がいなくなり、委託された業者は安すぎるからと、教育ができていない低賃金のアルバイトに監視を任せるなどして、結果的に十分な管理ができず、小学生の女の子が整備不良の排水口に吸い込まれて亡くなりました。住民の生命にまで深刻な影響を及ぼした事例です。

奈須　民間も厳密な意味でノウハウが蓄積されるかと言えば、必ずしもそうではないんですよ。だって、現場の職員はコロコロ変わるから。大田区の図書館で面白いことがありました。レファレンスの蓄積データベースというのがあって、利用者が調べたいと思ったテーマとそれへの回答をデータベースに登録していくと、それを見た人は、このテーマだったらこういう本がある、というのが分かるような、共有の財産になっていく仕組みなんだそうです。別にお金がかかるわけでもないし、他の自治体ではやっていることなのに、大田区には委託業者が提案してこないんです。仕様書に書かれていないから。たとえお金がかからなくても、仕様書に書かれていないことは民間はやらない。言われたことだけ一番安く仕上がればいいということ。

　民営化というのは市場経済競争でコストが下がってサービスがよくなるなんていったら大間違いで、言われたことしかやらないからノウハウが自治体側になければサービスはよくならない。なぜなら、公共サービスは開かれた市場ではないから競争は働かない。年間売り上げは契約で決まっているので、努力が売り上げ増につながらないからなんです。

竹信　「活躍」が評価されない仕組みですよね。しかも、委託すると、民間のサービスという商品の購入ですから消費税がかかりますよね。その分、納税者には割高になります。

奈須　民営化した場合には事業者の利益や内部留保に加えて、土地と建物代も含めて民間業者に払わなくちゃいけないんですよ。ところが、自治体の持っている土地と建物には固定資産税がかからないんです。だから、直営って実は効率的なんです。もっと言うと、今、公に算定されている民営化企業への支払いの中には、企業の資産になる、企業が購入したり建設した土地建物代が含まれていることも多いんです。

竹信　私たちがそれを税金で負担しているということですね。

追い立てられる社会運動

奈須　今、公の建物の中にそういう事業者が入り込むようになっているんです。たとえば区立の保育園を民営化すると、株式会社方式の保育園が、区立の保育園だった場所に入るんですけど、もらえる公定価格の単価は民間の保育園が土地を買って建物を建てたところと同じ基準で算定されているんです。だから、その分、得しちゃうの。区議会の委員会で「こんなやり方で保育士の低賃金なんてあり得ないでしょう。保育園を運営する企業は家賃も払わないで有利なのに」って聞いたら、「だから特に区立の保育園だった場所にいる事業者には指導はしているんです」って言うの。つまり、指導しているけれど事業者は応えていないということ。事業者はラッキー、という気分でしょう。

竹信 企業が役所に浸透してきている。

奈須 公園に保育園を建てるというのも、少なくとも大田区については、土地を買って民間事業者に五〇年の定期借地権で貸している土地もあれば、買えるのに買わない土地もある。土地がないから公園に、というより、公園の上に保育園を作れば固定資産税を払わなくてすむし、ましてや賃料も払わなくていいから、利益率が上がるということが本当の目的ではないでしょうか。

日本の公園の国民一人当たりの面積は、世界基準と比べてもすごく小さい。米国では一人当たり五〇平方メートルです。日本では一人当たり一〇平方メートル、東京になると六平方メートル、大田区はそれにも満たない四平方メートルです。日本というのは公共空間が圧倒的に狭いのに、公共空間をつぶして、さらに東京一極集中を招くことになる。本来はこの地域の中で何人住むのが適正であるか、それに必要な公園とは何かとか、保育園とは、病院とはとか、そういう都市計画にもとづいたまちづくりをしなくちゃいけないのに。

竹信 日本の人たちって、「公共」とは何かを学ぶ機会がほとんどないまま来ているんですよね。

奈須 何をやるにしても、公務員じゃ駄目だけど、市民だったらいいって言う人がいる。公務員も市民も企業に勤めている人も同じ人間だと思うんですよ。何となく市民がやったらいいけど公務員が駄目って言うけど、じゃあ市民が大勢いる中のだれがやればいいの、となる。その「だれ」を選ぶとき不公平にならないように、いろいろな仕組みを設けているのが公務員なんですよね。特定の人に便宜を図ってはいけないといった一定の義務付けをし、しかも試験などで公平なチャンスを与えているのに、そこが分からずに市民のほうがいいってなっちゃうのは、まあ、これまでの公務員のイメージが悪すぎたこともあるけど、もっと考えた方がいいと思う。

だから、今こそやっぱり公務労働って何かということを確認し直さないと。だれも排除せず公平に、とか、憲法擁護義務だとか。あと、民営化を肯定する意見の中には「金儲けのどこが悪いんだ」というのもある。金儲け、つまり営利と、働き手が労働の対価として受け取るお給料を混同しているんですよね。営利というのは剰余金の分配なんです。売り上げを出し、そこから賃金を含めたコストを差し引いて、残ったものが剰余金。それをいわゆる出資者に分配するのが株式会社という営利企業ですよね。剰余金を分配できず、目的の事業にしか使えないのが、公務員や社会福祉法人という非営利法人なんです。だから、学校法人は残余財産は教育にしか使えないし、社会福祉法人は福祉にしか使えないんです。自分たちの事業をやめるとなった場合には、土地や建物は同じ目的の事業をしている人にしか譲渡できなくて、売却してそれを出資者で分配するということが許されていないんですよね。

そういう厳しいルールの中で、たとえば、社会福祉法人、医療法人、学校法人というのが公的な分野を担ってきたはずなのに、民営化で利益を得る人が、株式会社の参入は皆に利益があると言い出した。そして今、株式会社があらゆる分野に参入しています。公的分野は、保育にしろ、介護にしろ、教育にしろ、生きていく上でだれもが必要な分野だから、確実に売り上げは上がりますからね。

竹信　人の生存にかかわるものを会社が利益のタネにするということですね。

奈須　その究極が、水道ですよ。

地方分権にも影響

竹信 水道と言えば、PFI法(第3章参照)が改定されて、水道施設の運営権などを民間にも設定できる仕組みを導入するという水道法改定も成立しました。

奈須 そのために、土地や建物など資産の所有権を自治体に残したまま運営権を民営化するコンセッション方式を導入した法改定です。自治体が持ち主のままに事業者は運営ができるので、地代などの負担なくして経済活動ができる。企業が支払うべきものである賃金、配当、地代、税金の中の地代が限りなく低い、あるいはゼロということ。

竹信 公共の負担で企業が利益を上げられる仕組みですね。

奈須 PFIというのは民間から投資家を集めるんです。投資家を集めて出資させ、建物を建てたりするんですね。

ところが今、自治体の地方債は、利率がゼロに近い低さです。だから、普通に自治体が自分で資金調達すれば低利で行えるのに、これをPFIでやって民間の投資家を募る。すると、いまアベノミクスは最低でも一〇%の利回り(ROE)[2]が確保できている上場企業が増えていて、成功だ、とか言っている。それだけの利回りを乗せることになるとすると、それを、最終的には私たちが水道料金と税金で負担することになるので、高コストです。水道は総括原価方式と言って、かかった経費は水道料金で負担する仕組みなので、PFIで民間投資家の利回りまで負担するとなれば、海外の民営化と同じように水道料金が上がる。世界的な流れでは、民営化によって水道料金が上がり、水質が悪くなり、経営内容が不透明になったために、再公営化しています。日本は、海外の失敗事例に学ぶべきなんです。

これから民営化しようとしているのは、ヨーロッパなどで投資先を失った水メジャーが、日本に参入しようとしている構図で、米国やカナダで有害性が問題になり、日本に大量に入ってきたアスベストと同じですね。そのうえ水道法を改定して、災害時のリスク負担を自治体に負わせ、投資家がリスクなく儲けられるようにしてあげている。だれのための民営化かは明らかです。

竹信　民営化は安くなるなんて、どこの話なんでしょうか。

奈須　ほんと。民営化というと、みんな大体「民営化で安くなっているんでしょ」と始まるんですよ。「自治体の財政規模は増えているんだよ」と言うと、みなさん驚かれます。イメージだけが先行している。加えてPFIを行うかどうかは自治体で議決するんですが、PFI法が改定されて内閣総理大臣が調査・助言・勧告できる規定を盛り込んだのです。自治体がたとえば、水道民営化をしないでいると、首長に対して「どっちがいいのか調べなさい」と言い、それでもやらないと助言、それでもやらないと勧告、つまり「やるべきである」となる。ほとんど独裁なんですよ。

竹信　これでは地方分権も難しいですね。

奈須　PFI法では内閣総理大臣の関与がすごく強くなりました。副総理の麻生さんが二〇一三年に米国のシンクタンク、「戦略国際問題研修所」(CSIS)で演説し「日本の水道はすべて民営化する」と発言しました。でも、水道事業は自治事務といって自治体固有の仕事です。これからいろいろな形で自治体の関与を小さくしようという動きはさらに大きくなると思いますが、憲法が保障する地方自治を、住民が首長と議会とともに作っていかなくちゃいけないと思うんです。

公的なスペースから追い出される市民

奈須　行政の中に企業から派遣された職員が入ってくることも増えています。守秘義務があるから大丈夫と言いますが、頭の中には情報があるわけで、自分の会社に戻った時に、その情報をもとに、会社に有利になるような動きをすることまで止められるのか。今、大田区では、公民連携であらゆる問題を企業と行政が連携して解決しようとしています。行政の中で判断する際に、企業のために働くことはないのか。

竹信 営利企業にはどんどん役所を開放しているんですけど、最近は労働組合に部屋を使わせないようにする動きもありますね。反セクハラ集会とか政権への反対集会とか、社会問題で会合を開きたいという人たちからは、公的な会館の使用を断られたという例も聞きますから、「民」にすべて開放するわけじゃないんですよね。営利企業には開かれているということで。これでは住民は活躍できない。

奈須 公的情報も企業に私的に所有されそうになっています。区で最初に図書館の指定管理者制度を導入した時は、お互いに初めてじゃないですか。役所も議会も。だから、事業者の選考にかかわる提案書類を情報公開請求したら全部出てきた。個人情報だけは黒塗りして。ところが、今は出さない。区議会での議決間際で、今すぐ、判断をしなければならないにもかかわらず、根拠となる資料が出てこない。もう情報公開の手続きも間に合わないわけ。「悪いけど私、初めて指定管理をやった時も出してもらいました。おかしいでしょ」って言ったら、厳密な情報公開ではないけれど、所管の課長が書類を持ってきてようやく説明した。情報公開法と情報公開条例が、「企業のノウハウ」という情報を出さない言い訳をつくってしまった。

時代とともに公開の範囲が変わり、企業情報は出さなくなっている。選定したところが本当にいいのかわからずに、議会は指定管理者の議決をしなければならなくなっている。その事業に従事した職員がいなくなれば、抽象的な説明だけで事業者が選定され、だれも判断できなくなってしまいます。

私は幼児教育の無償化も、今の制度設計のままでは反対なんです。もちろん、幼児教育の無償化は、総論は賛成です。ただ、たとえば、認可保育園はさきほど指摘したように民営化されていて、民間事業者は行政から支払われる補助金から利益を得ているわけです。民営化されてから、この補助金の算出基礎となる公定価格は、下がるどころか上がり続けています。でも今は、利用料だから一応議会で保育料は議決します。

ところが、無償化されると議決も必要なくなり、民間事業者がもうけすぎではないか、など、議論の俎上にのらなくなるんです。ただでさえ民間ノウハウは不透明になっている。パリ市が水道再公営化したとき、民営化時代に七〇％と報告されていた企業の利益率が、再公営化して調べてみたら一五～二〇％と報告していたより高かったことが判明したそうです。そうすると、税金がダダ洩れ状態になるおそれがあるのです。

竹信　公の施設なのに、企業のノウハウだからと点検させなくなるんですか。

奈須　そう。ひとつは、議会の目、つまりは住民の目が届きにくくなること、そして、行政の情報が民営化されると民間の情報になってしまうという問題です。場合によっては将来再公営化することもありうるのだから、情報は官と民が共有するというのも一つの方法だと思います。大田区に、完全な民営化ではなく第三セクターのケースでしたが、情報の共有について質問したら、「再公営化はしない」と答弁しました。行政が企業の代弁を始めたように聞こえました。行政が民営化先の情報を持っていないと、チェックすることも、再公営化することも難しくなると思います。

働き手にカネを出さない

奈須　今、労働力の偏在が起きていますよね。年齢構成が変わっているにもかかわらず、既存の産業に人が多かったり、優先度の低い分野に需要が作られたりしています。少子高齢化で、保育、介護といったニーズが上がっているのだから、そうした分野の人を確保するには、賃金を上げなければいけないのに上げず、外国人労働者を受け入れる理屈にしているところがある。まず、そうした生きていくうえで欠かせない、保育、介護、加えて障害者福祉などの担い手の賃金を上げれば、対応できると思います。

竹信　ＮＨＫが中高年の「ミッシングワーカー」

についての特集番組を組んでいました[3]。四〇～五〇代の「失業者」が日本では七二万人、一方、ミッシングワーカーは一〇三万人という推計もあるそうですが、病気や親の介護などから退職し、その後の転職がうまくいかず労働市場から排除された状態が長く続いたりする働き手のことなんですね。「男なら親を介護する妻がいるはず」という間違った思い込みを背景に、正社員が介護と両立できるような働き方をつくらない。そうした働き手の側に立った改革は、過労死基準すれすれの残業上限（第1章参照）を見てもわかるように、政府の「働き方改革」ではほとんどできていません。国内の既存の働き手を十分生かせないまま、「低賃金でも過酷労働でも外国人なら大丈夫だろう」というこれまた勝手な思い込みをもとに、外国人労働者の安易な導入に頼ろうとしているように見えます。

利益は経営者、リスクは納税者

奈須　ミスマッチは保育園でも起きています。認可保育園の定員について一部地域で空きが出てきているんです。社会的な状況で言うと、大田区の〇歳から五歳までの子どもの人口がだいたい五〇〇〇～六〇〇〇人。保育園と幼稚園の定員もだいたいそのくらいで、行きたいところを選ばなければ取りあえず行き先はある状態にはなっていて、行政に言わせると「社会インフラは整った」という状況です。そういう中で、今、地域によっては民間の認可保育園の空きができている。それに対して、与党の議員が補助金を出せと言い始めています。

竹信　民営って市場での競争力を生かすんじゃないんですか。

奈須　だから、今、日本で行っている民営化は、厳密な意味での市場経済に任せる民営化ではないんですよ。「第二の公共」なんです。民営化しても、価格は下がらない。言われたことしかやらないから競争でサービスもよくならない。選択肢が増えるかといったら、行きたいところは定員いっぱいで選べない。利益は経営者、リスクは住民、みたいなことですよね。

竹信　効率的になる、ともいわれていますよね。

奈須　委託、委託と仕事を切り売りするので隙間ができるんですよ。で、またその隙間を埋めるために委託するみたいなことになっていて、本当に非効率です。それだったら正規雇用をある程度余裕をもって配置したほうが、その人が柔軟に対応できるはずなんです。学校でもカウンセリングだとかいろんな相談ってあるんですけど、日常の生徒を見ていない人が一週間に一日だか二日だけ来て相談を受けることになるんです。「なぜ非正規なんですか？」ときくと財政を理由にする。この間、効率化されたのは、行政内部でも、民営化で参入した企業でも、人件費です。行政内部で削減された人件費は、企業の新規参入分野を広げるために使われてきました。企業の営化で参入した企業も人件費を削減して、企業利益を大きくしてきた。公務員を減らして、代わりに民間企業の職員が安い賃金でその事業を担い、差額が投資家の利益に流れたということです。人が働くと

いうことは、すごく大きな力を生み出すものなんだというのを前提に考えるべきだと思うんですよね。

第4章

「女性活躍」という資源づくり

人々は、失敗してもこれを支えてくれる安全ネットがある、という安心感があってこそ、思い切って活躍できる。だが、第3章で見た「公務の働き方改革」からは、私たちが安心して力を発揮するために必要な公的な安全ネットが削られ、企業の利益の源泉へと転換させられていく「公務の働き方改革」の素顔が見えてきた。そんな中で、女性は活躍できるのだろうか。第4章では、「働き方改革」の女性版ともいえる「女性が輝く社会」政策や、これを高齢者や若者にも広げた「一億総活躍社会」などの「活躍政策」について考えてみたい。そこから浮かんでくるのは、女性や高齢者を有用な資源として、企業の「成長」に効率よく吸い上げていく装置としての「活躍」政策の横顔だ。

1 「社会政策」から「成長戦略の中核」へ

「資源活用」のスタート宣言

二〇一二年一二月に誕生した第二次安倍政権の成長戦略の「中核」として、忽然と登場したのが、「女性が輝く日本」と銘打った女性活躍政策だった。「忽然と」と表現したのには理由がある。安倍首相はいくつかの発言から、男女平等政策には後ろ向きと考えられてきたからだ。そうした発言の代表例としてよく知られているのが、第一次安倍政権が生まれる前年の二〇〇五年五月二六日、東京・永田町の自民党本部で開かれた「過激な性教育・ジェンダーフリー教育を考えるシンポジウム」での発言だ。「ジェンダーフリー教育」は、一九九〇年代ごろから、男女平等教育にかかわる教員らを中心に、ジェンダー(性別役割分業など社会的に作られた男らしさ、女らしさ)からフリー(自由)になり、個性を大切にする教育として進められていた。これが、右派・保守派から「一部で『画一的に男女の違いをなくし、人間の中性化をめざす』という意味で使われています」(メールマガジン「自民党 News Packet」Vol. 223、二〇〇五年四月一五日)などと批判され、流布された。その流れを受け、二〇〇五年四月、当時の幹事長代理だった安倍を座長に「過激な性教育・ジェンダーフリー教育に関する実態調査プロジェクトチーム」が結成され、翌月、開かれたのがこのシンポジウムだった。

安倍はここで、「男女の性別による差別は決して許されるものではない」としつつ、「ジェンダーフリー教育」について、家族同士を告発させ合って家族を破壊し、カンボジアで大虐殺を行ったポル・ポトを思い出すと非難して論議を呼んだ(1)。「ジェンダーフリー教育」の中で、結婚した夫婦と子どもの標準的な家族にこだわるのでなく、多様な形の家族を視野に入れた実態に合った仕組みが唱えられていたことをとらえ、「家族破壊の行為」と批判したものだった。さらに、「(男女共同参画社会)基本法そのものに、暴走する状況を生み出す何か、ある種のDNAが埋め込まれているのではないかと思わざるを得ない(2)」として、「『基本法そのものを検討したい』と述べ、与党として法改正も視野に入れた内容の再検討に着手する方針を表明した」(『産経新聞』二〇〇五年五月二七日付)と報じられた。

そんな安倍が、「アベノミクス」政策の皮切りのスピーチで、その中核として「女性活躍」を位置づけたのはなぜだろうか。「成長戦略スピーチ」での安倍首相の次のような言葉に、疑問を解くヒントがある。

「『人材』資源も、活性化させねばなりません。／優秀な人材には、どんどん活躍してもらう社会をつくる。そのことが、社会全体の生産性を押し上げます。／現在、最も活かしきれていない人材とは何か。それは、『女性』です。／女性の活躍は、しばしば、社会政策の文脈で語られがちです。しかし、私は、違います。『成長戦略』の中核をなすものであると考えています。／女性の中に眠る高い能力を、十二分に開花させていただくことが、閉塞感の漂う日本を、再び成長軌道に乗せる原動力だ、と確信しています[3]」

安倍が二〇〇五年に「内容の再検討」を表明した「男女共同参画社会基本法」は冒頭で、「我が国においては、日本国憲法に個人の尊重と法の下の平等がうたわれ、男女平等の実現に向けた様々な取組が、国際社会における取組とも連動しつつ、着実に進められてきたが、なお一層の努力が必要とされている」(傍点引用者)として、個人の尊重と男女平等を掲げている。「成長戦略スピーチ」では、こうした、憲法に則った従来型の男女平等の「社会政策」から、「私は、違います」と言い切ったうえで、女性という「『人材』資源」の活性化という、企業目線の「経済政策」への転換が宣言されている。

一八世紀の哲学者カントは、「人間性を、いつでもまたいかなる場合にも同時に目的として使用し決して単なる手段として使用してはならない[4]」と述べた。こうした、人を手段として使用してはならないという原則から見ると、かなり違和感のある発言だ。このような「平等政策から資源活用政策へ」の転換ぶりがさほど注目されなかったのは、その文言が、民主党政権の女性活躍政策の文言と酷似しており、その継承・発展と受け取られたからかもしれない。

民主党「なでしこ」作戦との酷似

第二次安倍政権への政権交代前夜ともいえる二〇一二年六月、野田佳彦民主党政権は「『女性の活躍促進による経済活性化』行動計画——働く『なでしこ』大作戦」を発表する。その文言は次の通りだ。「我が国経済社会の再生に向け、日本に秘められている潜在力の最たるものこそ『女性』であり、経済社会で女性の活躍を促進することは、減少する生産年齢人口を補うという効果にとどまらず、新しい発想によるイノベーションを促し、様々な分野で経済を活性化させる力となる」(「女性の活躍による経済活性化を推進する関係閣僚会議」文書、二〇一二年六月二二日)

ここでの「秘められている潜在力」が、「成長戦略スピーチ」の「女性の中に眠る高い能力」となり、経済活性化のための「女性の活躍」につなげられていったように見える。また、「なでしこ」作戦では、そのための柱として、①男性の意識改革、②思い切ったポジティブ・アクション(実質的な機会均等を実現するための積極的改善措置)、そして、これらを車の両輪として進めるため、「隗より始めよ」の言葉どおり、③公務員から率先して取り組む、といった項目を掲げ、「見える化」総合プランとして「各企業の女性の活躍状況の可視化を促進する」ことが述べられている。

安倍首相の「成長戦略スピーチ」の具体化である二〇一三年版「日本再興戦略」の「日本再興プラン」にも、「役員や管理職への登用拡大」「登用状況の開示促進」「『隗より始めよ』の観点から、女性の採用・登用の促進や、男女の仕事と子育て等の両立支援について、まずは公務員から率先して取り組む」とあり、コピペと言いたくなるほどのそっくりぶりだ。「各企業の女性の活躍状況の可視化」も、後に述べる「女性活躍推進法」として、安倍政権下で実現している。

これらを見れば、第二次安倍政権がリベラルといわれた民主党政権の政策を継承したかに見えるのも無理はない。二〇一四年七月二〇日付の『日本経済新聞』での野田聖子・自民党総務会長(当時)の次のような言葉は、そうした見解の代表例といえるだろう。

「保守層からみると、働く女性なんて敵みたいなものだ。女性の活用を成長戦略の一丁目一番地に据えた時点で、安倍総裁はもはや封建的な保守ではない。少なくとも政策的には極めてリベラルだ」

だが、「『人材』資源」の活性化としての第二次安倍政権の「成長戦略の中核としての女性活用」と、「なでしこ」作戦は、実は出発点が大きく異なっている。「なでしこ」作戦を立案した際に厚労相だった小宮山洋子は二〇一八年の取材に答えて、当時の状況を次のように振り返る。

「厚労相に小宮山、厚労副大臣に西村智奈美議員、政務官に藤田一枝議員と、厚労政務三役に、女性労働問題の解決に力を入れてきたメンバーがちょうどそろった。ここでなんとか女性が働きやすくなるための労働政策をつくっておかねば次はないかも、と三人で話し合い、『なでしこ』作戦づくりに踏み切った」

小宮山らが、男女共同参画社会基本法が掲げる「個人の尊重」「男女平等」を前提に、女性が働きにくい労働環境を取り除いて男性とフェアな競争ができる環境を整える「ポジティブ・アクション」と、働く女性の意識改革だけでなく「男性の側の意識改革」を取り上げたのは、それが、企業の成長を目的とする「経済政策」ではなく、女性のための「労働政策」だったからだ。文言は似ていても、経済振興を目指す経産省主体の政策と、労働者の労働条件の改善を目指す厚労省主体の政策とでは、優先順位も、実際に行われる政策も違ってくる。二〇一二年一月の野田首相の施政方針演説も「(女性の参加は)社会全体の多様性を高め、元気な日本を取り戻す重要な鍵です」(5)として、「成長」ではなく「社会の多様性」を目標に掲げている。第二次安倍政権は、民主党政権の文言を引き継ぐことで、女性のための労働政策を企業の成長のための経済政策にすり替えるアクロバットを行ったと考えるべきではないだろうか。女性のための労働政策から、女性利用の企業ファースト作戦への転換である。

2　「人権」と「活用」の微妙な関係

女性の人権の主流化と右派との攻防

とはいえ、女性労働政策だった「なでしこ」作戦で、なぜ、「成長戦略」にすり替えられるような経済政策的な文言が使われたのか。背景には、一九八〇年代以降の世界の男女平等政策が、「女性の人権」と「女性の活用」の微妙なバランスの上に成り立ってきたことがある。

「女性の人権」は、メキシコで開かれた一九七五年の第一回国連世界女性会議と、これに続く「国連婦人の一〇年」を経て、主流化した。一九七九年にはあらゆる性差別の撤廃をうたった「女性差別撤廃条約」が国連で採択され、一九九〇年代には、**表4-1**の年表のように、主要な国連会議で相次いで女性の課題が主なテーマとして取り上げられた。北京で開かれた第四回国連世界女性会議(一九九五年)の行動綱領は、それらの集大成となった。女性差別撤廃条約の批准に必要だった「家庭科の男女共修」(教

表 4-1　1970 年代以来の「女性の人権」の進展

1975 年	第 1 回国連世界女性会議(メキシコ) → 翌年から「国連婦人の 10 年」開始
1979 年	女性差別撤廃条約採択
1980 年	第 2 回国連世界女性会議(コペンハーゲン).「国連婦人の 10 年」の中間年, 女性差別撤廃条約署名式
1985 年	第 3 回国連世界女性会議(ナイロビ).「国連婦人の 10 年」の最終年
1992 年	リオ・デ・ジャネイロで国連環境開発会議(環境管理と開発への女性の参加)
1993 年	ウィーンで世界人権会議(DV, セクハラ, 戦時下の性暴力など「女性への暴力」の撤廃)
1994 年	カイロで国際人口開発会議(性と生殖をめぐる女性の決定権が「リプロダクティブヘルス／ライツ」として議題に)
1995 年	北京で第 4 回国連世界女性会議(集大成としての行動綱領)

育の男女平等)、「国籍の父系主義から父母両系主義へ」(法制度の男女平等)、「男女雇用機会均等法の制定」(職場の男女平等)を実現させて、日本も一九八五年、条約を批准している。

ただ、こうした「女性の人権」の主流化と並行して静かに進行していたのが、世界の戦後復興景気の終焉と一九七〇年代の二つのオイルショックに伴う経済成長の鈍化であり、一九八〇年代から強まり始めた経済のグローバル化の中での新自由主義の広がりだった。

一九七〇年代まで先進各国で「標準」とされていた男性世帯主が家族を扶養する「男性片稼ぎシステム」は、安定した長期雇用と家族賃金が支えとなっていた。ところが、一九八〇年代以降、グローバル化によって、製造業が、国境を越えて賃金の安い途上国へ移転し、男性雇用の不安定化・低賃金化、サービス産業化が広がった。そうした中で、女性個人の経済的自立の必要性、サービス産業での労働力需要、少子高齢化による労働力不足が、女性の労働力化を促した。

「女性活用」という経済の側からの要請と、女性の人権のための経済的自立を抱き合わせた男女平等政策が、ここで広がり始める。国連の「ジェンダー・エンパワーメント指数」(GEM、一九九五年から二〇〇九年まで)、「世界経済フォーラム」の「ジェンダー・ギャップ指数」(GGI、二〇〇五年から)など、国会議員・管理職の女性比率、賃金の男女格差といった政治・経済への女性の進出度を指数化した女性活躍度ランキングが、社会発展の指標として相次いで始まったのも、そうした流れが背景にある。

一方、日本では二つの流れは政界主流からは、なお、ほとんど無視され、基本的には「男性がいかにして女性を養うか」「いかにして女性に家庭内で育児と介護を担わせることによって社会保障費を抑え込めるか」が追求され続けた。その結果、GGIなどの順位は相対的に下がり続け、第二次安倍政権が誕生する直前の二〇一二年時点で一三五カ国中一〇一位、さらに同政権誕生以後の二〇一七年時点で一四四カ国中一一四位と過去最低水準に落ち込んでいる。

二〇〇九年、当時記者として働いていた『朝日新聞』紙上で「女性活用小国のカルテ」と題する連載を私が始めたのも、そうした日本の現状への危機感があったからだった。連載以降、一部の専門家以外には知られることのなかった女性活躍度ランキングでの日本の順位の低さが、ようやく認知されるようにはなった。「なでしこ」も「輝く」も、こうした日本社会の「遅れ」に対しキャッチアップし、女性有権者のいらだちを政策として吸い上げようとした点は共通している。

ただ、そこには、女性の人権に無関心な政界の保守層や経済界、男性たちにも受け入れられる形で、これを政策化していく工夫が必要とされる事情があった。

絡め手からの「参画社会基本法改定」？

その事情とは、男女平等をめぐる日本社会の底流での攻防だ。

一九九六年、選択的夫婦別姓を盛り込んだ民法改正案要綱が発表された。以来、夫婦同姓の強制など戦前の「家制度」の慣行の堅持を求める改憲組織「日本会議」を中心に、右派の有識者や議員らの反発と攻撃が盛り上がり、男女平等行政は試練にさらされていた。一九九五年の北京での世界女性会議では、「北京宣言」と「北京行動綱領」に「女性の権利は人権であること」がうたわれ日本政府も採択に合意した。これに勢いを得て、女性団体や市民団体の間では「男女平等基本法」を求める動きが高まっていた。だが、右派の反発の中、一九九九年に制定された「男女共同参画社会基本法」は「男女平等」の言葉をストレートに名称に使うことができず、「男女共同参画」という新造語を案出して法律を成立させた。先述の二〇〇五年に催された自民党シンポジウムも、そんな流れの延長線上にあった。

小泉政権が二〇〇一年に登場したとき、男女共同参画会議は二〇〇三年になって「二〇二〇年までに、指導的地位に占める女性の割合が、少なくとも三〇%となることを目指」すという「女性のチャレンジ支援」を提言した。そこには女性の「チャレンジ」による国・企業への貢献を押し出すことで、経済界の支援を取りつけ男女平等政策を守ろうとする狙いもあった(6)。一九八〇年代以降の労組や社会民主主義的勢力の退潮で、世界的に経済界の発言力が増しており、男女平等を進めようとする陣営の間には、資源としての女性の有用性を押し出すことで経済界を味方につけ、右派の攻撃をかわそうとする考え方もあったからだ。

第二次安倍政権の「輝く」政策は、このような構図の中、「なでしこ」作戦の文言を生かすことによって「男女平等政策の継承」のイメージをＰＲしつつ、「国や企業に有用な資源としての女性」の活用政策へと、中身を転換させたものと考えるとわかりやすい。

まず、政権誕生から三カ月足らずの二〇一三年三月二二日、男女共同参画会議の議員が発表され、教育学者の髙橋史朗・明星大学教授（当時）が任命された。髙橋は、父性と母性の違いを明確にし「男らしさ、女らしさ」を育むとする「親学」の普及で知られ、二〇一六年六月一七日付の『朝日新聞』によると、日本会議の運動方針づくりにかかわる政策委員を務めている。そんな性別役割分業推進派の論客が、参画会議に加わったことになる。

さらに、二〇一四年秋の内閣改造では、「すべての女性が輝く社会づくり本部」（「輝く本部」）が新設される。「輝く本部」は首相を本部長とし、副本部長に内閣官房長官、女性活躍担当大臣、本部員は他の全ての国務大臣とし、本部長が必要とするときは関係者が出席できる。

これまでの男女共同参画推進本部は、「男女共同参画社会基本法」にもとづいて設置され、男女共同参画担当大臣が参加する。ここに、基本方針の調査・審議を担う「男女共同参画会議」が併設され、経済界や労組の代表、男女平等を専門とする有識者などが参加してきた。こうした、国会の論議を経た法律に基づいた決定組織に対し、「輝く本部」という政権の内の決定による「そっくりさん」が並置されたとも見えてくる。

これを図示してみると、**表４―２**のように、「男女共同参画推進本部」に対応して「すべての女性が輝く社会づくり本部」、その事務局としての内閣府の「男女共同参画局」に対応して、内閣官房の「すべての女性が輝く社会づくり推進室」、男女共同参画社会基本法および五年ごとに策定される「男女共同

表 4-2 「男女共同参画」と「女性が輝く」政策

男女共同参画社会基本法		すべての女性が輝く政策パッケージ
男女共同参画推進本部		すべての女性が輝く社会づくり本部
男女共同参画局		すべての女性が輝く社会づくり推進室
男女共同参画基本計画(第 1～4 次)		女性活躍加速のための重点方針(2015～18)
①男女が自らの意思に基づき，個性と能力を十分に発揮できる，多様性に富んだ豊かで活力ある社会 ②男女の人権が尊重され，尊厳を持って個人が生きることのできる社会 ③男性中心型労働慣行等の変革等を通じ，仕事と生活の調和が図られ，男女が共に充実した職業生活その他の社会生活及び家庭生活を送ることができる社会 ④男女共同参画を我が国における最重要課題として位置付け，国際的な評価を得られる社会 (「第 4 次の基本的な方針」2015 年 12 月 25 日決定)		①女性の活躍を支える安全・安心な暮らしの実現 ②あらゆる分野における女性の活躍 ③女性活躍のための基盤整備 (「女性活躍加速のための重点方針 2018」2018 年 6 月 12 日決定)
• 働いて経済的自立とよりよい生活を送る権利(憲法第 27 条「勤労の権利と義務」，第 28 条「労働 3 権」)	←女性の労働力→	• 国と企業のために人手不足を補う活躍
• 生存とよりよい生活へ向けて必要なモノやサービスを市場から調達する権利(憲法第 13 条「幸福追求権」，第 25 条「生存権」)	←女性の消費力→	• モノやサービスを市場から購入して GDP を上げる活躍
• 子どもを安心して産み育てる権利(憲法第 13 条「幸福追求権」，第 26 条「教育を受ける権利」)	←女性の出生力→	• 人口を増やし国力を上げるため目標値以上は産む活躍

参画基本計画」に対し、緊急対策としての「すべての女性が輝く政策パッケージ」(二〇一四年)と二〇一五年から毎年発表される「女性活躍加速のための重点方針」、という形で、男女共同参画行政vs.活躍行政という「パラレルワールド」が形成されていることがわかる。

このような構図について、男女共同参画会議議員として、第一次基本計画から計画づくりにかかわってきた実践女子大学教授の鹿嶋敬は、女性活躍推進政策の特徴は「ズバリ経済政策だ」[7]と述べる。さらに、女性活躍推進法に「男女共同参画基本法の基本理念にのっとり」とあることを引いて「女性活躍推進はプロセス、ゴールは男女共同参画の形成」と位置付け、最終目標は「男女共同参画社会の形成」であることを「もっと強調する必要がある」と主張する。また、男女共同参画政策をウォッチしてきた皆《みな》川《がわ》満寿美《ますみ》・中央学院大学准教授は、「女性活躍と男女共同参画のせめぎあい?」と表現し[8]、「女性活躍」という言葉を用いて、「男女共同参画」を人の目にふれさせないようにする流れが進められているのではないかと懸念する。皆川は、二〇一五年、男女共同参画会議が「意見」として決定した「男女共同参画・女性活躍の推進に向けた重点取組事項について」が、「輝く本部」で大幅に書き換えられ、タイトルから「男女共同参画」が取り去られるなどして、「女性活躍加速のための重点方針2015」として決定されたことを、その一例として挙げる。加えて、政策の司令塔としての「男女共同参画推進本部」の廃止報道が一部にあったことも挙げ、「輝く本部」の設置に、そうした改廃をめぐる「詭計が含まれていなかったかとおそれる」とも述べている。これらは、二〇〇五年、「男女共同参画社会基本法そのものを検討したい」と述べた安倍の意図が、見えない形で実現されようとしていることを思い起こさせる。

3　三つの資源化

個人の幸福から国力の手段へ

東海大学准教授の辻由希は、こうした「輝く女性」政策の政治手法の巧みさを評価する。人手不足の改善という企業の競争力強化の経済政策とすることで経済界の支持を調達し、女性を中心課題とすることで、特定秘密保護法や安保法制で高まった女性たちの反発をかわし、加えて、「性差別大国日本」に対する国際世論の批判に「男女平等政策の安倍政権」とアピールすることに成功したという見方だ。また、二〇一三年の首相の「成長戦略スピーチ」に対し、「エリートの活躍女性のための政策」という批判も起きたが、二〇一四年の「すべての女性が輝く政策パッケージ」でひとり親、非正規、DVやセクハラに悩む女性にも触れることでいち早く修復を図った点も、「社会政策」に手を広げた目配りのよさとして評価する。(9)

ただ、その中身によっては、「政治手法」の巧みさは、政策の対象者にとってむしろマイナスとなりうる。「巧みな政治手法」によって、「マイナスの政策」が円滑に導入されてしまうからだ。今回の「女性活躍推進」が「男女共同参画社会の形成」というゴールへのプロセスになりうるかどうかは、文言だけでなく、その中身によって決まる。

そうした視点から、従来の男女平等政策である「男女共同参画社会基本法」と女性活躍推進政策（「女性が輝く」政策、以後「輝く政策」と呼ぶ）のもとで、「女性の潜在力」の意味がどう異なってくるかを比較し、表4-2の下部のようにまとめてみた。ここでは、「女性の潜在力」として期待されている力を、二〇一三年から一六年までの「日本再興戦略」などから拾い出し、「女性の労働力」「女性の消費力」「女性の出生力」の三つとして整理した。たとえば二〇一三年「日本再興戦略――JAPAN is BACK」では、「女性が働きやすい環境を整え、社会に活力を取り戻す」ために「『女性の力』を最大限活かす」として、「二〇二〇年に女性の就業率（二五歳から四四歳）を七三％（現状六八％）にする」という成果目標を掲げる。ここで求められているのは、「女性の労働力」という潜在力だ。また、「待機児童解消加速化プラン」では、「社会福祉法人はもとより、株式会社を含む多様な主体でスピード感をもった施設整備を推進する」と述べ、保育の株式会社化も掲げられる。「労働力」によって得た賃金で、企業から保育サービスを購入して企業利益に貢献する「消費力」への期待がここにある。

さらに、「少子化危機突破のための緊急対策」（二〇一三年六月七日、少子化社会対策会議決定）にもとづき、「結婚・妊娠・出産支援の『全国展開』」として、自治体による集団見合いとも言える「官製婚活」を通じて結婚を促進し、女性の出生力を絞り出そうとする作戦が、全国展開で開始される。「女性の出生力」という潜在力への期待だ。

女性にとって経済的自立を得るための「労働力」も、貨幣を稼いで市場から暮らしに必要なモノを調達する「消費力」も、子どもを産み育てる喜びを得る「出生力」も、憲法第二七条の勤労権、第二五条の生存権、第一三条の幸福追求権へ向けて発揮されるべきものだ。「男女共同参画社会基本法」も、前文で憲法の「個人の尊重と法の下の平等」を踏まえ、「男女が均等に政治的、社会的及び文化的利益を享受できる社会を目指す」とされている。だが、そうした個人の幸福のためであるべき女性の三つの潜在力が、「輝く」政策のもとで、国力増強へ向けた企業や国のための「三つの資源」とされていく。

二〇一四年三月二八日、「総理主導で女性が輝く社会の実現に向けた全国的なムーブメントを創出し、社会全体で女性の活躍を応援する気運を醸成していく」(首相官邸ホームページ)ためとして、「輝く女性応援会議」が開かれた。趣旨説明には「人口の半分の女性たちの能力が、それぞれが望む形で、社会で発揮されるようになれば。／そうなれば、日本はもっともっと強く豊かになれるはず」(傍点引用者)とある。国力増強のための能力発揮の要請が、ここにも見てとれる。

女性に厳しい「働き方改革」

もちろん、こうした女性の資源化や動員で「国力が増強」したことが、回り回って女性の経済力や意思決定力、自立度や自由度の向上につながるならば、「輝く政策」は、鹿嶋が述べるような、共同参画へのプロセスと言えるかもしれない。そこで次に、三つの資源化が、女性たちにどのような影響を及ぼすかを検証していきたい。

まず「女性の労働力」である。

第1章で述べたように、政府の「働き方改革」では、繁忙期は二～六カ月間の平均残業時間の上限が月当たり八〇時間まで、一カ月一〇〇時間未満という過労死基準すれすれの残業時間の容認が労基法に書き込まれ、「一日八時間労働」は原則のひとつに相対化された。これにより、「一日八時間労働」という生活時間を守るための拠点は、影が薄くなった。長時間労働の温床となりやすい裁量労働制の拡大は、データ改竄問題で、いったん引っ込められたものの、「高専門、高収入」に分類された働き手が労働時間、休憩、休日、深夜に関わるすべての規制から除外される「高度プロフェッショナル制度」は導入された。

二〇一八年六月一二日の参議院厚生労働委員会では、福島みずほ議員(社民党)が、参考人として招かれたワーク・ライフバランス社の小室淑恵社長に、「高度プロフェッショナル法案で労働時間規制をなくせば女性は本当に働けなくなると思いますが、その点についてはいかがですか」と質問し、小室は「労働時間の上限ということをきちっと入れて、高度プロフェッショナル制度以上に、大多数の職場に早く時間当たりの生産性が求められるような状態というのをつくっていくことが大事」と答えている(10)。だが、小室が求める一日単位の労働時間規制として期待を集めた「勤務間インターバル規制」(終業と翌日の始業の間に一定の間隔をあける規制)は努力義務にとどまっている。

賃金についてはどうだろうか。働く女性の五割以上が非正規という中で、「働き方改革」での正規と非正規の「同一労働同一賃金」は、多くの働く女性の希望の星だった。だがこれも、第2章で述べたように、「職務内容」だけでなく、「職務内容・配置の変更範囲」(異動や転勤ができるかどうか)、「その他の事情」に照らした判断が法律化された。二〇一六年の「パートタイム労働者総合実態調査」によると、「同じ職務内容」のパートは六・五%と少ないが、「人事異動等の有無や範囲が正社員と同じパート」となると、このうち一・五%(事業所調査)と極めて少ない。家族へのケア責任があって転勤が難しいためにパートを選ぶことが多い女性にとって、この条件で「同一賃金」となることは針の穴をくぐるほど難しい。しかも、ILOなどの国際基準による職務分析とその点数化による客観比較ではないため、女性の仕事ぶりへの男性上司の偏見を正すことも難しい。このような国際基準の職務評価の手法は、日本の女性が、いくつかの賃金の男女差別裁判を通じて、少しずつではあるが勝ち取りつつあったものだった。「働き方改革」は、転勤や残業の恒常化といった女性の低賃金の原因となってきた慣行を法律で追認したかのような結果になった。女性の非正規が事態を改善する余地は狭められた面さえある。

地方公務員法・地方自治法改定（第3章参照）で生まれた「会計年度任用職員」も、パートへの期末手当は新たに認められたものの、職務内容にかかわりなく、時間が短いだけでほぼ従来通りの低賃金に据え置かれることが事実上合法化され、格差が固定化されかねない結果となった。オランダでの「労働時間差別の禁止」に抵触しかねない改変だ。女性を直接差別しなくても、女性に不利な条件を入れることで結果的に女性が不利となる仕組みは、欧米では「間接差別」として禁止されていることが多い。「会計年度任用職員」の制度は、家庭のケア責任との兼ね合いで短時間労働を必要とする女性にとって「間接差別」として機能しかねない。

女性職場にも「カイゼン」の薦め

二〇一三年の「日本再興戦略」にもとづいて設けられた「経済の好循環実現に向けた政労使会議」では、医療やサービスなどの女性が多い職場への工場並みの効率化の提案もされている(11)。同会議に基づいて設置されたサービス業の生産性向上会議の二〇一五年六月一八日の「議事要旨」によると、トヨタ自動車が設立したコンサルタント会社が「A病院」に「カイゼン」方式を適用し、看護師など職員の作業時間や歩行を計測・録画し、作業ごとに一秒単位でグラフ化するなどして無駄のない作業を実現する導線へと改善するなどの効率アップ作戦を報告している。発表者は、「製造業で蓄積されたノウハウは、サービス業にも十分応用可能である。本日お集まりの皆さんの分野でも、活用可能と思うので、ぜひ御協力させていただきたい」と、PRしている。

「輝く女性」政策が喧伝され始めた二〇一三年七月、NHKの女性記者、佐戸未和は過重労働の末、心不全で死亡した。二〇一五年一二月には、電通の女性社員、高橋まつりが極端な長時間労働の末、次の言葉を遺して過労自死した。「生きているために働いているのか、働くために生きているのかわからなくなってからが人生」。女性職場にも及ぶ「カイゼン」の効率化によって、このような犠牲者はさらに増える可能性がある。「労働力」としての資源化の危うさが、そこにある。

婚活と妊活、家族への介入

「出生力」としての資源化はどうだろうか。二〇一三年四月の「成長戦略スピーチ」の中で、首相は「三年間抱っこし放題での職場復帰支援」を発表して論議を呼んだ。三歳まで男女が共に子育てに専念できるよう、経済団体に、法的な義務という形ではなく、自主的に「三年育休」を推進してもらうようお願いした、というものだったが、この案に、ネット上などでは疑問の声が相次いだからだ。

この提案は、「経済界へのお願い」とされ、育児介護休業法改正などによる権利としての三年育休ではない。権利保障というアプローチが欠けていることが、まず特徴だが、それ以前に多かった疑問は、「三年もブランクがあると(職場で)浦島太郎状態じゃないでしょうか」(子どもを持つ女性のためのランキングサイト「ママこえ」の二〇一三年五月発表の調査から)といった職場復帰への不安だった。

他のサイト上でも、「育休を伸ばすより保育園に入りやすくしてほしい」「復職後の勤務状況を改善したりといった継続就労ができる政策がほしい」「男性が育休をとれるような労働条件全般の改善を進めてほしい」といった継続就労を支える仕組みの整備を望む声や、「非正社員はどうなるのか」といった、雇用の劣悪化や貧困化を問う声も上がり、[12]この構想は立ち消えになった。

続く五月には、「生命《いのち》と女性の手帳」（女性手帳）の発行と、「婚活」の推進が打ち出された。手帳の構想は、政権発足から三カ月後の二〇一三年三月に立ち上げられた「少子化危機突破タスクフォース」の作業部会で出たもので、一定の年齢を過ぎると女性は妊娠しにくくなるという医学的知見を手帳によって女性に広め、啓発するというものだった。だが女性たちからは「産めないのは知識不足のせいではない」「若い男女の低賃金や長時間労働こそ問題」といった反発が相次ぎ、構想は引っ込められた。

ちなみに、この啓発は公立高校の生徒に的を絞りなおす形で進められ、二〇一五年八月の文科省の保健体育の副教材の改訂につながっていく。ここでは「女性の妊娠しやすさの年齢による変化グラフ」が盛り込まれ、二〇代で産まないと出産が難しくなると錯覚させるようなグラフの改竄が施されていたことが、研究者らから指摘された。この問題は同年九月、国会でも取り上げられた。[13]さらに二〇一三年六月には、「地域少子化対策強化交付金」をテコにした「官製婚活」の全国展開が、「少子化危機突破のための緊急対策」に盛り込まれる。

二〇一五年九月に自民党総裁に再選された安倍首相は、一〇月の第三次安倍内閣・改造内閣の発足を前に、「アベノミクス第二のステージ」として「新・三本の矢」を打ち出す。ここでは、少子高齢化に取り組むため、若者も高齢者も、女性も男性も、障害・難病のある人々も包摂され活躍できるとする

「一億総活躍社会」が掲げられ、「希望を生み出す強い経済」という第一の矢による「戦後最大のGDP六〇〇兆円」の実現、「安心につながる社会保障」という第三の矢による「介護離職ゼロ」の実現と並んで、「夢を紡ぐ子育て支援」という第二の矢による「希望出生率一・八」の実現という、出産目標値が盛り込まれる。

ここでは、「一・八」の達成へ向けた待機児童ゼロや幼児教育の無償化の拡大などの従来型の支援策に加え、不妊治療の支援、婚活、そして「三世代の同居や近居の促進」など、女性の身体やライフスタイルに踏み込んだ政策が押し出される。「結婚・妊娠・出産・育児の『切れ目ない支援』」(「少子化危機突破のための緊急対策」)という政策のもとでの、女性の生き方全般にわたる国による管理の開始、とも言える政策だ。

特に論議を呼んだのは、三世代同居政策だった。「義理の両親との同居が前提なら、出産どころか結婚したくなくなる」(14)という声だけでなく、実母と娘の微妙な関係に配慮しない政策にも、疑問が上がった。心理カウンセラーの信田さよ子が「毒親」論(15)として紹介したように、実母からの娘役割の押し付けや支配に悩む女性は実は少なくない。「実母に子育てを助けてもらおうと同居したら、母がさまざまなことに口を出すようになり、夫との関係も悪化して悩んでいる」といった苦渋の打ち明け話を知人から聞いたこともある。うまくいっている三世代同居も、もちろんある。母と娘の関係はさまざまだ。だが、そうした「同居の闇」を無視して、同居高齢女性への子育て依存で保育サービスへの公費を節約しようとする動きが、「三世代同居」という言葉の陰にちらつく。

「あるべき家族」を押しつけられる女性たち

これらの政策は、二〇一二年に発表された自民党改憲草案での第二四条改定案を想起させる。ここでは個人としての男女の家庭内での平等権を規定したもとの条文に、「家族は、互いに助け合わなければならない」がつけ加えられた。これでは、憲法第二五条が定める「健康で文化的な最低限度の生活」「国は、すべての生活部面について、社会福祉、社会保障及び公衆衛生の向上及び増進に努めなければならない」という規定が形骸化され、家庭による(つまり女性による)福祉へと責任が転嫁されかねないとの危機感が女性たちの間で膨れ上がり、二〇一六年からは、「24条変えさせないキャンペーン」[16]が女性たちによって始まった。また、「家庭教育支援法」や「親子断絶防止法」など、「あるべき家族」へ向けた法律制定の動きも続き、女性たちから反発が上がっている。

こうした中、二〇一四年、男女平等関係のメーリングリストにこんな投稿が登場した。

「『女性が輝く〈Shine〉』が、私にはローマ字読みの『死ね』に読める」

同年六月に内閣府男女共同参画局が立ち上げた「輝く女性応援会議」のブログを見た女性からのもので、必要な社会的支援は足りないまま、「働くこと」と「出産・子育て」の二重の「活躍」を求められると感じた女性たちの不安が、にじみ出た投稿だ。そして、二〇一六年二月、「保育園落ちた日本死ね!!!」[17]ブログが大きな反響を呼ぶ。「昨日見事に保育園落ちたわ。どうすんだよ私活躍出来ねーじゃねーか」と、子どもを預けられないために働けない母親の怒りの投稿だった。

二〇一七年一一月二一日、自民党役員連絡会で、山東昭子元参議院副議長が、「子どもを四人以上産んだ女性を厚生労働省で表彰することを検討してはどうか」と発言した。[18]前日の二〇日には、大阪府の交番を訪れた五〇代の女性が、「子どもを四人産み落とした。バケツにコンクリートで埋めて家に置いている」と申告し、警察が自宅からコンクリート詰めバケツ四個を押収したことが報じられていた。四人産んでも、社会や行政の支えがなければ育てられるとは限らない。そうした「当たり前」が、政治の世界から消え失せたかのような、議員の発言だ。「活躍」のかけ声は、女性たちの貢献を求めるだけで、女性を支える措置は置き去りにされ続けてきたことが、一連のできごとから浮かんで来る。

4 「一億総活躍社会」の素顔

「消費力」依存がもたらす貧困

三つ目の潜在力として挙げた「消費力」の資源化も、深刻なものをはらんでいる。

保育園の株式会社化は、公共サービスの商品化を通じた女性の「消費力」の活用であることはすでに述べた。これは、女性の職場である保育士の低賃金化も招いている。ジャーナリストの小林美希は、『世界』(二〇一八年三月号)で、二〇一三年から二〇一六年の三年間で株式会社方式の保育園が三倍に増え、その保育士の人件費比率が社会福祉法人に比べて低いことを明らかにした。株式会社化によって、公的補助金が、人件費でなく、事業の拡大や利益に回っている可能性を示唆したものだ。憲法第二五条によって、私たちは「健康で文化的な最低限度の生活」へ向け、国に「社会福祉、社会保障及び公衆衛生の向上及び増進」に努める義務を求める「権利者」であると認められてきた。だが、公共サービスの商品化は、こうした「権利者」から、企業が販売するサービス商品を受け身で購入するだけの「消費者」へと、私たちを変えていく。

もちろん、それなりの収入を得ることができる女性たちにとって、商品化は、消費者として選べる権利を行使できる自由の獲得として機能する場合もある。現在の公共サービスの多くは、絞られた予算による「上から目線の不愉快なお上の福祉」であることも少なくないからだ。だが、賃金が安い圧倒的多数の女性たちは、「買えないなら仕方ない」と保育・介護サービスから排除され、これらを家庭内で、無償で引き受ける立場に押し戻されることになる。そうした中では、豊かな女性は保育・介護サービスを自力で買ってますます働けるようになり、収入が上がり、低所得女性はますます稼げなくなって貧困化する。こうした事態を先取りしているかに思えるのが「貧困専業主婦」の存在だ。労働研究研修機構の周燕飛《シュウエンピ》研究員は二〇一一年の調査をもとに、一八歳未満の子どものいる専業主婦世帯の八世帯に一世帯が貧困ライン以下の所得であるとし、原因のひとつとして、保育費用を払い切れないため妻が働きに出られないことを挙げているからだ。

一方、企業がこれを、「普通の女性たち」も自力で購入できるサービス商品として提供しようとすれば、低賃金の女性労働者たちが必要になる。こうした商品の原価はほとんど人件費で、税による支援がなければ、ここを下げるしか手はないからだ。これもまた、女性の貧困の芽となる。

「日本再興戦略　改訂二〇一四――未来への挑戦」では、「女性の活躍推進」のための低賃金の労働力として、「小規模保育など地域のニーズに応じた幅広い子育て支援分野において、育児経験豊かな主婦等が活躍できるよう、必要な研修を受講した場合に『子育て支援員(仮称)』として認定する」(二〇一五年度にスタート)、「女性の活躍推進、家事支援ニーズへの対応のための外国人家事支援人材の活用」(二〇一七年度に受け入れ開始)といった項目が明記されている。

「子育て支援員」は、二〇時間程度の研修で保育に携わるボランティア的な低賃金労働であり、「外国人家事支援人材」は、規制緩和の実験場として設定された国家戦略特区の中で労働法の適用を受けない外国人家事労働者だ。二〇一五年、外国人家事労働者の受け入れを前に大手家事代行会社「ベアーズ」の専務が、「女性の活躍推進を目指すなら、広く普及しなければ意味がない」「国には最低賃金を下回る賃金を認めてほしい」(『朝日新聞』二〇一五年一月三〇日付)と語っている。市民団体の働きかけもあって、最低賃金の適用は政府のガイドラインに書き込まれたものの、専務の発言は、こうしたサービス産業の構造についての正直な本音だったともいえる。「労働ではなく実習」として導入が始まった「介護実習生」も併せると、いずれも、女性を中心とした半労働力とでもいえる存在が「女性活躍」の支え手として想定されていることがわかる。先に述べた「三世代同居」が高齢女性に家庭内の保育への無償貢献を求めるものであることを考えると、女性も高齢者も参加する「一億総活躍社会」の次のような構造が見えてくる。

少子化による企業の人手不足への対応策としての女性の「労働力」と「出生力」の利用 ↓ 家庭内の介護・保育要員としての女性の不足 ↓ 不足分を、税や労働時間規制による国・企業の負担ではなく、①高齢者・若者・主婦らのボランティア的低賃金労働、②外国人女性家事労働者、③三世代同居による高齢女性の無償労働の活用などで補塡 ↓ これらを公的サービスではなく、新商品として人材ビジネス業界に開放し、女性の「消費力」の活用で「GDP六〇〇兆円」に寄与させる(加えて、高齢男性の再雇用や障害者雇用の促進で、新しい低賃金労働力を調達しつつ、年金や社会保障費を削減する)。

こうした「消費力」としての女性活躍をめぐって、もうひとつ注目されるのが「融資先としての女性」の活躍だ。「借金力」とでも言おうか。

「異次元の量的緩和」でだぶついた資金を、どこに貸し出すかは今、金融機関の悩みのタネだ。そこで着目されているのが、女性への住宅ローンだ。だが、経済学者の足立眞理子の聞き取り調査によると、「借り入れ可能」な女性の購入者像として融資担当者が描く一般職女性といった要件を適用すると、非正規が過半数で低賃金が多い女性の八割は排除可能となる。そのため、「頭金なし」やパートでも払っている月の家賃を返済ローンが下回っていれば認めるなど、「多様な融資要件」を導入し、出産や介護などによる仕事の中断期間は利払いのみとして完済までの年数を伸ばす。これでは、利払いなどで元本返済は容易に進まず、生涯借金で縛られる女性の新しい貧困要因になりかねない。

「弱者への目配り」は本物か

最後に、「経済政策」としての女性利用にすぎない、という批判に対応し、ひとり親、非正規、DVやセクハラなどの女性への暴力についても触れたとされる「すべての女性が輝く政策パッケージ」が、どのように「弱者への目配り」を行ったのかについて、検討したい。

「輝く政策パッケージ」では、「活躍女性」向けだけでなく、女性の健康支援、母子家庭への支援体制の強化、生活困窮者の自立に向けた包括的かつ継続的な支援、「安全・安心な暮らし」への施策としてのDV支援の充実、ストーカー対策の抜本的強化、セクハラ防止対策の徹底、女性の視点・生活者の視点からの防災・復興の取組の推進などが列挙された。いずれも「男女共同参画社会」の主要課題とされてきた項目だ。

確かに、二〇一六年度の「全国ひとり親世帯等調査結果報告」を見ると、母子世帯の母の平均年間就労収入は二〇一〇年の一八一万円から二〇一五年は二〇〇万円に上がっている。非正社員が五割近くを占めるひとり親たちにとって、最低賃金の引き上げが効果を上げた可能性もある。正社員比率も、二〇一一年の三九・四％から四四・二％に上がり、二〇一九年度から、対象外だった未婚のひとり親家庭への住民税が、ごく一部だが軽減されることになった。それ自体は前進だが、生活するに足りない水準の非正社員の比率がなお半数を超している状況で、その賃金水準が多少上がっても、「安心な生活」とはほど遠い。ここを改善するはずだった「同一労働同一賃金」の弱さが、大きな局面で足を引っ張っている。

セクハラ防止対策では、二〇一八年四月、テレビ朝日の女性記者が、政権のお膝下の財務省次官にセクハラを受けたことを告発したが、監督すべき立場の麻生太郎財務相が「はめられた可能性は否定できない」と国会で発言(野党の追及を受けて撤回)するなど二次被害ともいえる言動が閣僚に相次いだ。六月にセクハラ緊急対策が発表され、幹部職員などへの研修は義務付けられたものの、閣僚は対象外となり、同年一二月の労政審報告書でも、セクハラについての禁止規定は先送りされた。同年五月からのＩＬＯ総会で議題となったパワハラやセクハラを規制する「仕事の世界における男女に対する暴力と嫌がらせ(ハラスメント)」条約についても、日本政府は態度を保留している。ＤＶ対策についても、図**4-1**、図**4-2**のように、配偶者暴力相談支援センターへの相談件数は増え続けているにもかかわらず、婦人相談所での一時保護件数は伸びていない。二〇一五年度では一時保護の後、被害者の三四・六％が元の家

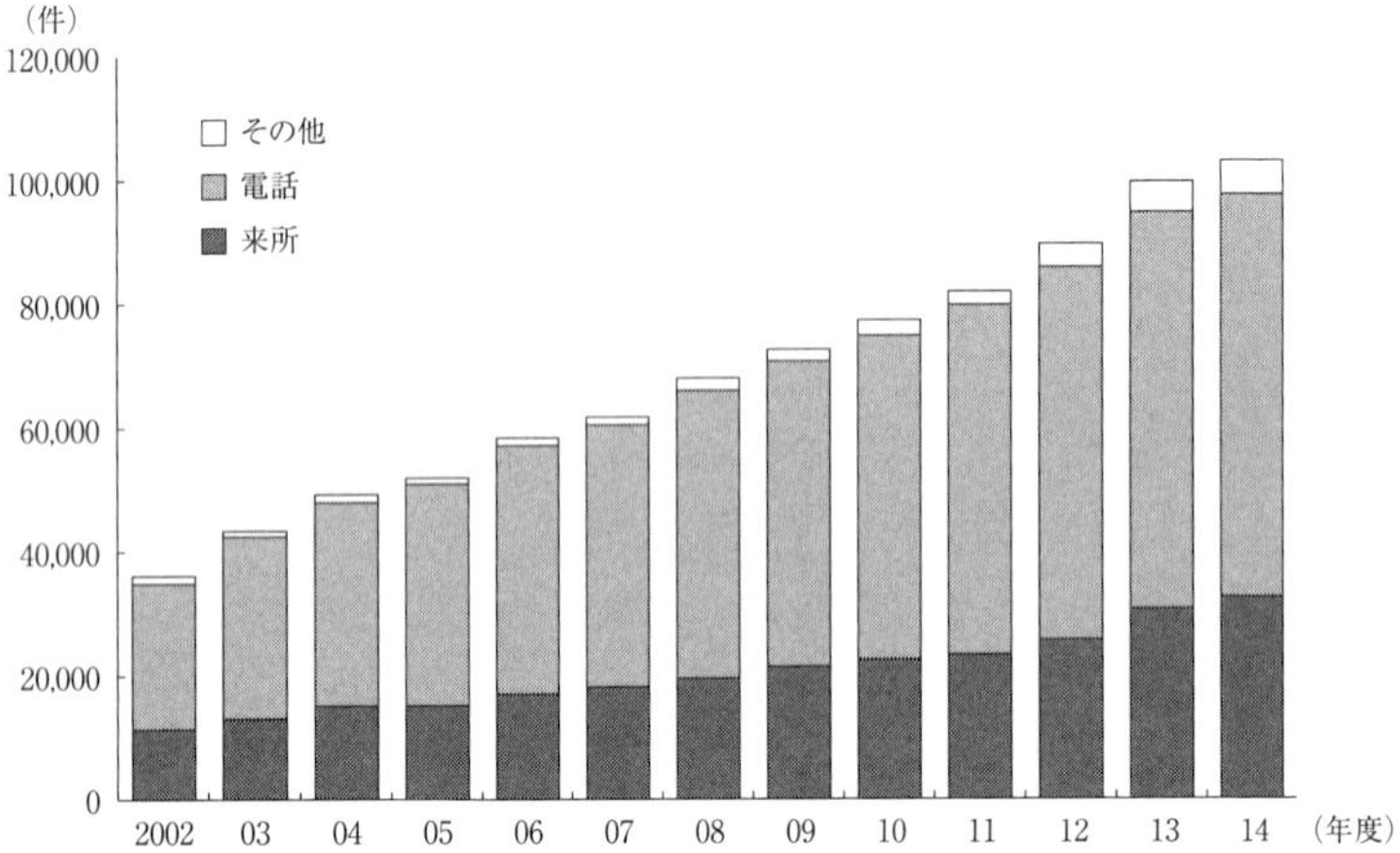

出所：内閣府調べ

図 4-1　配偶者暴力相談支援センターにおける相談件数

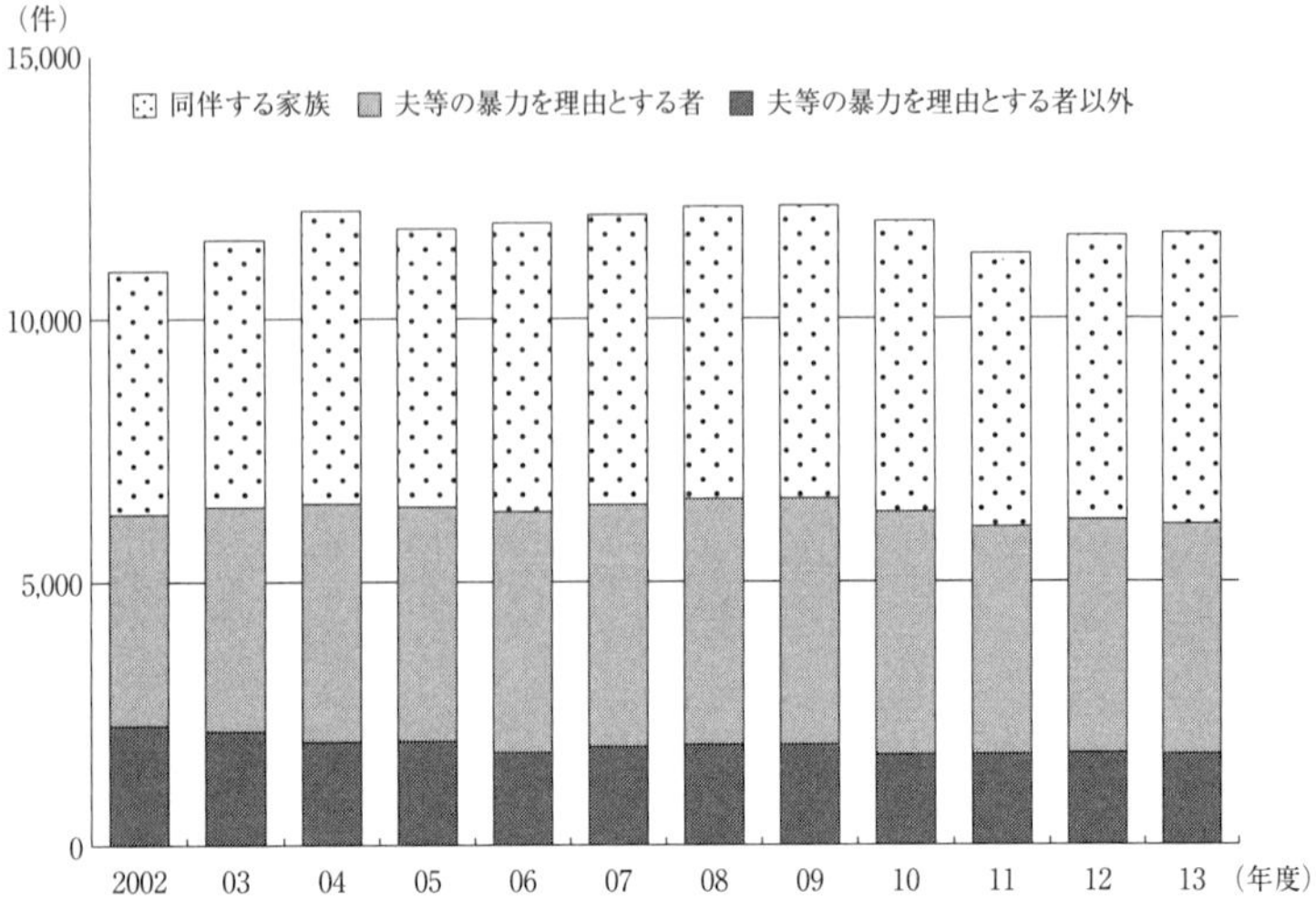

出所：厚生労働省調べ

図 4-2　婦人相談所における一時保護件数

族か実家に戻るなど状況は変わらず、女性への暴力を軸とした労働問題に携わる労組「パープル・ユニオン」の佐藤香は、「公的支援より家族に頼れ」という空気はむしろ強まっていると感じているという。

こうした「安心」の不足の背景には、経済学者の大沢真理・東京大学教授が指摘するような、アベノミクスのもとでの税・社会保障の位置づけがある。大沢は、予算編成などの基本方針となる「経済財政運営と改革の基本方針」(「基本方針」)二〇一三～二〇一七年分を分析し、二〇一四年に前置きの部分に一度登場した以外、「社会保障の機能強化」という言葉は「基本方針」には全く登場していないとする。(19) ここでは、「社会保障」は常に「財政の健全化」とリンクされ、「受益と負担の均衡」の言葉によって、負担なしでは受けられないかのような構図になっているという。加えて、「基本方針」では、「安心・安全な暮らし」という項目があるが、内容は外交・安保防衛、国土強靱化、治安、消費者行政であり、社会保障をほとんど含んでいない。

女性活躍推進法と候補者男女均等法

そんななか、第二次安倍政権の「女性活躍」のスローガンを生かして揺さぶりをかけた女性たちの粘り強い働きかけによって二〇一五年八月に成立した「女性の職業生活における活躍の推進に関する法律」(女性活躍推進法)と、二〇一八年五月に制定された「政治分野における男女共同参画の推進に関する法律」(候補者男女均等法)は、多くの限界は抱えながら、一定の評価を得ている。

女性活躍推進法は、民主党時代の「働く『なでしこ』大作戦」に「検討」が盛り込まれていたもので、パートやアルバイトを含む常勤労働者を三〇一人以上雇用している政府、自治体、民間企業などに、女性の活躍に向けた行動計画を策定するよう義務づけている。ただ、管理職・採用者に占める女性比率、勤続年数の男女差、一人当たりの労働時間の状況などの把握すべき職場環境の項目に、働き手の処遇を端的に表す男女別賃金の開示がない。しかも、項目のうち企業が最低一つ選んで公表すればよく、数値目標が未達成でも罰則はない。女性の比率が高い中小企業についても「常勤労働者三〇〇人以下の企業・団体の行動計画の策定は努力目標」という形で免除されている。

もう一つの「候補者男女均等法」も、「男女の候補者の数ができる限り均等となることを目指して行われるものとする」(第二条)とされ、政党助成金などを通じた罰則もインセンティブもなく、政党は努力義務があるとする倫理規定的なものにとどまる。これを機に、女性議員の比率を義務づける「クオータ制」への発展を目指す動きが、すでに始まっている。

とはいえ、これらは、女性の貢献ではなく、企業や政党への義務づけという点で、他の「輝く政策」とは異なる。女性が、自らの必要に根ざして、権利を広げる要求を強めることが、女性の資源化を押し返すカギになることを、これらの法律は示している。

第5章 「企業ファースト社会」の作られ方

これまでの章では、政府の「働き方改革」や、「女性が輝く政策」の中身を検証してきた。それらから見えてくるのは、「働き手のための政策」という一般のイメージとは異なり、戦後社会の一応の基本とされてきた「労働権や生存権を保障するための労働政策」から、「企業の生産性と国力増強のための労働政策」へ向けた転換装置としての「働き方改革」の姿だ。これによって生まれるのが、グローバル企業と、これを支える「国家」という頂点へ向けて人々の力を吸い上げていく「企業ファースト社会」だ。この章では、これまでを振りかえりながら、「働き方改革」を通じて、こうした社会がどのように作り上げられていくのかを整理してみたい。

1　「企業ファースト社会」の構造

主語と責任者の転換

裁量労働制をめぐるデータ改変問題や、高度プロフェッショナル制度の「異次元」ともいえる労働時間規制緩和の実態が報道されるにつれ、「働き方改革」への熱は冷めていった。たとえば、データ改変問題が国会で焦点となった時期に実施された『朝日新聞』世論調査(二〇一八年二月一七、一八日実施)では、「裁量労働制の対象を広げること」について、「賛成」一七%、「反対」五八%、「その他・答えない」が二五％と、反対が圧倒的に賛成を上回った。だが本当の問題は、熱が冷めた結果、「働き方改革」自体が人々から忘れ去られようとしていることだ。

「働き方改革」は終わっていない。「働き方改革関連法」は、法の成立後、労働政策審議会での論議などによってようやく省令などの形で根幹ともいえる中身が確定され、いったん見送られた裁量労働制の拡大も、断念されたわけではないからだ。

それ以上に大きいのは、今回の制度改定が「主語」と「責任の所在」を転換させることで、今後働く現場を静かに、根本的に、変形させていきかねないことだ。

経済ジャーナリストの永井隆は次のように述べている。

「働き方改革関連法が成立し、日本企業は一層の生産性向上を迫られていく。欧米企業に比べ、労働時間が長いのに生産性が低いのは日本企業の特徴だ。同法によりムダな残業は減っていくだろうが、時間軸から成果軸へと評価のポイントを変えていかざるを得ない(1)」

ここで述べられたように、「働き方改革関連法」は、「高プロ」の導入などを通じ、生活時間を守る防壁としての一日八時間労働という「時間軸」から「一層の生産性向上」へ向けた「成果軸」へと評価軸の転換を促す。過労死すれすれの「一カ月最大一〇〇時間未満」の残業上限も、死ぬ直前までなら企業の裁量で労働時間を伸縮できることが公式化されたことを意味する。こうした世界では、「仕事の与え方が過剰なので八時間で帰れるように人員を増やしてほしい」「八時間労働に見合うよう仕事量を減らしてほしい」という働き手の声は、「ムダな残業」撲滅に向けて働き手に生産性を向上する責任があるとして、押し戻されかねない。労働政策の主語が「働き手が人間らしく暮らすこと」から「企業が生産性を上げること」への転換だ。

この間の「高プロ」をめぐる言説からは、こうした主語の転換だけでなく、「企業の雇用責任」から「働き手の自己責任」への転換もうかがわれる。

第二次安倍政権の「雇用制度改革」の中心メンバーでパソナグループ会長の竹中平蔵は、「高プロ」をめぐるインタビュー記事の中で、「時間に縛られない働き方を認めるのは自然なことだ。時間内に仕事を終えられない、生産性の低い人に残業代という補助金を出すのも一般論としておかしい」と述べている。(2)

また、国の規制改革推進会議委員も務めた経済学者の八代尚宏も、「高プロ」の前身とも言えるホワイトカラーエグゼンプションの意義を次のように説明する。

「工場労働のような労働時間の長さに比例した残業手当を〔成果型賃金がふさわしい高度専門職にも〕機械的に支給すれば、不公平なだけでなく、残業代稼ぎのモラルハザードを引き起こし易い」(3)

ここでは、高度専門職にとっての残業代は、働きすぎに対する歯止めではなく、「生産性の低い」働き手を潤す「補助金」や不正な残業代稼ぎのモラルハザードの温床とされている。当時、残業の法定割増賃金率を二五%から欧米並みに五〇%へと引き上げる案が持ち上がり、そのために高度専門職の適用除外をセットで提案する必要があったと八代は述べる。理由は、「仮に労働者の裁量で残業時間を増やすことが容易な職種についても残業割増率の画一的な引き上げを行えば、企業の人件費負担増には際限がなくなるという懸念があったためだ」(4)とする。

高度専門職であっても、企業が成果目標を決め、働き手がその指揮命令に左右される限り、実際には働く時間を裁量で決めるわけにはいかない。目標を大幅に引き上げられれば「自由に」は帰れないからだ。高度であれ非高度であれ、何らかの指揮命令を受ける働き手なら、企業が働き手の健康に配慮し、適切な労働時間管理を行うことを義務づけられていなければ健康や生命が危険にさらされる恐れがある。それが、ここでは「高度専門職」というおまじないの言葉によって、働き手の自力の時間管理責任へと転換されてしまう。

さらに興味深いのは、ホワイトカラーエグゼンプションが労働側の反対で頓挫した結果、月の残業時間が六〇時間を超えた時点から割増賃金率を五〇%に引き上げるという中途半端なものに終わったと八代が述べ、それは「働く時間に応じて報酬を受け取る相対的に低賃金の労働者と、時間にとらわれず働く高賃金の働き方の労働者の間の利害対立」と説明していることだ。ここでは、労使間の企業利益をめぐる分配交渉が、労働者間の争奪戦へと転換されている。労働者への分配枠は所与の前提であり、労働側はその範囲内で分配の仕方を決められるべきだという「企業ファースト」の分配観が、うかがわれる言説だ。

残業は自己責任という考えと、残業代は一定の枠内のものを労働者同士で分け合うべきものという考えが合わされば、責任がない企業に余分な金銭的負担を強いるのは不当、という被害者めいた意識が生まれるのは当然の成り行きだ。雇用管理の責任主体が転換された世界での「公憤」と「正義感」が、そこにある。

二〇一八年三月の参院予算委員会中央公聴会では、夫を過労自殺で失なった中原のり子が自身の経験に触れ、労働時間の規制を強化して過労死を防ぐべきだと訴えた。これに対し、二〇〇八年に社員が過労の末自殺したワタミグループの創業者、渡邉美樹・参議院議員(自民党)は、「お話を聞いていますと、できれば、週休七日が人間にとって幸せなのかと、そのように聞こえてきます」と長時間労働を擁護するかのような発言をし、その発言を会議録から削除した。こうした転倒した世界観の表われと言えるだろう。これらを考え合わせると、政府の「働き方改革」は次のように定義することもできる。

「労働力という生産の核となる機械が、『過労死』などによって損壊されない最低限の基準(=過労死基準すれすれの残業上限規制)を設け、女性や高齢者も含めたすべての使用可能な人的資源を、グローバル企業が考える『最適効率』に即して使い切る(=一億総活躍政策)ことで、企業ファーストの社会を形成していく政策」

このような「企業ファースト社会」のありように、私たちはもっと敏感になっていいはずだ。そのために、次からは、「企業ファースト社会」の構造について整理していきたい。

「生産性ワンダーランド」の地図

ルイス・キャロルの『不思議の国のアリス』で、主人公のアリスはナンセンスな言葉遊びが飛び交う「不思議の国」(ワンダーランド)に落ち込む。「働き方改革」によって形成されていく「企業ファースト社会」は同様に、「生産性向上」のスローガンのもとにナンセンスな言葉遊びが飛び交う「生産性ワンダーランド」だ。たとえば、「高プロは働き手が自由に帰れる制度」とされてきた。だが、第1章でも述べたように、法案を見る限りは、企業の業務命令は禁止されておらず、野党の追及によって省令で手当てされるまで、働き手が帰宅時間を選べる規定はなかった。「高プロ」は「健康確保措置が四つもあるから大丈夫」とも言われてきた。ここでも実際は、四つのうちの一つから選べばいいだけで、「臨時の健康診断」(対象労働者が一定の労働時間を超えて働いた場合に健康診断を義務づける措置)を選んでおけば、それでOKとなる。

そうしたナンセンス言語に満ちた不思議の国の「構造」を概観するため、試みに図5-1のような「生産性ワンダーランドの地図」をつくってみた。

地図の上半分、「生産領域」は、賃金と引き換えにモノやサービスが生産される有償労働の世界だ。ここでは、労働力のあり方を「標準的労働力」「周辺的労働力」「残余的労働力」の三つのモデルに分けてみた。

「生産領域」で主流とされてきたのは、一家の家計をまかなう「正社員」などの「標準的労働力」(主に男性)だ。さらに、これが扶養する「家庭内ケア提供者の家計補助」という名目で、低賃金・不安定労働を担わされてきた「非正社員」たちがいる。「周辺的労働力」(主に女性だが男性にも拡大)だ。

従来、この二つは「男は仕事、女は家庭」の規範にもとづいてセットであることが前提とされ、「周辺的労働力」はだれかに扶養されているから生活には困らない、といわれてきた。だが、何らかの事情でこの前提がなくなれば、非正社員が生活苦に陥ることは必定だ。非正社員の比率が三七%を超えるなか、カップルの両方が「周辺的労働力」である場合は増えている。「扶養者」がいないシングル非正規やシングルペアレントも多い。

また、家を失い、野宿しながら極端な不安定就労で生活を支える人や、社会から認められない職業に就いて、時には「取り締まり」の対象にされながら生計を立てる働き手もいる。こうした層を、取り残

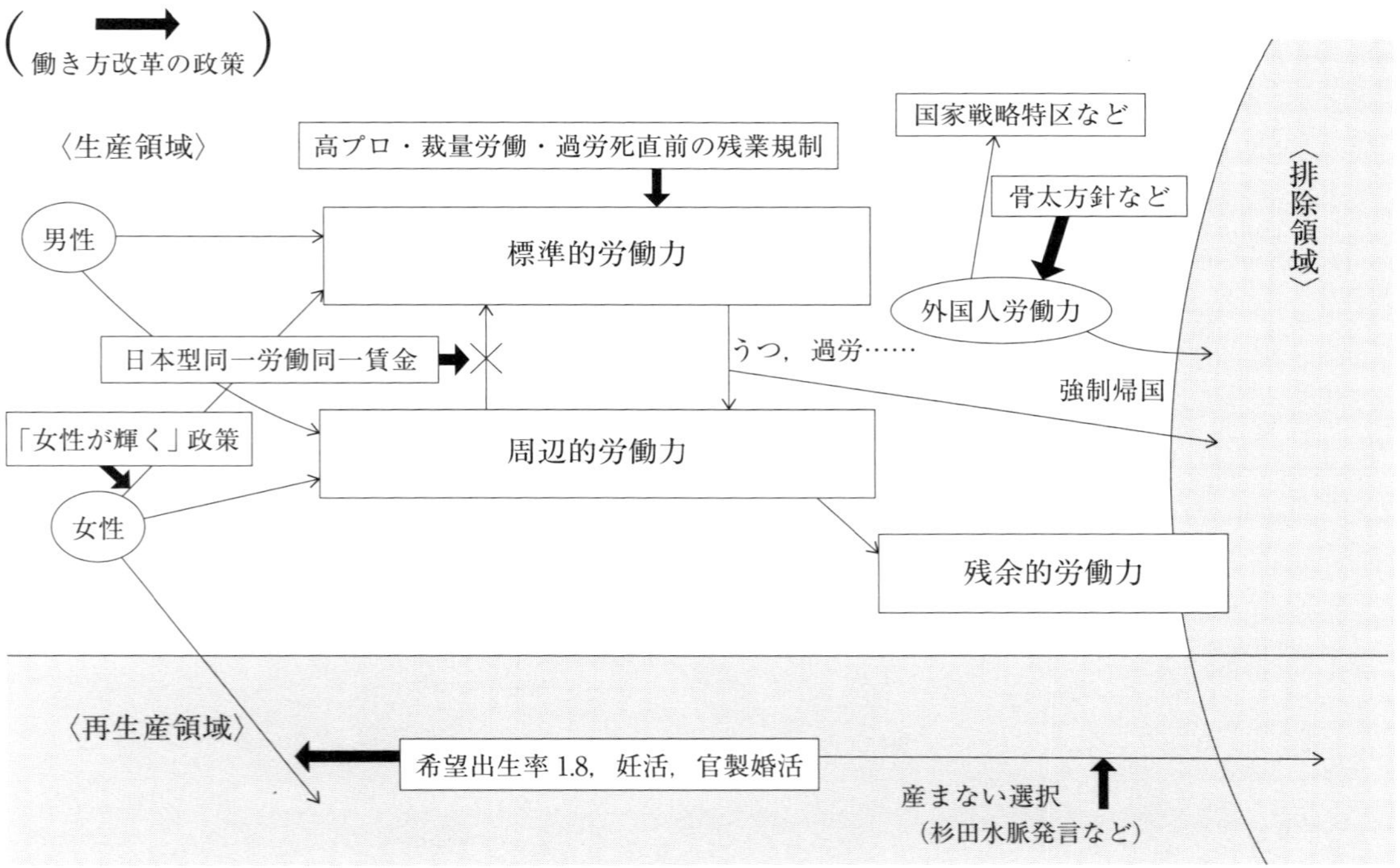

図 5–1　生産性ワンダーランドの地図

された「残余的労働力」としておこう。

このような労働市場の各層に、「働き方改革関連法」はどんな影響を与えるだろうか。「働き方改革」で、働き手は、「週四〇時間、一日八時間」という一律の労働基準から次の労働時間制度の対象者に移行する。①「繁忙期には最大一カ月一〇〇時間未満まで」「二〜六カ月の平均が月当たり最大八〇時間まで」の残業を受け入れる、②「高度プロフェッショナル制度」のもとで、労働時間、休憩、休日、深夜など労働時間に関わる労基法の規制から除外されて不払い残業を引き受ける、③「裁量労働制」のもとで、一定の労働時間規制の適用はあるが仕事量に応じて「自由に」自らの「裁量」で残業を引き受ける、のいずれかだ。①は繁忙期の過労死ぎりぎりまでの残業受け入れを通じて、②③は働き手の労働時間を考慮せずに仕事量を増やせる仕組みを通じて、同じ仕事にかける人員を抑制できる。

企業の生産性（労働生産性）は「付加価値額÷投下した労働量（＝社員数または社員数×労働時間数）」の計算式ではじき出されるとされているから、分母の社員数か、労働時間数（実は見せかけの労働時間数）かを減らせば、数字の上では生産性は上昇する。というわけで、①②③はいずれも、実際の付加価値額が上がらなくても見かけの生産性を上げることに役立つ。その意味で、人口減少と賃金の低迷による消費減退の時代に、知恵を使って生産額を上げるような経営ができないタイプの企業トップにとって、「働き方改革関連法」は生産性上昇の便利な道具になりうる。

「人テク」を後押し

こうした労働時間制度は、「周辺的労働力」にも適用できる。たとえば「高プロ」は、一カ月契約の不安定な非正規でも、その賃金を年収換算して「平均賃金の三倍の額を相当程度上回る水準」なら適用できる。だが、「周辺的労働力」にとって、より大きな影響をもたらすのは「日本型同一労働同一賃金」の枠組みかもしれない。

第2章にあるように、正規と非正規の賃金格差は「〔役割期待が違うなどの〕主観的・抽象的説明では足りず」「客観的・具体的な実態に照らして不合理なものであってはならない」(ガイドライン案)とクギは刺されている。だが、ＩＬＯが推奨する国際基準の同一労働同一賃金、同一価値労働同一賃金のような「スキル、責任、負担度、労働環境」といった労働の同一価値を判断する明確な分析基準を持たない「日本型同一労働同一賃金」は、「主観的」「抽象的」を防ぐための装置を欠き、企業の判断に大きく左右されうる。しかも、転勤の有無による賃金格差は容認されうるから、その使い方によって、低賃金を温存できる。とすれば、非正規の低賃金は、固定化される恐れがある。

これが労働時間の規制緩和と結びつくと、働き手の条件は悪化しやすくなる。まず、「標準的労働力」は、三つのどの労働時間制度でも長時間労働に陥りやすく、その結果、体調を崩したり、育児との両立を妨げられたりして退職を余儀なくされる度合いは高まる。そうして「周辺的労働力」へ移動すると、「日本型同一労働同一賃金」によって低賃金で不安定な労働条件が固定化され、ここに、家族の支えを失うなどの悪条件が重なれば、「残余的労働力」への移動を迫られかねない。「ワンダーランドの地図」では、このような上方移動の難しさを、上方矢印に×をつけることで表現している。

第3章で触れた非正規公務員については**図5-1**では省いたが、①会計年度任用職員の新設によって非正規公務員を合法化し、②パートの会計年度任用職員が従来通りの「報酬」「費用弁償」という名の低賃金のままおかれれば、労働条件の上方移動の難しさは民間の「周辺的労働力」と同様だ。

企業が余った資金の運用で本業の不振をカバーする財務テクニックは「財テク」と呼ばれ、一九八〇年代以降、本業で利益を上げにくくなった企業の利益確保の方法として広がったが、「働き方改革」は、人事管理のテクニックによる利益の確保としての「人テク」を容易にする政策とも見ることができる。

だが一方、「人テク」で見かけの労働時間を抑え込んだとしても、一六七ページの計算式の分子にあたる付加価値額が減れば、労働生産性は上がらない。「付加価値額」の計算式は、「経常利益＋人件費＋賃借料＋減価償却費＋金融費用＋租税公課」とされている。「日本型同一労働同一賃金」によって非正規の低賃金が固定化され、そうした働き手が増えれば、このうちの人件費部分が減ることになる。

経済学者の服部茂幸・同志社大学教授は、アベノミクス下で労働生産性が落ちていることを指摘し、その理由として、①現役世代の減少による高齢者や女性などの短時間労働の増加、②産業構造の転換による製造業などの高賃金雇用の減少と介護・医療系などの低賃金雇用の増加、を挙げている[5]。女性や高齢者、介護や医療の仕事を国際基準の同一（価値）労働同一賃金基準で計れば、今ほどの低賃金にはとどまらない可能性は高い。先に述べた四つのポイントによる職務分析によって、担い手が女性や高齢者というだけで「仕事の質が低い→低賃金は当然」とする偏見に、一定の歯止めをかけることも可能だからだ。特に、異なる仕事でも職務評価によって価値を比較できる同一価値労働同一賃金の場合は、女性が多く携わる医療・介護などのケア関係の仕事と、男性が多くかかわる他の仕事との賃金が比較しやすい[6]。「日本型同一労働同一賃金」は、そうした装置を欠いているため、服部が指摘する「医療・介護の本当の生産性は統計上のものより高い可能性[7]」を可視化できない。

「岩盤規制にドリルで穴を開け」（安倍首相）て、生産性を向上させるとして進められた「高プロ」などの労働時間の規制緩和は、長時間労働を引き起こすことで労働者の体調の悪化を招き、「周辺的・残余的労働力」への移動を促す恐れがある。「日本型同一労働同一賃金」では、こうして増えた「周辺的・残余的労働力」の賃金上昇を保障できず、本当の生産性向上は難しくなりかねない。「生産性ワンダーランド」の皮肉な現象だ。

2 再生産領域への浸透と排除領域の拡大

外国人労働力の投入

「生産性ワンダーランド」では、さらに二つの領域が広がりつつある。図5-1の下部の「再生産領域」と右端の「排除領域」だ。

第4章で述べた「女性が輝く」政策は、生産領域を超え、結婚、妊娠、出産、子育てなどの労働力人口を生産する「再生産領域」にまで生産性向上運動が広げられたものだ。ここでは、生産年齢人口の不足を補って企業の生産性を上げることを目指した女性の生産領域への送り込みと、「労働力資源としての子ども」の出生率（＝「生産性」）の引き上げの二重の資源化が進んでいる。

二つの領域に駆り出される女性たちの穴を埋めるために、「生産性ワンダーランド」では、家事やケアといった家庭内の無償労働を担う新しい低賃金労働者の投入が進められる。第4章でふれた、「外国

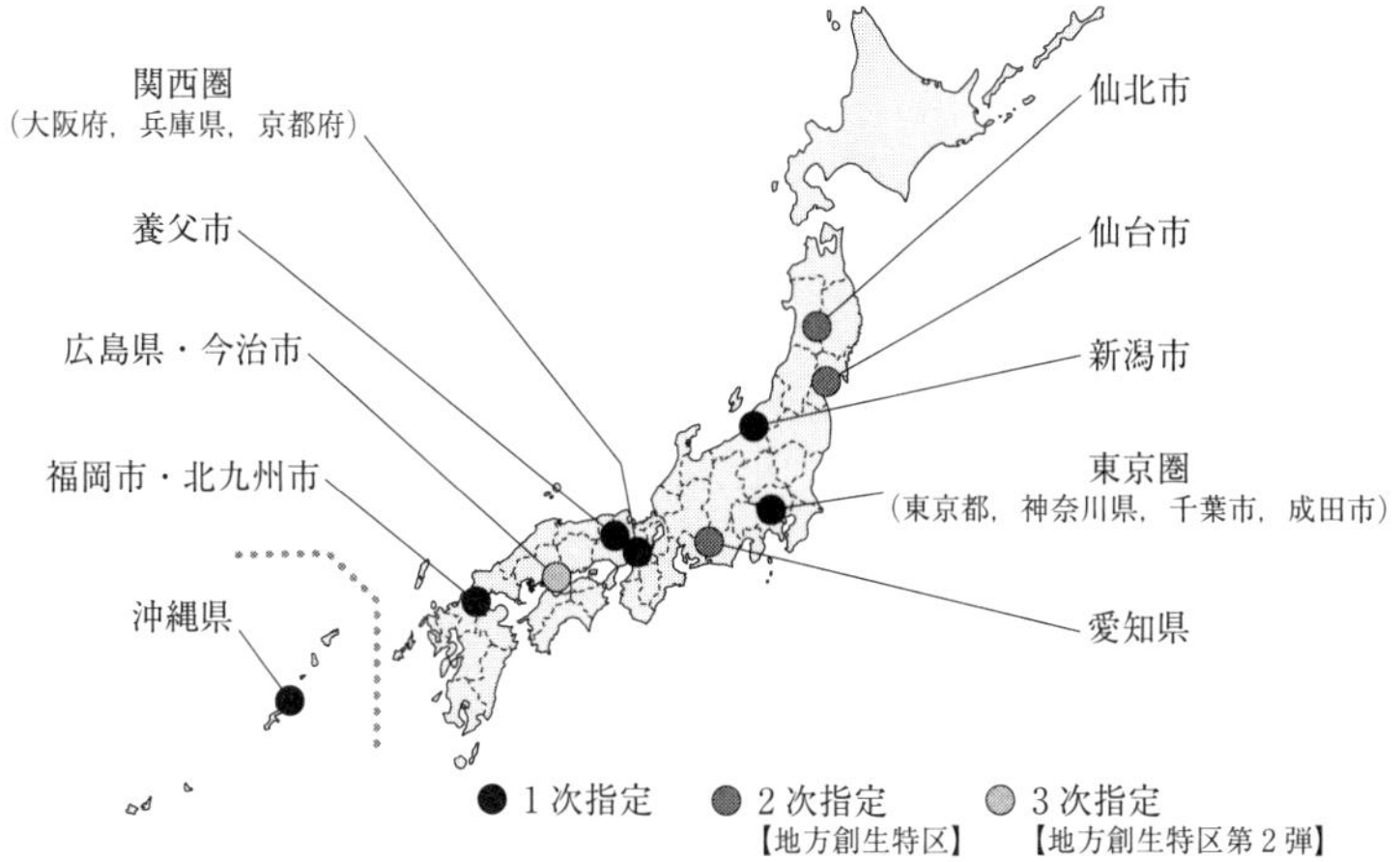

出所：首相官邸ホームページ

図5–2 これまでに指定された国家戦略特区

人家事支援人材」や「外国人介護実習生」などだ。

このうち外国人家事支援人材は、アベノミクスの成長戦略の中核とされた「国家戦略特区」で、猛スピードで導入された。「国家戦略特区」は「世界で一番ビジネスがしやすい環境」を創るとして二〇一三年一一月に閣議決定された枠組みだ。「特区」と聞くと一部の限られた小地域のようだが、**図5-2**のように、東京圏や関西圏など日本の主要地域がほとんど網羅されている。

ここでは区域計画の作成や追加すべき規制改革メニューを決める「国家戦略特別区域会議」(区域会議)が、**図5-3**のように、国と自治体、民間事業者によって構成され、労働側や、議会の野党を事実上飛び越えた意思決定ができる。竹中平蔵は「区域会議が全権をもって、やるべき規制改革などを決めることになる。区域会議は、たとえばニューヨークのポート・オーソリティのような存在で、いわばミニ独立政府だ[8]」と述べている。「加計学園」問題も、こ

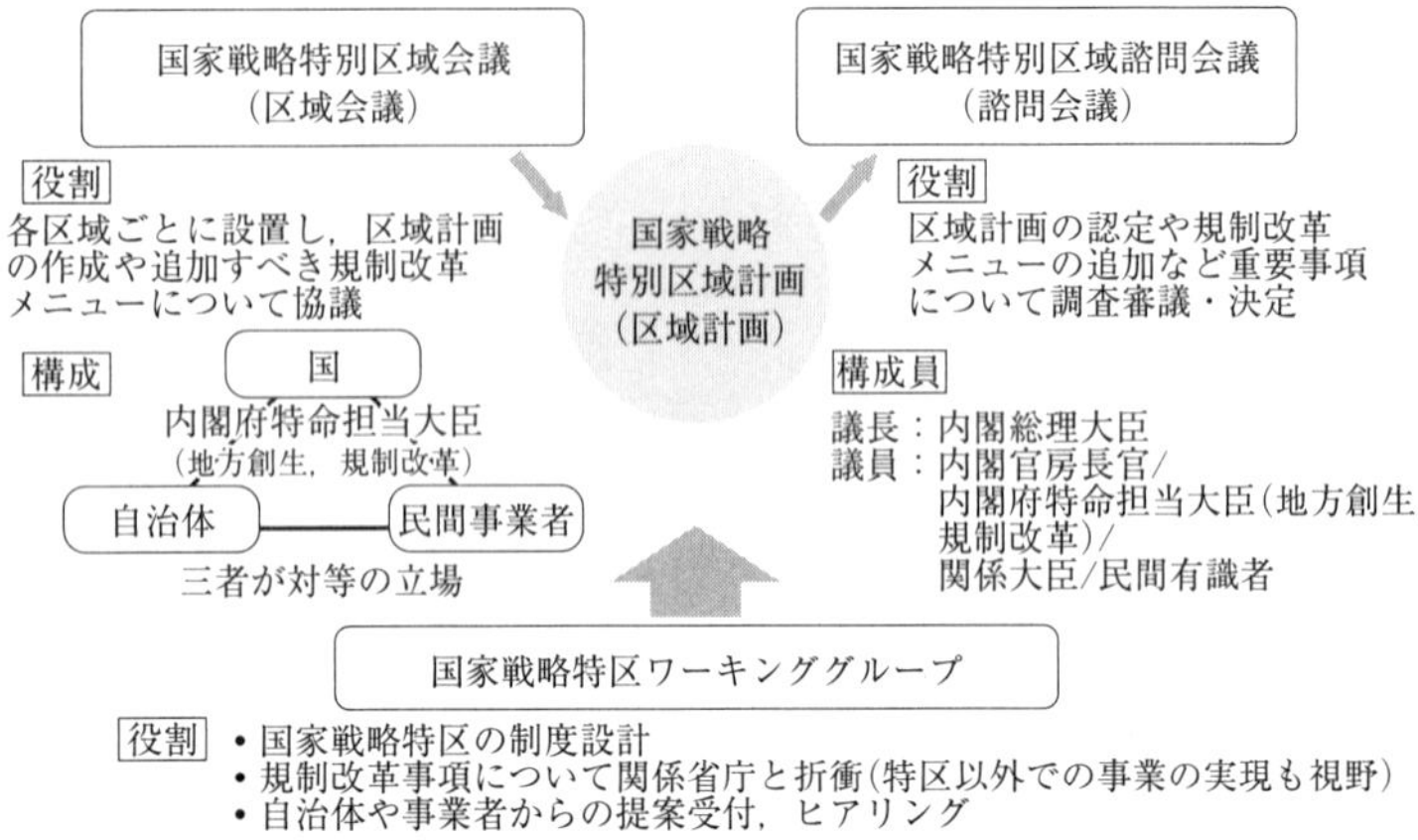

出所：首相官邸および千葉市ホームページ

図 5–3　国家戦略特別区域会議の仕組み

の特区を舞台に展開された。

この枠組みを利用して、二〇一五年には、特区内で労働時間規制や解雇規制の緩和という労働権の緩和政策を導入する構想が発表された。これに対して、「生命や生活にかかわる基本権について、地域で差が出るのはおかしい」「解雇特区だ」という批判が、労組やマスメディアから相次ぎ、厚労省からも異論が出て、案は引っ込められた。

「外国人家事支援人材」は、この特区内で、三年たったら一律に帰国させる仕組みとして導入された。「移民政策ではない」とする安倍首相の意向に沿って、「一時的な存在」にとどめる枠組みだが、これでは労組やネットワークをつくりにくく、労働権を守るための当事者の運動が難しくなる。国際家事労働者同盟（IDWF）のアジア地域コーディネーターを務めるイプ・ピュイ・ユは二〇一五年、NPO法人「アジア女性資料センター」が開いた国会内集会で講演した際、香港では雇い主の了解があれば契約を反復更新することが可能なため、在留期間が長い熟練者を核に家事労働者のネットワークができていることを挙げ、短期の帰国は働き手の権利の上から好ましくないと語っている。

「女性活躍」で女性が家庭外に出ると同時に、高齢化の進展によって、家庭内の介護労働力の需要が高まる、という事態に対応するため、介護や家庭内の労働力の補てんは、いま急務だ。そんな中で、二〇一四年の「日本再興戦略 改訂二〇一四」に外国人技能実習生の拡大が盛り込まれ、二〇一七年、「外国人の技能実習の適正な実施及び技能実習生の保護に関する法律」(技能実習法)が施行されて「介護」職種が追加された。ここでは、当初の「業務に従事した経験者」という要件から「業務」が削られ、家族の自宅介護をしただけの人でも認められるつくりになった。対人サービスとして求められる日本語能力の要件も、従来のEPA(経済連携協定)での受け入れ基準より緩和され、言葉の問題などから就労で万一事故が起きた場合、外国人への偏見が強い日本社会で、外国人実習生に非難が集中するのではないかとの懸念も出てきた(9)。

人手不足の建設や農業部門でも外国人実習生が大量に移入されることになったが、先行する工場労働での実習生については、過酷な労働条件下での労災死も生まれている。この問題にも取り組む労組「全統一労働組合」の佐々木史朗は、「病気やケガ、労災事故など『使い物』にならなくなった場合、強制帰国が(雇う側の)解決の手段となる」と述べている(10)。「実習生」は、労働者ではない、という実態と異なる位置づけによって、過酷な労働条件でも抵抗しにくい「労働力」を、必要なときだけ導入し、不要になれば強制帰国などの「排除領域」へ送り込む仕掛けがそこにある。

二〇一八年六月に閣議決定された「骨太の方針」では、「新たな外国人材の受入れ」の一環として、

「移民とは異なるものとして、（中略）新たな在留資格を創設」を掲げ、二〇二五年までに約五〇万人（入管法改定後、五年間で最大約三四万人に）の外国人労働力を受け入れることが盛り込まれた。これを受けて同年一〇月には、特定分野で一定の技能水準と日本語能力を身に付けた外国人を対象に「特定技能」という在留資格の新設が発表され、一二月には、出入国管理法改定案が国会で可決された。「単純労働」にも外国人の就労資格を広げる政策の大転換だった。

「特定技能1号」は滞在期間が通算五年までで、家族の帯同は基本的に認められず、業種ごとに決められた技能水準と日本語能力についての試験で認められる。さらに高度な試験に合格し、熟練した技能があると認められれば「特定技能2号」として長期滞在と家族の帯同が認められるが、「特定技能1号」からどれだけ移行するかは不透明だ。安倍首相の「移民」の定義は「国民の人口に比して一定程度のスケールの外国人及びその家族を、期限を設けることなく受け入れることによって国家を維持していこうとする政策」（党首討論、二〇一八年六月二七日）というものだ。「特定技能2号」によって、いつかは「移民」になれるというインセンティブを設けつつ、これを先延ばしにしながら外国人労働力を集め、景気が悪くなれば帰国という形で「排除領域」へ移す。「生産性ワンダーランド」の運営ルールだ。

「ＬＧＢＴは生産性がない」？

こうした生産性ルールの広がりは、生産にも再生産にも寄与しないとされた存在への排除意識の高まりを招きつつあるかに見える。二〇一八年、自民党の杉田水脈《みお》・衆議院議員が雑誌に発表した次のような文章は、そうした空気を表したものとして論議を呼んだ。

「例えば、子育て支援や子供ができないカップルへの不妊治療に税金を使うというのであれば、少子化対策のためにお金を使うという大義名分があります。しかし、ＬＧＢＴのカップルのために税金を使うことに賛同が得られるものでしょうか。彼ら彼女らは子供を作らない、つまり『生産性』がないのです。そこに税金を投入することが果たしていいのかどうか[11]」

杉田議員の文章はまず、子どもをつくることを「生産」と呼んでモノ化する。その上に立って、「生産」と「再生産」の二つの領域での女性の徹底活用路線にもとづいて、産まない選択をした人や産めない状況にある人たちは税金による支えから外しても構わない、といった排除意識を公言し、あおっていく。国民を排除から守る責務があるはずの政治家が上から排除をあおった、と見られても仕方ない構図だ。

二〇一六年七月二六日に起きた障害者施設「津久井やまゆり園」事件では、侵入した元施設職員の男性(事件当時二六歳)が入所者一九人を刺殺し、入所者・職員計二六人に重軽傷を負わせた。加害者は事件に先立つ同年二月半ばに衆議院議長公邸を訪れ、衆議院議長に宛てた手紙を職員に渡しており[12]、同月、首相宛ての手紙も自民党本部に持参していたと報じられている[13]。逮捕後の取り調べで「権力者に守られているので、自分は死刑にはならない[14]」「事件を起こした自分に社会が賛同するはずだった[15]」と供述していたことも伝えられている。これを特異な個人の妄想と切って捨て切れないのは、杉田議員の寄稿に見られたような「生産性」から外れた人々を軽視する発言が、政権内で目立っているからだ。

事件の約一カ月前の二〇一六年六月一七日には、麻生太郎副総理が、北海道小樽市で開かれた自民党の集会で「九〇になって老後が心配とか訳のわからないことを言っている人がテレビに出ていたけど、いつまで生きているつもりだよと思いながら見ていた」（共同通信、二〇一六年六月一八日付）と語り、論議を呼んだ。国内に一七〇〇兆円を超す個人金融資産があるにもかかわらず、高齢者が老後を気にして使わないことなどから消費が拡大せず、景気の浮揚を妨げていると指摘したものだ。

ネット上では、「高齢者が消費できるには年金制度の整備こそが必要」といった批判と同時に、「九〇まで生きていながらさらに老後の心配とか『何をいまさら……』としか思わんし、『いつまで生きるつもりだ』と思いたくもなる」といった同調する声も目立った。

日本の高齢者（六五歳以上）の貧困率はＯＥＣＤ（経済協力開発機構）四二カ国中一四位の高さだ。[16] 高齢者ならすべて豊富な金融資産を持っているわけではなく、「下流老人」[17] の言葉に象徴されるような貧困層は多い。そんな中で「老後が心配」と嘆く高齢者について、改善へ向けた政策対応ではなく「お金を使え」と消費力による国への貢献を促す政府要人と、これに同調する人々。それらは、国民が「主体」でなく「経済の手段」となった「企業ファースト社会」のいまを映し出す。

3　作り変えられる政策決定機構

三つの主要プレーヤー

だが、このような「企業ファースト」政策は、第二次安倍政権登場後、なぜこれほど急速に、円滑に、進められていったのだろうか。

ジャーナリストの軽部謙介は、アベノミクスを「金融政策を政党の、そして政府の最重要課題に明記した」「異形」[18]の政策と呼ぶ。さらに、官僚たちへの取材を通じ、そうした「異形の政策」の推進役として、「経産省」「リフレ派有識者・財界人」「財務省」というプレーヤーたちを浮かび上がらせる。

日本のデフレについて経済学者の山家悠紀夫《やんべゆきお》は、小泉構造改革で、①規制緩和による競争の激化で企業経営が苦しくなったこと、②労働の規制緩和で賃金コストが抑制され消費が活性化しなくなったこと、③資本規制の緩和による企業合併の頻発への防衛策としての企業利益の引き上げ、④「株主のための収益拡大」が善であるとの「改革思想」の拡大、などを原因に挙げる。[19] 民主党政権の初期にはこうしたデフレ観から、子ども手当などの再分配政策による経済活性化を掲げる動きが目立った。これに対し産業の振興を図る立場の経産省は、グローバル化による国内産業の空洞化と、成長の鈍化に危機感を抱き、民主党が政権にあったころから成長重視の自民党への急接近を始めていたと、軽部は指摘する。

一方、安倍首相は、首相就任前から市中への通貨供給量を大幅に増やすことがデフレの解決法とする「リフレ派」の有識者・財界人との勉強会に参加し、この政策に傾倒していたという。「リフレ」とは英語のリフレーション(再膨張)の意味だ。通貨を大量に供給すると金利が下がって資金が借りやすくなり、起業や消費が活発になり、物価が「適正に」上がる。これによって、モノの値段が下がり続けて経済が縮小していくデフレから抜け出せるという考え方だ。こうしたリフレ派の有識者を政権中枢に登用し、首相は日銀に対し、通貨供給量を大幅に増やし、二年後に物価を二%上げることを約束するよう圧力をかける。「アベノミクス」の、①「大胆な金融政策」、②「機動的な財政政策」、③「民間投資を喚起する成長戦略」の「三本の矢」は、①のリフレ派の政策と、③の経産官僚の政策のミックスといえる。

当時の日銀の白川方明総裁は、デフレは少子高齢化などの社会的状況も一因で、通貨供給量だけを操作しても解決しないとの立場だった。そのため、年限を切った約束などすれば達成できない恐れも大きく、日銀の信用を失うとして抵抗するが、官邸とリフレ派の連携によって、押し込まれていく。こうした中で二〇一三年三月、元財務官僚の黒田東彦《はるひこ》が新総裁に就任する。

この政策は事実上の円安誘導策で、中国の通貨安政策による輸出攻勢に神経をとがらせていた欧米からの国際的批判を招く恐れもあった。だが、「日銀の約束」として政府の責任から切り離すことで、こうした批判をかわすこともできる。そんな日銀と官邸・リフレ派の間を調整し、円安誘導策を警戒する米国の説得にも奔走したのが財務省だったと軽部は指摘している。

こうして官邸は、経産省・リフレ派有識者・財務省の三つのプレーヤーと連携し、「日本経済再生本部」と傘下の「産業競争力会議」などの首相直属機関を拠点に、国家戦略特区を通じた議会外しの手法も活用しつつ、政策に疑問を抱く省庁や一部の企業人などの「抵抗勢力」を排除して「円滑に」物事を決定していく。その結果、「決める政治」は確かに実現した。だが、政策を国民のさまざまな立場から検証していく民主主義的なチェック機能は働かなくなる。森友・加計学園問題のような「お友達政治」は、こうした状況の中で起きた。

メディアと公的統計も

政策の是非を監視する役割のメディアや、客観的事実を明らかにするための政府統計もチェック機能を失なっていく。

まず、政府広報予算が、消費税率が八％に引き上げられた二〇一四年度に「消費税への国民の理解を深める」ことを理由に引き上げられ、政権発足から三年で倍増した。(20) ネット広告などに押されて広告料収入が思わしくないマスメディアにとって、広告費の倍増は政府の広告主としての重みが増すことを意味する。

二〇一六年三月には、テレビ朝日系「報道ステーション」の古舘《ふるたち》伊知郎、NHKの報道番組「クローズアップ現代」の国谷《くにや》裕子、「NEWS23」の岸井成格《しげただ》など、政権に対して直言してきた主要ニュース解説番組のキャスターの降板が相次ぐ。理由は「視聴率の低迷」などで、政権の圧力とは関係ないとされてきた。だが、古舘は安保法制に対する批判的なコメントなどで、国谷は集団的自衛権の行使容認について菅義偉《すがよしひで》官房長官に厳しい質問をぶつけて、それぞれ不興を買ったと言われていた。岸井も「安保法制反対にメディアとしても声を上げ続けるべきだ」とコメントしたが、これに対して「放送法遵守を求める視聴者の会」が、「放送法への違反行為」と主張する意見広告を産経、読売に掲載していた。こうした直言型のキャスターが相次いで不在となったことが、メディア界を萎縮させた。同年二月には、高市早苗総務相が衆院予算委員会で、放送局が政治的な公平性に欠ける放送を繰り返した場合の電波停止の可能性に言及しており、さかのぼって二〇一四年の衆院選の際には、自民党が、放送局に対して関連番組のゲストやテーマ選び、街の声の扱い方など詳細に項目を挙げて「公正な報道」を求める文書も出している。

メディアへの締め付けが強まるなかでも、「働き方改革」では朝日、東京、毎日などを中心に裁量労働のデータ改変に対する批判的な報道をはじめ、健闘は目立つ。だが、かつての「残業代ゼロ法案」の

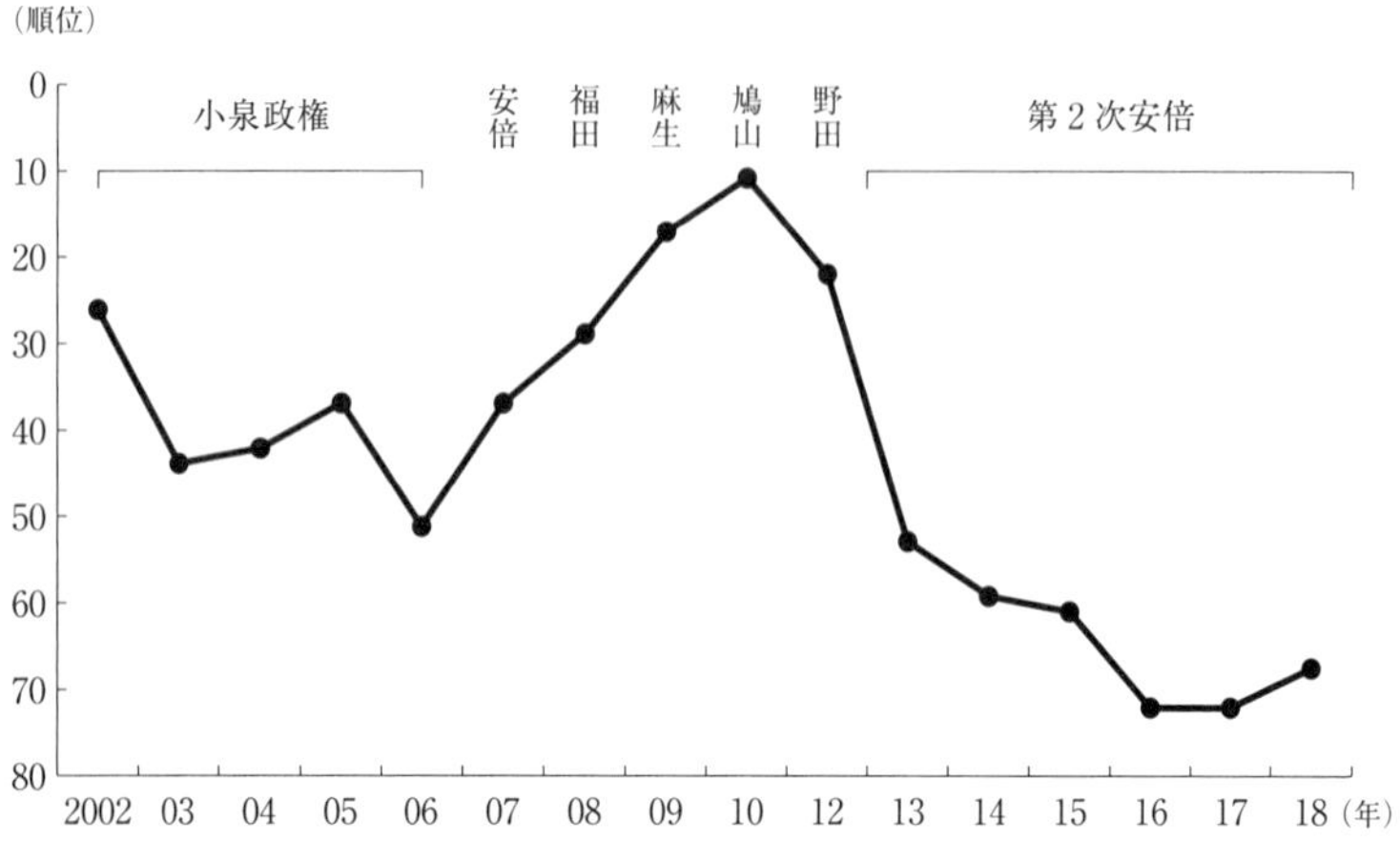

出所：国境なき記者団「報道の自由度ランキング」をもとに作成

図5-4　日本の「報道の自由度ランキング」推移

ような働き手の側に立ったネーミングを考案して広げる手法は鳴りを潜め、大手メディアの記者からは、「おかしな呼び名を使うなと上司から言われた」との声も聞こえてくる。

これには、ホワイトカラーエグゼンプションが見送られた際の経済界の「敗因分析」が影響している可能性が高い。この法案の提出が見送られた二〇〇七年、『朝日新聞』（一月一八日付）は「残業代ゼロ法案なんて名前を付けられた時点でダメだった」という経団連の声と、「高度専門職年俸制」という呼び名がいいとする当時の北城恪太郎・経済同友会代表幹事の案を紹介している。「高度プロフェッショナル制度」という今回の命名がこの案に沿っていることとも考え併せると、「敗因分析」を着実に生かした経済界のメディアシフトを感じる。

ＳＮＳの世界でも、自民党公認の情報発信ボランティアとして「自民党ネットサポーターズクラブ」が立ち上げられるなど、政権に批判的な投稿への対抗的発信を組織化する動きが目立つ。こうしたなか、国境なき記者団の「報道の自由度ランキング」で日本は、**図５−４**のように二〇一二年の一八〇カ国中二二位から、二〇一六年には七二位に急落、二〇一八年にはやや持ち直したものの六七位と、低迷を続けている。

一方、公的統計でも、政権の意向を忖度して数値が操作されているのでは、という疑いが相次いで浮上している。厚労省による裁量労働のデータ改変事件に続き、二〇一八年一二月には、外国人実習生の失踪理由について、「より高い賃金を求めて」が約八七％とされていた法務省の調査で、実は最低賃金割れなどの「低賃金」を理由とするものが約六七％にも達していたことが明らかにされた。野党は、審議の前提が崩れたとして出入国管理法改定案の廃案を求めたが、押しきられた。さらに、厚労省の「毎月勤労統計調査」についても疑問が飛び出した。この調査は、賃金や労働時間などの動きを示す基本的な労働統計のひとつで、労働者一人当たりの現金給与総額や、その前月比を毎月公表している。この統計は、従業員五〇〇人以上の事業所はすべて調査することが法律で決まっている。ところが二〇〇四年以後、東京都のサンプル抽出数が三分の一に減らされ、その結果、賃金の支給額が下がり、これにもとづいて支給されていた失業給付や労災保険の額が抑えられてきたことが二〇一九年一月に発覚し、大きな問題になった。実は、これに先立つ二〇一八年一月、本来の全数調査に近づけるため担当職員らが密かにデータ補正を行っており、その結果、現金給与総額が実際より高く算出されるようになったのだが、それが、「アベノミクスによる賃金上昇」としてはやされていた。政権に都合のいい数字をつまみ食いする政治手法が、露呈したともいえる事例だ。

「高度成長期劇場」の再現

客観的事実に代わって人々に提供されているのが、「株高・円安・五輪」の再現による「高度成長期劇場」だ。賃金を上げる仕組みが不十分なため、いま、消費はなかなか盛り上がらない。その結果、事業を興す意欲は高まらず、異次元の金融緩和で供給された資金は、新規投資ではなく株式に回って株価は上昇する。また、金融緩和で円安が進み、大手輸出企業は好調になる。さらに、安倍首相が東京五輪招致の際に国際社会を前に二〇一三年、「(福島第一原発事故後の)状況はコントロールされています」と発言し、東京五輪の誘致も決まる。「株高・円安・五輪」という日本の高度成長期を象徴する舞台背景ができ、安倍劇場での「日本の復活」劇となる。それが安倍政権人気の支えとなった。

だが、基本的な社会・経済構造は高度成長期とは異なっている。法人企業統計によると全産業の経常利益は二〇一二年度から増加が続いており、二〇一六年度までに六三％近く拡大し、企業業績は好調に見える。ただ、企業規模別の収益格差は拡大している。二〇一六年にシンクタンクの三菱ＵＦＪリサーチ&コンサルティングが発表した試算では、大手企業(資本金一〇億円以上の約五〇〇〇社)、中小企業(資本金一〇〇〇万円以上一億円未満の約一〇〇万社)の経常利益の合計額の差は二〇一五年に一九兆円と過去最大に膨らんだ。

高度成長期とは異なり、一九八〇年代以来の円高傾向に対応するため、日本の大手企業はグローバル化している。金融緩和による円安は、こうしたグローバル企業にとって海外支社の外貨資産を日本に送って円に変えることで、利益の増大効果をもたらした。一方、中小企業では、それまでの円高体質に適応するため、安い部品を輸入して組み立てることで生き残りを図ってきた中小の製造業界や、輸入食材でコストを抑えてきた食品産業で輸入物価が上がり、利益が圧迫される例も出た。また、政権が進めた法人税の実効税率引き下げや投資減税は、黒字で投資余力がある大手への恩恵は大きかった。だが、国内事業が主力の中小は、二〇一四年の消費税増税による国内消費の減退で、より深刻な打撃を受けた。

株高も高度経済成長期には実質的な企業の成長を反映しており、賃金の上昇も伴っていた。当時は労組の組織率が三割程度を維持し、企業の利益を賃金として分配させていく力があり、働き手は正社員が原則だったため、こうした成長の分配を受けやすかった。だが、いまの株高は、株を持っている層にはプラスになっても、賃金だけに依存する低所得層には無縁だ。

五輪さえも、公共事業が人手不足を悪化させて被災地の復興を妨げる事態が起きた。低成長の社会では、経済効果より財政赤字の悪化要因になりがちとの指摘も少なくない。五輪施設が巨大化する一方で、インフラは開催期間が終わったら使えないものも多く、限られた財政の中でムダを増やす結果になるというのだ。

将来に不安を抱きつつも有権者たちは見かけは「高度成長」そっくりの舞台に、「明るい時代」を思い起こして喜ぶ。こうした「高度成長期劇場」で有権者を引き付ければ、首相の宿願とされる憲法改正まで政権を持たせることはできるとの考えなのだろう。だが、それらは日本の構造問題の解決にはつながらない、ということになる。

労働ビジネスによる「公」の浸食

これまでの労働政策は、弱い立場に置かれがちな労働者の視点を意思決定に反映させる措置が必要とされ、労働権を司る省庁の設置や、働き方については労使双方が参加する「政労使合意」が国際的原則とされてきた。ところが、ここまでで示してきたような労働側が参加しないシステムのもとで、これらも「企業ファースト」へと改変されようとしている。そのひとつが、年金の運用法だ。

第二次安倍政権の発足早々、「日本経済再生本部」の主要メンバーたちの間でテーマになったのが、年金積立金管理運用独立行政法人(GPIF)の運用先の変更問題だった。

厚生年金は、保険料を労使が拠出し、働き手の老後を支える。その性質から、財源となる年金積立金の運用の目的が法律で「専ら被保険者の利益のために」と規定されている。そのために、値動きの激しい株の比率を低くし、安全資産とされる国内債券を中心に運用されてきた。だが、第二次安倍政権が始まると、「経済対策」「株価対策」としてGPIFでの株式の運用比率を高めたいとの声が政権内で高まり[21]、以後、猛スピードで事態は進む。厚労省からは、「被保険者のため」を原則とする資金を「経済対策」に利用していいのか、と渋る声も出るが、財務省などに押し切られ、二〇一三年六月の「日本再興戦略」には「日本経済への貢献」として「公的・準公的資金の運用等の在り方」を検討することが盛り込まれ、これをもとに、経済再生担当大臣のもとに設置された有識者会議が、国内債券を中心とする「ポートフォリオ(運用の際の株や債券の組み合わせ比率)の見直し」を提言し、翌年の「日本再興戦略 改訂二〇一四」には、適正な運営を管理するガバナンス体制の強化についての「法改正の必要性も含めた検討」が盛り込まれる。

同年一〇月には、GPIFの基本ポートフォリオが変更され、安全資産とされてきた国内債券の比率が六〇%から三五%に引き下げられ、国内外の株式の比率は二四%から五〇%に引き上げられて、リスクの高い資産の割合が大幅に拡大する。

債券では十分な運用利益が上がらなくなった中で、利益のとれる株式の比率を増やして年金を増やすという判断に、全く合理性がないとはいえない。ただ、「アベノミクス景気」を見込んで日本株を大量に購入してきた外国人投資家が、失望感から利益を確定するために売るとささやかれていた時期だったことから、この変更は株価の下支えのために年金資金が使われたと見る声もある。また、株式の比率が増えれば、年金の恩恵を受ける層は株価の下落に不安を抱くようになる。社会保障の強化のためには法人税や金融資産課税を強化したいが、そうなると企業業績が下がって株価が下がり、年金が下がる、という年金が社会保障抑制のための人質に取られる構図が作られたともいえる。

労働政策への人材ビジネスの浸透も急ピッチで進んでいる。

二〇一三年三月一五日に開かれた産業競争力会議で、パソナグループ会長の竹中平蔵が、「〔解雇を防いだ企業に支給される〕雇用調整助成金を大幅に縮小して、〔リストラなど〕労働移動に助成金を出すことは大変重要」と発言。翌年、雇用調整助成金の予算額が減って労働移動支給助成金の予算額が増え、二〇一五年には逆転する[22]。この助成金を利用して、人材ビジネスの間で企業にリストラを指南する営業活動が活発化し、その動きがマスメディアでも問題化した。この時期には、リストラされた社員の再就職が実現すると一人当たり最大六〇万円、一事業所で上限五〇〇人までの助成金の支給や、有期雇用の社員を正社員転換すると大手企業でも一人につき最大四五万円の「キャリアアップ助成金」が支給されるなど、「雇い方」次第でカネが入る「人テク」につながる仕組みが相次いで打ち出されている。

また、二〇一三年一一月には、ハローワークに有料職業紹介所と派遣会社のＰＲチラシが置かれ始め、二〇一四年からは、ハローワークに寄せられる求人情報が、人材会社にもオンラインで提供されるようになる。このオンライン情報をもとに、派遣会社が「社員として雇うより安い派遣の方が労働力を提供できる」と求人企業に営業をかけている例も指摘されている。(23)

「働き方改革実行計画」で「罰則付き時間外労働の上限規制」が導入され、その監視のために労働基準監督官による定期監督の強化が掲げられると、「財源不足」を理由に、民業である社会保険労務士(社労士)の活用が提案され始める。二〇一七年三月には規制改革推進会議が労働基準監督業務の民間活用の拡大を検討する作業部会である「労働基準監督業務の民間活用タスクフォース」(主査 八代尚宏・昭和女子大学特命教授)の設置を発表し、五月の「取りまとめ」では、社労士など民間受託者が事前に対象企業に「自主点検票」を送り、そこで企業側の同意を得られた場合に指導を行い、応じなかった場合に監督官が点検に入るという方法が盛り込まれた。

現場の監督官たちからは「査察に入りますよ、と社労士から事前に知らせが入るようなもので、証拠保全が難しくなる」「社労士の中には企業への顧問業務を行っている人たちも少なくなく、利益相反行為をどのように防げるのか」といった懸念が出ている。

労政審にも変化

見た目は変わらないまま、行政のさまざまな部門に営利企業が入り込んでいく改変は、「労働政策審議会」(労政審)にも及んでいる。労政審は、公労使の代表で構成されているが、これはＩＬＯが公労使の三者構成を基本原則としているところからきている。労働者には働く場が必要で、使用者には労働者が必要だ。そのため、労働政策の立法や改正を行うときは、公益・労働・使用者の三者代表が同数ずつ参加することで、使用者と働き手が対等に意見を交換したうえで政策化されることになっているからだ。

二〇一六年七月、このような労政審の在り方の見直しへ向け「働き方に関する政策決定プロセス有識者会議」が発足。同年一二月一四日、「中長期的な課題」へ向けた議論ができる場を必要とする「有識者会議報告書」がまとめられ、三者構成ではない枠組みの「労働政策基本部会」が二〇一七年七月から新設された。この部会では「多様な意見や利害」を反映させるためとして、労使代表以外のメンバーが「臨時委員」や「専門委員」として任命されることになった。首相の意向を反映させやすい、「有識者」方式の構成だ。

最低賃金や職業安定業務に関するルール、労働時間、賃金、安全衛生など労使を直接縛るルールは従来通りの三者構成の分科会で行うため、厚労省内や労働関係者には「これまでと大きな違いはない」との見方もある。だが、報告書には、「他の会議等から提言された課題については、課題の性質や議論の状況等を勘案しつつ、〔公労使の三者による労政審での審議が必須とされてきた〕慣行を見直し、柔軟な対応を行う」とも明記された。これらが、産業競争力会議のように、野党、労働側の代表がほとんどいない場での働くルール決定への突破口となっていく可能性は否定しきれない。実際、同会議の委員だった大田弘子・規制改革推進会議議長が「今回の報告書を歓迎する。労政審を通さないと法改正や立法ができないというのは慣行に過ぎないということが確認された[24]」とコメントしており、ＩＬＯが原則としてきた労働側の意見の反映が「慣行」として保障されなくなることを懸念する声も出ている。

「企業ファースト社会」とは何か

これまでの検証からは、生産年齢人口の減少による人件費コストの上昇を防ぐため、「女性」「高齢者」「若者」「外国人労働力」といった周辺的な労働力を労働市場に送り込んでいく装置としての「働き方改革」の顔が浮かんでくる。それは、過労死を招く長時間労働や、「雇用管理の違い」によって固定化される非正規労働の低賃金、転勤できなければ低賃金でも仕方ないという高拘束の労務管理、必要なときに必要なだけ導入して不要になれば追い返す外国人労働政策などを、「美しい衣装」で隠して追認・合法化するものでもある。

労働権の強化によって働き手を豊かにする労働政策ではなく、「国力」と「経済成長」に貢献する労働力を作る政策だ。そんな装置づくりを円滑に進めるために、従来の労働関係機関の外箱は変えないまま、グローバル企業のトップや、その成長の必要性を第一義とする「有識者」が内側から入り込んで占有し、静かに変えていく手法が多用される。報道や統計にも統制されているのではないかとの疑いが生じ、客観的な情報が不足する中で、「高度成長期劇場」が上演される。

賃金の伸びが鈍い一方で、二〇一七年度の法人企業統計では、企業の利益剰余金(内部留保)は前年度より四〇兆二四九六億円(九・九％)増えて四四六兆四八四四億円と、六年連続で過去最高を更新した。原因について記者に問われ、ある官僚はこう答えたという。

「自分の口からは言いにくいが、低賃金の非正規の高止まりと、正規の賃金が上がらないことで働き手に金が回っていかず、企業にカネが残る。これがやはり大きい」

【現場との対話2】

地域が求めるのは「担い手」の外国人

鳥井一平（「移住者と連帯する全国ネットワーク」代表理事）

「外国人材」の受け入れは「働き方改革」の柱のひとつだ。二〇一七年一一月からは「外国人の技能実習の適正な実施及び技能実習生の保護に関する法律」（技能実習法）が施行され、二〇一八年六月には「経済財政運営と改革の基本方針二〇一八」（「骨太の方針」）も閣議決定され、政府は本格的な外国人労働者受け入れへ舵を切ったかにみえる。だが、その政策は、第5章で述べたような「必要な時だけ導入し、いらなくなったら帰す」という形での排除領域への送り込みを前提にしている。個人加入できる労組「全統一労働組合」[1]で長く移住労働者支援の労働問題に取り組み、外国人技能実習生の支援で二〇一三年、米国務省の「人身取引と闘うヒーロー賞」を受賞した鳥井一平は、「働き方改革」の外国人労働者政策と、働く現場の実態とのズレを指摘する。

「地域の担い手」のニーズとずれ

竹信　鳥井さんは、「骨太の方針」などに見られる「働き方改革」の外国人労働者政策は、人口減少社会の中で「地域の担い手」を必要としている今の地域社会[2]のニーズとずれている、とおっしゃっていますね。

鳥井　技能実習生の権利をめぐって二〇年以上、会社側と交渉などをしてきて、そうした活動を通じて社長と交流もあるわけです。交渉で会ってみると、ほとんどが「えっ、この社長がこんなひどいことをするのか」という感じを抱くような普通の人たちです。特に技能実習制度においては、ヤクザ、暴力団の類というのはほとんどいない。ブローカー（仲介業者）と言われる人たちも、天下り的な、元役人みたいな人たちが多かったり、中小の社長たちがやったりしている。

社長たちと本音トークもできるようになったわけですが、そこで社長たちが「鳥井さん、これは何とかならないか。うちは技能実習生が欲しいわけじゃない。決して安く使いたいわけでもない」「仲介の関係団体に払うカネを、労働者に賃金として払ってやりたい」というんです。ある建設会社の社長なんかは、「技能実習生」が終わって国土交通省の「建設就労者(3)」として派遣されて来た労働者について「うちの精鋭です」と言うんですが、それなのに「仕事に必要な免許一つ取らせるわけにいかない」と。免許を取ったって年限が来れば帰されちゃう。何とか安定して働けるような在留資格にならないのかというわけです。

竹信　一〇年ほど前、農業実習生の外国人女性が雇い主の自宅の靴磨きや掃除などをさせられ、提供された住まいに雇い主がやってきてレイプまがいの暴力を加えられそうになって逃げたという事件を取材したことがあります。雇用契約に守られず、都合が悪いことができたら「実習だから」と出身国に帰してしまえばいいという仕組みの中で、当時は、雇い主たちの間に、実習生を使い捨ててもかまわない、という空気があったように感じましたが。

鳥井　初めは「使い捨てなんだから何でもできちゃう」という感じだったのですが、この一〇年弱の人口減少と人手不足の深刻化の中で、さすがに技能実習生を受け入れている現場の社長さんたちや農家の経営者たちもこのままじゃうまくいかないと気付いてきたわけです。「骨太の方針」では、「一定の技術を持った即戦力」を受け入れるという言い方をしている。ところが、今の社会は「即戦力」だけ求めているわけじゃない。確かに東京オリンピック・パラリンピックへ向けた建設需要という意味では即戦力ですけれども、技能実習生は訓練が必要な労働者であって別に即戦力ではない。だから、現場、地域、社会の要請と、法律を作る人たちによる「骨太の方針」とがちょっと違っているんです。机上の空論でやっているものだから、これからロボット化すれば人もそんなに要らないだろうとか考えているようですが、企業や産業の担い手というのは地域の担い手でもある。厚労省の統計では外国人労働者のうち、技能実習生の比率は二〇%ぐらいとなっています。ところが、地方に行くと、たとえば愛媛県では外国人労働者のうち技能実習生は五〇%弱にも達しています。

竹信　外国人労働者というと技能実習生、ということなんですね。それでは、いくら育てても帰国されてしまう。困りますね。

鳥井　このままだと地域がどんどん空洞化していくということですよね。とりわけ地域の産業をどういう人たちが担っていくかという労働力政策から考えると、実態と違っているということですね。

私が技能実習制度は奴隷労働だとか人身売買だと言ってきたのは、一つ一つの労働条件が問題だとか、あるいは劣悪なところに住んでいるとかいう問題ではなくて、奴隷労働構造、人身売買構造ということを言っているわけです。結局は使い捨て、何とでもなる労働者という考え方がある。これは労働基準や人権感覚、社会倫理、こういうものを荒廃させ、社会全体を荒廃させていくと言ってきた。

ところが今、担い手がいないということで、地域や産業、企業が切羽詰まってきたわけです。なのに今の安倍政権は残念ながら、切羽詰まっていることの意味があまり分かっていない。一〇年、二〇年、三〇年、五〇年先を見据えた労働者政策、あるいは移民政策が必要です。「社会統合政策」といいますか、この社会をどういうふうに作っていくのかということですけれども、それが全然見えていないという感じがします。

「偽装」させているのは私たち

竹信　政府内にも、「二〇一九年の参院選対策のために出してきた政策で、こんな大きな問題を短期で成立させようとするのは無理」という声があるようです。

鳥井　それは実感します。今度の「骨太の方針」では、最初に発表した直後に安倍首相が「(介護労働力などの不足を考えると)やむをえない」と言ったと報道されていました。ということは、やはり外国人が嫌いで、入れたくないわけです。しかしながら、選挙対策ということもあるでしょうし、何とかごまかし、かわそうと。だから「即戦力」という言い方をしているわけです。東京オリンピック・パラリンピックに向けた「即戦力」だったとしても、「労働力」でなく「労働者」として受け入れるということは考えなければいけないんです。もう少し本質的なところで言うと、やはり「社会の担い手」をどうしていくかということだろうと思います。社長たちの中には、家族を連れてきてもらった方がいいと言う社長も居るわけです。そのほうが安定して働いてくれるから。

竹信　移民国家スイスの作家、マックス・フリッシュの「我々は労働力を呼んだ。やってきたのは人間だった」という言葉が有名です。労働市場を現実に即して見れば、働き手を人間として扱わなければうまくいかないということは当たり前なのですが、どうしてもそれができないんですね。

鳥井　労働力とは人間のことなんだ、という現実を直視するというのは、今の政権に限らず、私たちも弱いということでしょうね。新しい在留資格も「特定技能1号、2号」という言い方をしていますよね。ロボットじゃあるまいし、といいたくなりますけれども、労働者じゃない、その中間ぐらいのところですよ、みたいなことでごまかそうと。私たちの社会に今何が求められているのか、何が必要なのかということを議論しようとしない。実はこの間、日本はすでに移民社会になってきているのですが、その事実も認めたくない。

竹信　居酒屋でもコンビニでも、外国人の店員は至るところで働いていて、もはや珍しくなくなっているのにね。

鳥井　先進国の中で日本が特異なのは、留学生が働いている率ですよね。私の試算では約八三%にのぼります。韓国では一・七%だそうです。ドイツやヨーロッパでは留学生がアルバイトをすることについては非常に厳しい。日本ではなぜ学生がそんなにたくさん働いているかというと、働くために留学に来ているということでしょう。ねじ曲がったことになっているわけですよね。だから、「偽装難民」なんて大手メディアを使ってキャンペーンしましたが、労働者を、留学生や、技能実習生に偽装させて働かせているのは私たちなんです。

人材ビジネス参入の公認

竹信　現実には労働者なのに、その事実を見たくないから「教育・研修」というダミーを使って「労働者じゃない」と言い続けてきたということですよね。しかし、実習生制度は本来、技能を教える、つまり教育という建前で、だから、監理団体(4)という非営利の団体でなければその修得活動を監理できないとされ、派遣会社のような営利企業は関われないことになっているのですよね。今回の新政策でも政府は「直接雇用が原則だが、分野によっては派遣も認める」と言っているようですが。

鳥井　外国人労働者は、「労働者」として扱いたくないということもあって、通常の直接雇用ではなく、これまで業者などが仲介する間接雇用が多かったわけです。技能実習というのも実質は監理団体からの派遣ですよね。最近は、その監理団体を、大手の派遣会社が抜け穴をつくって運営するというびっくりするような例があります。外資系大手人材派遣会社ですけれども、ある県に自前の工場を構えます。その住所地に「○○協同組合」という組織を作り、派遣会社の前社長などが代表理事になって、この「協同組合」を監理団体として登録するんです。そこに技能実習生を受け入れて派遣会社が作った工場に送り込みます。そして、派遣会社自身がアウトソーシング（外部委託）されるという形で、さまざまな大手メーカーの構内下請[5]として一〇〇人、二〇〇人、三〇〇人という単位で実習生に作業を請け負わせるんです。「骨太の方針」は、こうした大きな規模ですでに始められていることを、「原則直接雇用、しかし派遣形態も排除しない」と書き込むことで公に追認する仕掛けと考えられます。

竹信　外国人労働者としては、ブラジルなどからの日系労働者が一九九〇年、「祖先が日本人だから移民ではない」という理屈のもとに在留資格を付与されましたよね。当初は家族帯同型の長期の労働として位置付けられていましたが、最近は、派遣会社が介在して全国の工場を移動させていく形が増えているとも聞きました。製造業派遣が解禁された二〇〇四年ごろから、日本人派遣労働者がこうしたやり方で各地を転々とさせられ、選挙権登録ができないなどと問題になったことがありましたが、外国人労働者に同じことを繰り返しているんですね。

鳥井　「骨太の方針」は、そうした日系労働者の働かせ方の「いいとこ取り」です。日系労働者の「教訓」は、定住して地域で摩擦が起きたり、いろんな行政上の手当てをしなければならなかったりで、それがめんどうくさい、ということになった。それをやらなくてすむ方法は何かというと、今度の「特定技能1号」のように、通算五年までで帰すと決め、その間、日系労働者と同じように派遣会社で働けばいいじゃないかと。こういう考え方でしょうね。

竹信　一連の「働き方改革」の経過を見ていると、大手人材業界のトップが政策立案機関の中心にいて、その業界のビジネスチャンスを次々と広げていくという特徴が浮かびます。ですから、外国人労働政策でも、地域からの人手不足の解決要求に対応する形をとりつつ、またしても人材ビジネスなどの営利企業が関与しやすい仕組みづくりを忍び込ませる狙いがあるのではと思ってしまうのですが。

鳥井　今度は「登録支援機関」というのを新設す

るんです。その機関が、「外国人材」を支援することになっているわけです。この「支援」が曲者です。「支援」というのは、労働者への賃金のピンハネ、中間搾取のこと。登録支援機関というのはブローカーということです。「骨太の方針」によって「特定技能1号、2号」ができ、技能実習制度がこれから廃止の方向に向かったとしても、監理団体は「支援」のノウハウを持っていますので、登録支援機関へと衣替えできるわけですよね。

竹信　「骨太の方針」の「新たな外国人材の受入れ」の項には「政府の在留管理体制を強化するとともに、受入れ企業又は登録支援機関（業界団体等）による生活ガイダンス、相談対応、日本語習得支援等を実施」とありますが。

鳥井　日本語研修以外にも、保険とか年金の手続きとかを支援するわけでしょう。そうすると、そこにまた利権があるわけです。国に帰ると日本の年金制度からの脱退一時金を請求できますが、脱退一時金からは税金が引かれているので、この税金の還付請求をやったりする代理業務があるわけです。これが今、ある意味で監理団体の儲けになっているんです。代理の手数料を抜きますから。それは全体の数字から行くと結構大きな数字なんです。そういうことも今度、登録支援機関が支援するということでやっていく。国を越えての移動を、政府ではなく、民間機関を中心にやっていくという今回の枠組みは、どうしてもそれはブローカー、口入れ屋の横行を許すことになっていくわけですよね。

失踪さえできない日本の実習生

竹信　民間の人材ビジネスへの市場開放、営利企業がより正攻法で入ってこられる道づくりということですか。

鳥井　正攻法で入ってこられます。今回の外国人労働者政策は、仲介という方法で働き手の賃金から企業に割り戻しの道をつくり、企業の利益の源泉のひとつにしていける働き方の突破口と言えるのではないでしょうか。雰囲気を作って、日本人にもそれが広がっていくということです。そういう意味で言うと、今度の「骨太の方針」というのは、「新しい在留資格の新設」というひとつの「働き方改革」です。これを見ておかないと見誤ってしまうんじゃないかなと思います。私たち日本の労働組合は、そこのところにちゃんと介入し正していくということが、残念ながらまだできていないんです。

竹信　人が働いてモノやサービスを生み出しても、賃金が上がらないためなかなか売れず、利益が上がらない。だから、労働者を働かせることによる利益ではなく、働いて受け取る賃金から「手数料」などを差し引いたり、非正規社員を正社員にしたら国から補助金が来たり、働き手を動かすことで企業利益を生み出せる構造へと変えていく。そんな「働き方改革」の突破口として外国人労働が有効なのは、「外国人のことだから自分は関係ない」と日本人労働者に思わせるからなんですね。ただ、そうした「労働者を売り買いすることで儲ける」枠組みは、人権侵害の温床ですよね。働くことが、人が人らしく生きるためのものではなく、企業利益を上げるためのものになってしまうと、政府の関心も、「労働条件の整備」ではなく、「どれだけピンハネしやすい仕組みにできるか」に向かいかねない。その先行形態としての実習生への人権侵害について、ここで改めて触れておきたいのですが。

鳥井　ひとつは最低賃金が守られないということです。雇用契約書上では最低賃金をクリアしていることになっているわけです。クリアしているというより、最低賃金に張り付いているんですけどね。実際は労働時間がその雇用契約書よりも長いので、実質時間給はグッと低くなり、その結果、時給換算では三〇〇円、五〇〇円なんていう世界がいまだにあるわけです。そういう労働基準の問題はずっとあります。

労働基準というと、労働災害の問題がありますし、日本人の労働者の場合と同じように、暴力、パワハラ、セクハラによるメンタルヘルスの問題もあります。それから、日本人労働者からのいじめ、差別、暴力があります。そして「強制帰国」です。これは、他の実習生への見せしめとしてやるということで、それなりの効果があるわけです。

竹信　実習生の失踪問題というのも、マスメディアではしばしば取り上げられますが。

鳥井　失踪率というのは、実は増えていないんです。失踪者数は増えているんですけれども、日本に来ている技能実習生全体が増えているので増えているように見えるんです。技能実習制度が始まって以降ずっと二%から四%の間です。韓国が「産業研修制度」をやめたのは、失踪率が五〇%を超えたからですが、ある意味、失踪する自由があるというか、逃げる自由があるということなんです。日本の技能実習制度というのは逃げることさえ許されない。だから、おのずと労働条件、労働基準にものが言えないということです。権利を主張した人間は強制帰国させる。あるいは技能試験に合格させないというような脅しで拘束していくということです。

この一年で起きたことで言うと、強制帰国の事例は絶えませんし、最低賃金違反もあるんですけれども、やはり建設現場における暴力事件が増えている。建設の比率が高まったからです。以前は一〇%までいかなかったんですけれども、今は一五〜一六%になっているかな。以前はなぜ一〇%までいかなかったかというと、実習生の出身国の送り出し機関も建設を敬遠していたからです。重大災害が多いと。送り出し機関というのは結構地域に密着してやっているんですよ。死亡労災や事故で腕を失ってしまったりなどということになると、地域の信頼を落とすので、敬遠されて人が集まらなくなる傾向もあったんです。それがここへ来て、建設が、人手不足でやりきれないと増加を求め、グッと増えてきたということだと思います。

竹信　出身国の主流だった中国で賃金が上がり、日本まで働きに来るメリットが減りましたよね。一方で、外貨を稼ぐために送り出し圧力を強めているベトナムからの実習生が増えていますね。

鳥井　今、ベトナムは国の産業政策として出稼ぎ労働をやってますよね。だから、建設ではベトナム人が増えているわけです。建設での比率の増加は、ほとんどベトナム人が増えていることから来ているのではないでしょうか。それと、この一年のトレンドとしては原発事故の除染労働ですよ。今も労働組合が交渉を続けている除染の労働者が三人、福島県郡山市のシェルターにいますけれども。

竹信　劣悪労働がものすごく増えてきているということですか。

労使対等原則を崩す仕組み

鳥井　倒産をうまく使って責任を逃れようとするような事例も出てきています。

竹信　偽装倒産ですね。何か起きたら雇い主が好きなように帰せるとか、監理団体が職場から生活まで支配していて、社会の目が入らないようになっているといったことに原因があるのでは。

鳥井　民主主義社会における「労使対等の原則」というのが担保されないと、労働条件は悪化しますよね。業務指揮命令がある以上、どんな職場でも支配従属関係というのは当然あるんですけれども、それが著しい支配従属関係になってしまっているということです。つまり、奴隷労働。逃げる自由がない。辞める自由がないということです。だから、今度の新しい制度のところで、それがどう改善されるのか、されないのかということになるわけです。「骨太の方針」では、特定技能2号になれば、同じ職種内では移動することができるだとか、同じ業種内では移動することができるということは一応書かれてはいますけれども、それがどの程度担保されるのかは分かりません。みんな前借金で来ていますからね。

竹信　転職してもいいよと言われても、事前に借金してきていて返せるだけは働かなければならないので転職もできないということですね。

鳥井　「特定技能1号」の手前の技能実習のところで言うと、転職の自由はありません。一応使用者に重大な責任があるとか、法違反があるとか、そういう場合には移動できるようなことは言っていますけど。確かに二〇一七年一一月からの技能実習法で、技能実習機構ができ、前のＪＩＴＣＯ（公益財団法人「国際研修協力機構」）よりはよくなりました。なぜかというと、技能実習機構は厚労省の労働基準畑の人たちが出向しているからです。それ以前のＪＩＴＣＯは職業能力開発局（現在は人材開発統括官）の人たちですから。

竹信 能力開発畑だと、労働基準には関心も知識も薄いということですね。二〇〇〇年代前半に新聞記者として実習生問題でキャンペーン的に記事を書いていたことがありますが、厚労省の担当課に取材に行ったら、「オタクの記事はいつまで続けるつもりなのか」と聞かれました。労働基準関係の部署の人たちとは異なる反応で、言われてみると、あれは能力開発関係の人でしたね。

鳥井 そうです。厚労省内でのいわゆる利権・職域争いがずっとあったわけです。ただ今回の「骨太の方針」をめぐっては、厚労省と法務省の引っ張り合いがありました。厚労省が手放さなかったわけですが、今回はそれを法務省がようやく自分たちの元に持ってくるということです。一九九〇年代後半から二〇〇〇年代前半に技能実習制度の問題が起きて、法務省の入国管理局に交渉すると、「自分たちも本当にこんなのはおかしいと思っている。これは厚労省が勝手に作ったものだ」と、法務省の入管の官僚たちは言っていたんです。技能実習制度というのは、昔は法律がなく、法律改正せずに作っちゃった制度ですからね。

もちろん、同じ厚労省でも労働基準監督官は、制度がいびつで取り締まりがしにくく、歯がゆい思いをすると言っていました。それが、二〇一七年の技能実習法のところで、一応、法務省と厚労省の両省の管轄になり、今度の特定技能のところでは法務省の入管が司令塔的役割を行うという。入管局が出入国在留管理庁に格上げする組織替えになっているわけです。

人が働くことに対する利権といいますか、これが官民両方にあるということです。だから、そこにどうやって規制をかけていくか。そのときに、利権がなく、働き手が自力でつくる労働組合の力というのは、すごく大切なんです。

竹信　労働がこれまで以上に利権化され、利益の源泉になってしまった最近は、一段と労組の役割の重みを感じます。

官民の利権化、必要な労組の力

鳥井　もともと研修から技能実習に移る試験がありましたよね。技能実習制度にも、「技能実習1号」(一年目)から「技能実習2号」(二〜三年目)に移る試験はあるわけです。この試験作成がすごい職域確保と利権なんです。だって、この試験は何の意味もない試験なんですよ。通すための試験にすぎず、その試験を通ったって日本国内では何の資格にもならないんですから。ところが、その試験問題を作ることと管理することが、ものすごく大きい職域確保と利権になるわけです。今度はそれぞれの業種ごとに業界が一定の試験を作るわけでしょう。これは各業界の利権になるわけですよね。

竹信　受験料が取れるということなんですね？

鳥井　そうです。その受験料をだれが負担するのかということになりますが、それは労働者自身、あるいは企業ですから、一番儲かるのはだれかというと、監理団体とか登録支援機関とか、試験を管轄するところが儲かっていくようになるわけですよね。

竹信　働く人と受益企業なるものがお金を出し、監理団体や登録支援機関が潤い、省庁はそこから吸い上げるということですね。関連機関への天下りもできるでしょうし。

鳥井　最初に申し上げた社長さんたちの、「他に払うぐらいだったら労働者に払ってやりたい」という気持ちというのは、社長さんたちも中間搾取されている、ピンハネされている、という実感があるからなのです。

竹信　労働市場全体が労働者で食っている、人の移動で利益が発生する、という仕組みづくりへ向けた「働き方改革」の先駆的な姿ですね。

鳥井　残念ながら、人類の歴史の中で、奴隷労働の時代から、これはずっと問題になってきたやり方なわけですよね。ようやく現代の民主主義社会になって、その部分をできるだけ小さくしていく努力を国の制度なり政策、法律で始めた、ということだったのです。労働基準法でも第六条で「何人も、法律に基いて許される場合の外、業として他人の就業に介入して利益を得てはならない」として、中間搾取の禁止をうたっているわけですから、その法律に基づいて、労働組合、労働者の力でどうしていくのかということですよね。日本は残念ながら、先進国の中では奴隷労働、人身取引もそうなんですけれども、それらを根絶させようといった意識が弱いですよね。

弱い奴隷労働への危機感

竹信　鳥井さんは実習生への支援の功績について米国務省の「人身取引と闘うヒーロー賞」を受賞されています。私も実は、二〇〇五年に米国務省の招きで米国の人身取引対策を視察する機会があったのですが、米国は外国から連れてこられた人は被害者、という視点で多角的に取り組んでいますよね。

鳥井　米国でさえもというか、やはり米国はというべきか。米国はリンカーンの時代からの奴隷労働の根絶というのを国の法律、国是としてやろうという強い意志がありますよね。トランプ大統領がどうかはちょっと分かりませんけれども、国の法律としてやるということですから。米国務省は毎年日本に調査に来ていますからね。そういう構え方が私たちの日本社会にはない。人身取引とか奴隷労働といった場合でも、まず外国人は摘発対象で、被害者救済という視点が弱いんです。

今度の「働き方改革」でも、外国人労働者が被害者であるという視点、被害者を救済するという視点が必要ではないかと思っているんです。たとえば、ＦＢＩの人たちが言ったので印象に残っているんだけど、「私たちは実は職場の中は見に行けないんだ。それはＮＧＯの人たちと連携しないと、職場の中の奴隷労働、搾取というのは見えないんだ。だからＮ

GOの人たちと連携するんだ」というふうに言っているわけです。そのとき、人身売買には性搾取もあるけれど、今は労働搾取というのに注目しなきゃいけないということで、私が「ヒーロー賞」を受賞したわけですよね。

労働搾取で言うと、密入国なんかの人身売買の被害者を送り返すのではなくて、アメリカの中で働き続けるにはどうしたらいいかということで、スキルアップのためのセミナーを開いて、働くための在留資格を付与し、そして被害者を救済していくんだという話なんです。そういうプログラムがFBIのもとにあるわけです。

竹信　日本は取り締まり中心で、法制度の強化といっても刑法の強化でした。被害者救済の仕組みは手薄ですよね。

鳥井　人身売買の省庁連絡会議には、NPOも意見交換に参加していますが、印象としては、一番頑張っているのは確かに警察庁です。他の省庁はいまいち力が入っていないなと。その警察庁でさえも、組織の末端に行ってしまうと、やっぱり外国人は犯罪者扱い。

この一年間でも三回ぐらい、現場で技能実習生が強制帰国に遭うというので支援者が助けに行ったことがあります。社長がすぐに警察を呼ぶ。地方では、地元の警察と企業の社長は結構仲がいいんですよね、普段から付き合いがあって。支援側は、保護をしに来ているわけですが、警察は連れていくなというわけです。現場から私に電話がかかってきて、省庁連絡会議で交流のある警察庁に電話を入れ、警察庁から県警に連絡をして所轄の警察署に、という形でようやく「どうも止めるのはヤバいらしい。保護させるしかない」となる。

警察も現場で「保護する」とは言っているんですが、それは拘束のことだったりする。「保護」の意味が分かっていない。しかも現場に行っているのが労働組合です。労働組合はやはり警察にとっては「敵」というか、監視対象でしょう。外国人、労働組合、両方とも監視対象という考え方なわけです。

これはやっぱり問題がありますよね。

竹信　被害者が監視対象という状態は、問題の解決を妨げます。

鳥井　こぼれ話をすると、私はＮＰＯ活動とともに、建設会社で手伝いをやっていて、だからより現場の実態が見える部分もあるんですけど、そこに先日、法務省から三人が訪ねてきたんです。事務の人から電話があって、事務所に来てほしいということで戻ったら、役所の人らしからぬ長髪で、ジーパンという格好の人たちがいた。実は、法務省の公安調査庁[6]なんですよ。「最近外国人労働者が増えてきて、これからも増えるということなんで、お宅の会社の外国人の従業員のリストをもらえませんか」と言うんです。「それは公安調査庁としての要請ですか」と言ったら、「うーん」とうなってはっきり答えないので「うちは小さな会社かもしれないけど、法令遵守でやっている。コンプライアンス上、そんなの出せるわけがないでしょう。大企業だったら行きますか？」と聞きました。

最終的に断って、帰っていただいたんですけれども、外国人へのそういう取り締まり、監視管理を堂々とやっているということでしょう。外国人の受け入れは広げるけど、ちゃんと管理しますよ、という姿勢を実感させられますよね。

労働者の分断広げる「働き方改革」

竹信　そういう外国人労働者の扱われ方、働かされ方は「働き方改革」を通じて、日本人の労働者にも広がっていく恐れがあるということでしたが、それはどのような形で広がっていくんでしょうか。

鳥井　「働き方改革」というのはひとつは労働者の分断でしょう。「特定技能1号」とか「2号」とか、職種というより層で働き手を分けるんですよね。これは私たち労働者側としては気を付けなければいけないことなんです。今、連帯とか団結というのが脆弱になっている。そこにくさびを入れられてしまっているということかと思うんです。それが「働き方改革」という言葉でごまかされて、だまされていると言ってもいいのかもしれませんけれども。
竹信　労働時間制度ひとつとっても、共通の「週四〇時間、一日八時間」という働き手に等しく適用されていた基準が、一応、それは残しつつも、いまや、「最長一カ月一〇〇時間未満」の残業という条件で働く人、裁量労働で働く人、労働時間を計られない高プロで働く人、と三種類に分かれることになったわけですからね。「同一労働同一賃金」も、業務内容が同じなのに、転勤するかしないか、定年後かそうでないか、といった日々の従事している業務とは異なる要因で賃金に大きな格差をつけていく仕組みとして使われかねないつくりです。外国人となると、それ以上に、「期限が来たら一生懸命働いていても強制帰国、家族の帯同もなし」という、仕事内容と関係ない究極の選別ですよね。その時に、労働組合が重要なカギとおっしゃったんですけれども、ただ、それを言うと、必ず「組織率が二割を切り、働き方実現会議にさえ一人しか代表を入れられない労組が、どうやってそれをやるのか？」と聞かれる。

職場の改善が労組の強み

鳥井　そういうところもありますけど、私は外国人労働者の立場からのアプローチを考えているんです。この三〇年間、どうやったら成功したのか、どこにどんな団結を作り出すことができたのか、連帯が作りだされてきたのかということです。そのことを考える際、問題が顕在化している人はだれなのかということが重要です。その労働者を救済しなければいけないというだけじゃなくて、社会全体の、労働者全体の問題点がそこで顕在化しているんだというふうに見ていくことができるかですね。たとえば、除染労働で技能実習をさせては駄目じゃないか、といった時に、じゃあ除染労働全体はどうなっているんですか？と考えなければならない。除染労働自体は、実習生だけでなく、今もだれかがやっているわけですよね。労働組合としてはそこの労働者はいったいどうなっているのかに着目するわけです。技能実習禁止だけでは駄目だということです。

今は労働者の人権や法令遵守などに、大企業もアプローチしているわけですよね。サプライチェーンやSDGs(持続可能な開発目標)の視点からとか、いろいろなアプローチがあるはずなのですが、大手のやり方は、問題があったら切る、仕事を出さないぞ、という圧力をかけて対処しようとする。しかし切ってしまえば、終わりなんですよね。中小零細企業の実態をどこからどう改善していくのかというところまでは入っていけないわけじゃないですか。でも、労働組合はそれをやれるはずなんです。ただ糾弾するだけじゃなくて、職場の改善ということについて一緒にやっていけることが強みですよね。外国人労働者や非正規労働者が声を上げたことは、この社会の労働者にとっての問題点の顕在化なので、そこに労働組合が着目して、それをいわば課題化していく。

竹信 外国人労働者という、もっとも問題が顕在化しやすい人たちに焦点をあてるからこそ、私たちの働き方の見えない構造問題が浮上し、そこを全体的に解決する作戦を立てるということですね。

鳥井 評論家の荻上チキさんが、アジェンダ(議題)をどう立てるのか、作るのか、と言っていましたが、労働組合がアジェンダをどう設定していくのかということだと思うんです。そういう意味で言うと、我田引水じゃないですが、外国人労働者ということでは私どもの組合は覚醒させられ、問題意識を持つことができて、組合が活性化しているんじゃないかなと思うんです。

「働き方改革」の労働時間制度とか賃金問題とか、一つ一つについては、労働組合としてのそれなりのアプローチはあると思うんですけれども、それが各労働者の具体的な労働問題として顕在化された時に、じゃあ労働組合としてどうしていくのか。

ものすごく印象に残っているのは、一九九八年の労基法改定の時に、その程度だったら職場で労使協定を結ぶことでひどい働き方になることに歯止めをかけられるんじゃないかと、大手の労働組合は考えたんですよね。そこに落とし穴があったわけです。未組織の一人一人バラバラになっている労働者がほとんどなので、その人たちとどうやって一緒にやっていくのかということを、労働組合がちゃんとその視点を持つことが大切だと思うんです。「顕在化」というのは、そうしたバラバラの見えにくい労働者たちの置かれている現状をつかむチャンスです。問題点が出てきた時を機に、さっき言った、組合としてアジェンダにしていくということだと思うんです。

竹信　鳥井さんのおっしゃることは、心に響きます。というのは、女性労働は長い間、まさにそれだったから。労使協定を歯止めに、と言われても、働く女性の五割以上は未組織の非正規だし、正社員でも、女性が抱えるセクハラ問題とかはいつも後回しになるという事態を見てくると、なんかしらけちゃうんですよね。「労使自治」という大義も、非正規が働き手の四割近くを占めるいま、正社員と会社による「自治」という名の非正規排除に見えてしまいかねない。外国人労働者などの少数派が被っている被害を労働市場全体の歪みとして取り上げ、主要な課題としていく姿勢がいかに大切か、ですね。

第6章

「本当の働き方改革」の作り方

働く場はいま、過労死や、五人に二人近くにも及ぶ非正社員への差別、そして、その結果もたらされる貧困、そこから来る消費の低迷という問題にあふれている。「働き方改革」は、そのような働き方をなんとかしなければ、という働き手の切実な願いを逆手に取り、「企業ファースト社会」へと流し込む仕組みを作った。そこは、第5章の**図5-1**のように、「生産性」や「材としての有用性」の序列に沿って働き手を振り分け、不要になると排除領域へ追いやる「生産性ワンダーランド」でもある。問題は、私たちの多くが、そうした振り分けを受け入れる以外に生きていく道はないと思い込まされていることだ。だが、これまでの章を振り返ると、そうした手法は、現場の働き手のニーズばかりでなく、労働市場のニーズにさえも逆行する部分が少なくない。この章では、私たちが自らをそうした思い込みから解き放ち、「本当の働き方改革」をつくっていくための処方箋を考えていきたい。

1 「働き方改革」の間違いを知る

「担い手の育成」の不在

これまで私たちは、政府の「働き方改革」についてのPRをかいくぐって、実際は何が起きたのかを見てきた。そこから浮かんできた今回の「働き方改革」の最も大きな間違いは、「働き方改革」なのに、当事者である働き手が素通りされてしまっていることだ。「本当の働き方改革」への一歩は、その間違いを知ることから始まる。

たとえば、あれほど「生産性の向上」を叫びながら、国会の野党質問からは、裁量労働でも高プロでも、生産の当事者であるはずの働き手の実態についての調査がまともにされていないことが明るみに出た。こうした「現場飛ばし」は、「女性活躍」を標榜しながら、子育てに不可欠な一日の労働時間規制を努力義務に終わらせるなど、至る所に見られる。その代表例が、「現場との対話2」での鳥井一平による指摘だろう。

鳥井は、地域が本当に必要としているのは、地域の「担い手」としての外国人労働力へのニーズだ、と語る。「担い手」を育てるには、安定した就労環境と、組織の中核を担えるスキルの形成が必要だ。にもかかわらず入管法の改定では、「特定技能2号」という永住にもつながる在留資格は設けたものの、ここに極端に高いハードルを課し、どうやって円滑に帰国させるかという「排除の仕方」ばかりに注意が向けられる。「移民」に対する首相の支持層らの排除の意識に加え、労務管理の失敗による紛争を企業が手軽に抑え込める仕組みに眼目があり、当事者の「働きやすさ」は意識の外だからだ。

このような「担い手の育成より企業の目先の使い勝手」という姿勢は、政府の「働き方改革」に共通のものだ。過労死基準すれすれの残業上限の容認は、体調不良の社員を増やし、組織の核となって元気に働ける健康な「担い手」を減らす。「日本型同一労働同一賃金」も、「担い手」の育成にマイナスに働きかねない。第2章で述べたように、これでは、いまや基幹的な担い手となっている非正社員たちの仕事の中身を、偏見なく客観的に測れる道具にはなりえないからだ。

生産年齢人口が減って、基幹的な仕事をしている女性や高齢者は増えている。ところが、残業ができない、労働時間が短い、として、仕事の本当の中身に見合った賃金は保障されない。オランダのパートの均等待遇では、労働時間が短くても継続的に仕事がある場合は無期雇用だ。だが日本では、労働時間が短いパートのほとんどは、有期の不安定雇用であるため、賃金交渉も難しい。

異なる仕事でも「何をしているのか」を職務分析して点数化し、その点数と賃金が大きく乖離した賃金について見直しを進めるＩＬＯ型の「同一価値労働同一賃金」は、特定の働き手への差別的なまなざしに歯止めをかけ、実態に合った労働条件を保障することに役立つ。たとえば介護や保育のように「女性の仕事」として低賃金を余儀なくされてきた職種や、残業や転勤ができなくても実質的な仕事で生産性に貢献している働き手について、「担い手」としての評価ができるようになるからだ。

だが、「日本型同一労働同一賃金」には、「同じ仕事」または「同程度の仕事」を客観的に認定する装置がない。転勤などの配置の変更の違いによる賃金格差も考慮するとされている。これでは、女性を「担い手」として育てることは難しい。

人件費削減のため、実際は「担い手」である非正社員、女性、高齢者、外国人を「一時的な労働力」と偽装し、低賃金・不安定労働者に据え置いてきたことで、日本社会は「担い手」を失ってきた。偽装のための装置となったのが、「残業や転勤を引き受けられない労働者は不完全労働者」とするイデオロギーだ。こうしたイデオロギーを押し返し、富を生み出す当事者である働き手にとっての生産性や効率性への転換を促す制度づくりが、「本当の働き方改革」を作る。

企業責任の放棄と働き手への責任転嫁

「働き方改革」のもうひとつの間違いは、企業の雇用責任や管理責任を働き手の側に転換する制度づくりだ。高プロは、これまで述べてきたように高収入・高専門の働き手について労基法の労働時間規制から外すものとされ、具体的な対象業務として、金融商品の開発業務、ディーリング業務、研究開発業務、アナリスト業務などが挙げられてきた。一見「自由な高技能職種」に見えるが、こうした働き手も、会社側から一定量の成果を求められる。省令で使用者から具体的な指示を受けて行なうものは除くと規定されたものの、会社が高い成果を要求すれば、「自発的に」何時間でも働かねばならない事態は避けられない。それでも会社には残業代を払う責任はなく、働き手の自己責任となる。

対象職種とされている仕事では、実は過労死が目立っている。二〇一五年には、裁量労働制で働き、心疾患で死亡した四七歳の市場アナリストの男性が過労死として労災認定された(1)。男性は一九九六年から証券や国債などの市場動向をリポートする会社に勤め、海外の市場動向を調べるため午前三時に起床し、夕方に退社する生活を続け、二〇一三年に倒れて死亡したという。残業時間は月四〇時間とされていたが、遺族側がリポートの発信時間や同僚の証言などから見積もったところ、発症前一カ月の残業が一三三時間、発症前二～六カ月の平均が月当たり一〇八時間と、過労死基準を上回っており、二〇一四年に労災申請していた。

今回の改定は、こうした働き手の実態を直視せず、責任の所在が働き手に転換されてしまった。こうなれば、会社の労務管理を問うことは難しい。あきらめた社員たちには、退職と転職以外の道はなくなり、職場の改善圧力は働かず、「担い手」も育たない。

人件費を上げたら日本はつぶれる?

働き手目線の改革が妨げられている原因は、実は働き手にもある。「人件費が上がると日本経済はつぶれる」という、働き手たちに根強くある強迫観念だ。

一九七〇年代の二つのオイルショックの際、日本社会には「労使官民一体となって人件費の高騰を抑制し、輸出産業を守ってジャパン・アズ・ナンバーワンになった」という成功体験が生まれた。その記憶は、働き手にも根強く浸透している。大学の授業で、最低賃金の引き上げについて触れると、必ず「会社がつぶれるのでは」と不安そうに発言する学生がいる。これは、そうした集団的記憶の一つの表われといえるだろう。

だが、日本のその後の歩みはむしろ、「賃金が上がらないから日本がつぶれる」方向をたどり続けている。経済学者の岡田知弘・京都大学教授は、安倍政権の主流を占める日本再興戦略推進派の間で見られる「日本は資源が少なく少子高齢化が進んでいるので輸出で稼ぐしかない」といった論に、「輸出それ自体では経済的価値は増えない」と述べる[2]。富を生み出しているのは雇用者や自営業者などの勤労者の働きであり、どの国も、国民所得の中で最大の比重を占めるのは雇用者報酬だ。そちらに富が回らないと国民所得も伸びないという指摘だ。

岡田によると、一九九五年を一〇〇とした各国の雇用者報酬総額の推移を比べると、第二次安倍政権下の二〇一五年時点で日本だけが一〇〇を割り込み、米国や英国は、失業率は高くても雇用者報酬総額は倍に増えている。日本では、資本金一〇億円以上の大手企業の労働分配率も二〇一一年度の六〇・六

%から二〇一六年度の五二・八%へと低下し、一方、企業の内部留保と株主への配当が急増している。背景として、一九九六年の「経団連ビジョン二〇二〇」や二〇〇〇年代初頭の小泉改革などを通じ、雇用の規制緩和が進んで、非正社員が増えて働き手に賃金が回りにくい仕組みがつくられ、加えて、法人減税や補助金支給による企業への補塡もこれに寄与した、という見方だ。

こうした流れを促したのが、産業構造の転換だ。戦後の復興景気の終焉と低成長の中で、一九七〇年代以降、モノが売れない時期が続いている。製造業では利益が上がらず、カネを動かすことで利益を取ろうとする動きが世界中で進んでいる。労働者はかつて、大量生産を支える大量消費の担い手だった。だから、労働者の賃金を極端に下げれば、企業の利益にも大きな影響が出た。だが、カネを動かして利益を取る動きが主流化したいま、労働者にカネを回さなくても利益を上げる道が広がり、企業からの賃上げのモチベーションは弱まる。

そのような構図の中では、企業の自主性に任せておくだけではカネはなかなか働き手に回らない。最低賃金の引き上げや、「あの人たちは安くても当たり前」という差別意識を利用した賃下げに風穴を開ける真の同一価値労働同一賃金など、賃金を引き上げるための意識的な政策が、社会の必須のアイテムになってくる。

そんな私たちに問われているのは、企業の業績さえ上がれば賃金は自動的に上がるという神話を捨て、企業の利益向上が確実に働き手の働きやすさに結び付くような労働時間制度や賃金制度を、現場の実状に合わせて、ひとつひとつどう獲得していくかだ。

2 「現場から」逆包囲をする

「現場からの働き方改革」の功罪

これまで述べてきたような実体にもかかわらず、政府の「働き方改革」が何となく「いいこと」と受け止められてきたのには、いくつかの原因がある。ここからは、その原因をたどりつつ、それを生かして「本当の働き方改革」に転化させる方法をさぐっていきたい。それが、私たちにとっての「本当の働き方改革」のためのヒントになると考えるからだ。

原因の第一は、「現場からの働き方改革」の存在だ。安倍政権の特徴は、「有権者のために国は何ができるか」から、「国のために有権者は何ができるか」への転換にある。「一億総活躍政策」も「国家とグローバル企業の成長のための働き手の総動員」であり、「働き手を豊かにするための国と企業」という戦後社会の原点の転換が行われている。「働き方改革」でも同様に、「労働者保護」から「働き手の生産性への貢献」への働き方のルールの転換が見られる。にもかかわらず、各職場での「早く帰る工夫」などといった、「現場からの働き方改革」運動がマスメディアなどでクローズアップされ、それが明るいイメージを喚起して「高プロ」などの危険性を覆い隠す役割を果たした。プロローグの図0-2のように、「高プロ」など、労働の規制緩和の毒入りあんことしての法律が、「現場の働き方改革」というおいしげな皮でくるまれ、「残業の規制」「同一労働同一賃金」といった労働側の言葉を流用した美しいパッケージで飾られている「毒まんじゅう[3]」としての「働き方改革」だ。

だが同時に、そこには「本当の働き方改革」の芽もある。この二〇年間の働き方の劣化の中で、働くことはかつてのような豊かさを約束する輝かしい打ち出の小槌ではなくなった。働き手の声を集めて経営側に伝えるパイプ役だった労組の組織率も二割を切り、「変えることへの無力感」が社会に蔓延している。そうした働き方の劣化を改善する必要性が政府の大々的なPRを通じて、「社会の主要課題」として浮上したことの意義は大きい。

つまり、「現場からの働き方改革」は、あんことしての「関連法案」の毒性を覆い隠す目くらましという「罪」の側面と同時に、働き手からのアイデアにもとづいて日々の働きにくさを改善する動きとしての「功」の側面を持っている。この「功罪」の「功」の部分を、「本当の働き方改革」へと結び付けていく契機として生かせないだろうか。

「高プロ職場」へのテクニカルな対抗

生活と両立できる働き方へ向けて助言を行っているコンサルタント会社のワーク・ライフバランス社の学校現場での試みは、そのヒントとなるものを含んでいる。

学校現場は第1章で述べたように、高プロの先取りとも言われる労働時間の規制緩和によって、教員の多忙化や過労死を生み出してきた。高プロが導入された今、一般の企業でも、同様の問題が拡大する可能性は大きいからだ。

二〇一六年以来、同社で二〇校を超える学校で働き方改革にかかわってきたコンサルタント、田川拓磨は助言を求められた学校に出向き、現場の教員たちと話し合いながら、「有効と考えられる四つの対策」を打ち出してきた。

一つ目は、「校長直下に複数のＩＴ人材を加配する」というものだ。労働時間規制や残業代がなくなった学校現場では、「労働時間の把握は任意でするもの」という認識がしみついている。そこで、ＩＴ人材を、校長と意思疎通しやすい直下に置いて事務作業を効率化するとともに、残業の増え方を監視して、その要因を分析。さらに超過勤務の推移を毎月、校長に報告して労働時間管理を行ってもらう。

二つ目は、「管理職の評価シートの見直し」だ。連合総研の二〇一六年の調査によると、勤務時間を把握している学校は、小・中学校でそれぞれ一割程度にすぎない。「教員の労働時間の把握がされていない」「業務分担の見直しが管理職の任務として認識されていない」という問題を克服するため、部下と本人の平均総労働時間や有給消化率を指数化し、評価シートに反映させる。

三つ目が「カエル会議の実施」だ。教員が既成のルールに縛られていて、変える（カエル）権限の所在を知らず、変えるプロセスがないことは多い。その問題点を解決するため、チームごとにタイマーを用いて、時間制限つきの会議を開く。効率のいい運営を習得するためだ。ここでは早く帰れないのは何が壁になっているかを話し合い、アイデアを出し合って仕事のやり方やルールの見直しを行う。

そして、四つ目が、校長から教員までの間に教頭、教務主任、学年主任といういくつもの層が形成され、意思伝達や指示命令が末端まで届きにくくなっている組織図を変えることだ。管理職と末端との距離を縮め、労働時間や日々の業務の把握・指導をやりやすくする。さらに、労働時間を把握できる法制度の見直しも提案されている。

石川県内の公立小学校では、「制度改正を待っていられない」と、教員たちが自発的に働きやすい現場づくりを始めている。「子どもも教員も大切に」を合言葉に、週一度の提出が義務付けられてきた報告書を隔週に減らし、週一律に決められた「ノー残業デー」を、教員が自分の仕事の進行状況に合わせて取る「マイ・ノー残業デー」に切り替え、採点が集中する学期末には最終校時の授業を採点時間に振り替えて残業を減らす。

これらに共通していることは、働く側が何に困っているかを話し合える仕組みを現場から作り上げ、働き手からの効率と生産性を実現することだ。残業代節約のために、実際の労働時間を見えなくしてしまった給特法の歪みを、現場から是正し、さらには実態に合った制度改正へとつなげていく試みだ。これらは、高プロに代表される上からの法制度の問題点を現場から逆包囲する形で正していくアプローチを示唆している。

働く場からの疑問がきっかけに

二〇一八年九月、全国の放送・新聞・出版各社による「マスコミ倫理懇談会全国協議会」の全国大会で、初めてマスメディア内部の働き方改革をテーマにした分科会が設けられた。学校現場と同じく、マスメディア職場も、「記者の使命は報道」という専門職の大義のもとで、働き手に長時間労働を求める空気が強い。二〇一三年、ＮＨＫの記者だった佐戸未和が過労死した事件は、そうした空気を体現したものかもしれない。そんな業界で、社会環境の変化に対応するため働き方を変えようとする動きが始まっていることを示している。ここで報告された北海道テレビ（ＨＴＢ）の取り組みは、「働き手目線の働き方改革」が、「政府の働き方改革」とどう異なっているのかが見えてくる事例だ。それがどのようにして進められたのかを知りたくて、二〇一八年一〇月、報告者だった同社CSR広報室の部長兼総務局ワークライフバランス・ダイバーシティ推進部の金子哲俊を札幌に訪ねた。

金子はアナウンサー畑出身だ。朝の報道番組でメインの司会を務め、二〇〇八年にはチーフディレクターに就任する。だが、朝の番組は、午前三時に局に入らねばならず、そのまま午後一〇時まで働き続けることもあった。健康を害する同僚も出た。このままでは会社以外の世界に目を配る余裕がなく、家族との生活もままならない。それを変えないと新しい発想は生まれないのではないか。そんな思いから二〇一一年、金子は志願して人事・総務畑へ異動した。

テレビ業界は、曲がり角にある。従来のスポット広告がネット広告に押されて頭打ちになり、一方で、スポンサーとの共同企画による地域イベントなどの放送外の新企画による増収が業績を支える。新しい分野を開拓するには、モノを考える時間や、会社の外へ出てビジネスチャンスをさぐる余裕が必要だ。そのためには労働時間を減らしたい。悩んで同業者を視察し、勉強会に参加し、労基署にも相談に出かけた。だが、いずれも自社の職場の現実とは異なり、決め手を欠いた。それなら足元から出発して、そこで必要なことを自力で考えていくしかない。そうした目で周囲を見渡すと、いくつかの問題点が浮かんできた。

労務管理とは人を育てるという大仕事でもある。評価は半期ごとに行われるが、評価の時期以外の、社員の普段の仕事ぶりを見ているのかという疑問がわいた。主観で決めたり、受注した額から逆算して「高い仕事を取ってきたから高い評価」としたりしてはいないか。それでは本当の仕事ぶりは見えず、人を育てるための適切な助言ができないばかりか、仕事に見合った労働時間管理もできない。社員の長時間労働に依存して、働きやすい、実態に合った効率のいいシフトづくりが妨げられているのではないのかという疑問もあった。これを正すにはまず、いい番組づくりに長時間労働は当たり前とする社内の空気を変える必要があると考えた。

二〇一五年、年頭のあいさつで樋泉実《といずみみのる》社長が初めて、多様な発想を生かすためとして「女性のチカラがいきるＨＴＢ」推進宣言を行った。同年、女性活躍推進法が成立したことも追い風に、「女性が働きやすい環境づくりは世の流れ」とする社内ＰＲを始めた。社長は、翌二〇一六年の年頭のあいさつでも、女性の視聴者の共感を得るためには女性の力が必要、と訴えた。社長の呼びかけを生かして、「女性が活躍できる状態ってどういう状態だと思いますか」「子育てもある女性の働きやすさを考えるなら長時間労働はないですよね」と、男性管理職たちに問いかけた。この年、マスメディア各社に労基署の査察が相次ぎ、同社にも三六協定を超えた違法残業の摘発が入った。これもプラスの「外圧」として、社内の空気づくりの追い風に生かした。

次は、「女性が活躍できる職場」から始めた長時間労働の是正を、男性自身の問題ととらえてもらう必要があった。そこで着手したのが「育児をする上司」を増やす「イクボス」作戦だった。会社はトップダウンだと動きやすい。そこで、上司に子育て宣言をしてもらうことで一線に波及させることを狙った。社内報に「イクボス宣言」をした管理職を顔写真付きで掲載した。上司が子どものために早く帰るとなれば、部下も早く帰る働き方を工夫するようになる。「イクボスになるかどうかは管理職の踏み絵」と迫り、管理職たちの説得を進めた。

ただ、労働時間を減らせというだけでは残業隠しに終わってしまう。各部署の業務計画に、時間外やワーク・ライフバランスについても記入することを求め、一人一人が生活や体調管理について考えながら仕事の計画を組む力を養ってもらうことを目指した。全社一律に「ノー残業デー」を設けるやり方は、個人によって仕事の段取りが異なる放送職場には向かない。各人が任意の曜日に、残業しない日を設ける方式をとった。

また、個人ではなくチームに着目し、特定の人に極端に仕事が偏る構造を手直しすることにした。互いに何をやっているのかについて日常的な情報交換を促し、過重な負担がかかっているメンバーがいたら、他のメンバーが支援に入って労働時間をならす工夫をするよう、繰り返し説いて回った。

ドキュメンタリー制作のような他人に任せられない仕事を抱えている場合は、その仕事が終わった後に必ず長期の休みをセットにしてシフトを組み、体を休められるようにした。そこでは、休むことが仕事、と職場に徹底し、呼び出さないことを励行した。

これらは先進的な他の業界から見たら当たり前と思われるかもしれない措置だが、報道界ではそれさえなじみがなかった。

そうした働き方のためには社員が互いに支援しあえる体制が必要だ。そこで「仕事の評価結果は賃金（賞与）には反映しない」ことを公式に表明した。評価は社員の「育成」のためのもの。評価競争に利用すると社員間に分断が起き、仕事を抱え込むことになって、仕事量の偏りの是正に逆行する、と考えたからだ。

こうして極端な長時間労働者が減り、月当たりの平均残業時間は二〇一六年度の一五・二時間から二〇一七年度の一四・五時間へと少しずつだが減っていった。

こうした改革は、派遣スタッフなどの非正規や業務委託の働き手にも広げた。テレビ業界は、派遣のアシスタント・ディレクターが多い。こうした働き手の残業管理は派遣先の責任だが、残業代は派遣元が被る。その結果、派遣元の業績の圧迫要因にもなっている。そこで、派遣スタッフの健康管理を考えた業務シフトを管理職に求め、加えてスキルを上げることを励行した。早くディレクターになることで賃金が安定し、安心して生活できる。それがよいモノづくりにつながると考えた。

「これで十分とは思わない。だが、できるところから働き手の実態に合わせて改善していくことが業績向上にもつながる。労働法制の改定は、こうした働き手に根差した改善の積み重ねの結果、法律を変えないとどうしてもうまくいかない部分を変えることでこそ、うまくいくのではないか」と金子は言う。

3 現場からの積み上げと「外圧」の利用

働く場の改善を法改定につなげる

二つの試みは、「働き手にとっての生産性と効率性」のための二つの視点を提供している。一つは、現場からの積み上げをもとに、上からの労働法制の歪みを正していくという視点だ。

第1章で述べたように、学校職場では教員は労働時間規制を受けない仕組みになっている。だが、そうしたやり方では働き手はもたないどころか、いい意味での生産性さえ達成できないことが、これまでの例からわかる。その是正のために始められているのが、①労働時間を実態に沿って客観的に把握する労務管理づくりと、②そうした各現場の職場改善を基盤に、労働時間を把握しない「高プロ」のような一見、企業には楽そうだが、働き手にマイナスとなり、やがては企業の力をも大きく損ないかねない法制度を再改正するよう求めていく逆流をつくる、という道筋だ。

日本でよく知られるオランダのパートの均等待遇も、実はこうした各職場での働き手目線の積み重ねをもとに行われたものだった。

一九九九年に行った現地取材によると、発端は一九八二年にオランダのワッセナーで行われた政労使合意だった。一九七〇年代後半から、オランダはオイルショックによる不況と、経済のグローバル化による製造業拠点の国外流出に苦しめられた。その結果、製造業を中心にした安定雇用と家族賃金を保障されていた男性労働者の失業が急増する。そうした中で、サービス産業を中心にした女性たちの社会進出の機運に対応する必要が高まる。だが、専業主婦が多かったオランダでは保育園が足りない。これをカバーすべく、子どもを短い時間しか預けられない女性たちのため、パートでも労働条件で差別されない「パートの均等待遇」へ向けた試みが始まる。

ここまでは日本でもよく知られていることだ。オランダではその後、産業別に組織されている労組と各産業の経営者団体が、短時間労働をどう組み合わせれば生産性が下がらないかをめぐって話し合い、各業界の特性に合ったシフトを目指して試行を始める。ある業界では週五日を三日と二日に分けるシフトなら仕事の効率が妨げられないと判断し、別の業界では午前と午後に分けるシフトならなんとかなる、といった具合だ。こうして、各業界で働き手からも経営側からも合理的な短時間労働のシステムが整えられていき、一四年後の一九九六年、「労働時間差別の禁止」の法制化が実現する。

加えて二〇〇一年、働き手が労働時間を選べ、会社は経営上難しいことを立証しない限りその申し出を断ってはいけないことを規定した「労働時間調整法」も制定される。均等待遇があったとしても、経営側の都合で短時間労働化を強行されれば、働き手は貧困化しかねない。これを防ぐための措置だ。「経営の都合に合わせた働き手の多様化」ではなく、「働き手が力を発揮できる多様な働き方」を目指した取り組みといえる。「働き手の多様なニーズを最適に組み合わせて効率を上げることが、これからの管理職の手腕」と語った経営者団体の女性幹部の言葉を、今も思い出す。

日本は企業別労組が中心なうえに労組の組織率も低く、このような取り組みは簡単ではないかもしれない。だが、「現場からの働き方改革」を働き手たちが積み重ねることで「働き方改革関連法」以外のもっといい方法があるという自信を働き手が回復し、そのネットワークを通じて「働き方改革関連法」の再改定を実現していく道を拓くことはできる。

会社の外との連携で力関係を変える

もう一つが、「外圧」の利用だ。北海道テレビの取り組みでは、労基署からの立ち入り調査を、労働時間問題を進める「外圧」として生かした。「企業文化」や「人件費減らし」というしがらみの社内秩序を崩すには、「外」からのショックも不可欠だ。

「世界社会フォーラム」など国境を越える社会運動の担い手として知られるクリストフ・アギトンは、グローバル化による生産拠点の海外移転や外部委託などによって、企業内の働き手を基盤にする労組の力が世界的に弱まっていることを挙げ、労組が消費者運動や人権運動など多様な「外」の社会運動と連携して経営側への圧力を強める動きの重要性を指摘している。ポイントは、SNSなどのメディアの役割の増大も手伝って「世論の動向や、ブランドイメージに傷をつけるようなあらゆるものに企業は脆弱であるという事実」が生まれていることだ[4]。この脆弱さは、当該の企業で働く従業員だけでなく、さまざまな社会運動にとって「武器」になるとアギトンは述べる。

二〇一八年三月、三菱電機は社員のうち一万人に適用していた裁量労働制を全廃したが、これも、労災認定へ向けた社員の努力の積み重ねという企業内の動きと、労基署、マスメディアによる「外圧」の複合の成果と見ることができる。『朝日新聞』(二〇一八年九月二七日付)の調査報道によると、三菱電機では二〇一四年から二〇一七年の間に五人の社員が長時間労働で精神障害や脳疾患の発症および過労自殺で労災認定され、うち自殺者一人を含む三人が裁量労働制を適用されていた。こうした状況が揺らぐこととなった発端は二〇一六年、三〇代の研究職の男性社員が長時間労働による体調不良で労災認定され、記者会見でこれを公表したことだった。二〇一七年一月に経営側は陳謝、同年一二月に労基署が立ち入り調査し、同年一月から始まった悪質企業の社名公表の対象になる可能性が強まった。その三カ月後の制度全廃だった。

同様に、教員たちの労組なら保護者を味方につけ、「子どものために教員の働きすぎを是正すべきだ」という世論をつくり出し、公務員労組なら「適正な公共サービスには非正規公務員の不安定な働き方はマイナス」として住民と連携する動きが必須だ。そうした組織づくりが労組の強化にもつながり、「働き手からの働き方改革」を進める原動力になる。

「法案成立」の後からが勝負

加えて重要なのが、通ってしまった法律の「無害化」へ向けた取り組みの開始だ。

第5章でも述べたが、第一次安倍政権で首相がホワイトカラーエグゼンプションの国会提出を断念することを表明した二〇〇七年一月、経済界は、すぐさま「敗因」を分析し、次の対策を講じ始めた。ここでは、「残業代ゼロ法案」という労働側からのネーミングを「敗因」とし、「高度専門職制度」という経営側からの呼び名を「高プロ」としてマスメディアに売り込んだ(5)。

二〇〇七年にシンクタンクが主催した講演会で、ホワイトカラーエグゼンプション推進派の経済学者、八代尚宏は、「この制度は、いつかは必ず通る」と言った。「予言」通り、ホワイトカラーエグゼンプションは一〇年かけ、「高プロ」に衣替えして成立した。労働側もこうした粘り強さに学び、導入された諸制度の弊害を分析し、対抗策を練っていくことが問われている。

たとえば、国会の質疑などを通じて盛り込まれた「働き方改革関連法」の危うさに対する歯止めを最大限活用することだ。日本労働弁護団幹事長の棗《なつめ》一郎弁護士は、高プロへの次のような対応を提案する。

①労組がある場合は、「労使委員会」で五分の四以上の賛成がなければ制度の導入自体ができないことを生かし、会社から提案されても拒否する。「労使委員会」は、労働者の過半数を組織する労組または、過半数を代表する者の推薦に基づいて指名された者が半数を占めるため、労働側が拒否すれば導入は難しいからだ。②会社内での力関係からすると難しいかもしれないが、本人同意が必要とされていることを生かし、できる限り同意しない。③「高プロ」では会社の具体的な業務命令が禁じられていないこと

が国会の野党質問で問題視され、先にも述べたように省令に反映された。こうした「穴ふさぎ」の措置を、最大限、現場に生かす。

地方公務員法の改定では「会計年度任用職員」の名で非正規公務員が合法化された。NPO法人「官製ワーキングプア研究会」は、その具体的な中身を規定するのは各自治体の条例だとして、国会の付帯決議に盛り込まれた働き手の労働条件の不利益な変更をしてはならないといった条項を生かすなどの運動の展開を提案する。これまで非正規公務員は、自治体交渉や訴訟などを通じ、非正規の待遇格差の是正にかかわる総務省通達や判例を勝ち取ってきた。それらの権利を後退させないよう求めていく条例を作らせるという方策だ。

いずれも、働き手が利用可能な規定をみつけ出し、それを「現場からの働き方改革」に生かし、「関連法」そのものの是正につなげていくという筋道だ。賃金問題では、差別の是正を目指し客観的な職務評価基準の追求や、基本給も含めた格差是正、最低賃金の引き上げなどを求めていく社会・労働運動は不可欠だろう。

4　政策決定の在り方を問う

献金という「横槍」を止める

「働き方改革関連法案」が登場する背景にあった経済エリートによる密室的とも見える意思決定の在

り方にも、注目する必要がある。国会での野党質問で明らかになった、裁量労働制や高プロの国会審議では、データ問題も含め、穴だらけのつくりが浮き彫りになった。これは、当事者であるはずの働き手による多角的な検討を欠いたまま、経済団体と一部官僚との調整で大枠を決定していった、その拙速さに原因がある。

イタリアの政治経済学者、ステファァーノ・バルトリーニは、政治学者のコリン・クラウチによる「ポストデモクラシー」という概念を引いて、現代の民主主義が陥っている深刻な危機的状況について指摘しているが、今回の「働き方改革」をめぐる一連の決定過程には、それを思い起こさせるものがある。「ポストデモクラシー」とは、「経済界のエリートたちの政策決定に与える影響が増大し、公的生活の優先事項の決定プロセスに一般市民が参加する可能性――投票だけでなく、討議や自主組織などを通じて参加する可能性――が少なくなった社会状況[6]」と定義されている。ここでは、権力を持った少数者の利害に沿って政治システムが変えられ、有権者は、そうした少数者による選挙キャンペーンに操作される。このキャンペーンは、広告業界の宣伝技術を駆使して一般の人々に政治を「見せる」ものであり、一方で、政策プログラムは無内容になり、政党間の違いもはっきりしなくなる、という。

これに絡んで、バルトリーニはプリンストン大学教授のマーティン・ギレンズとノースウエスタン大学教授のベンジャミン・ページが二〇一四年に発表した米国政治についての実証研究を紹介している。この研究は、一九八一年から二〇〇二年のデータを用いて約一八〇〇の政策課題に関する米国のエリート層、利益団体、平均的な市民それぞれの選好を調べたものだ。その結果、経済的エリート層とその利益団体は米国政府の政策に実質的な影響力を持つ一方、平均的な米国市民と大衆の利害関心を代表する団体は、ほとんど、あるいはまったく影響を与えていないことがわかったとされる。バルトリーニは、こうした事態によって一般の人々は民主政治に失望し、それがさらに、エリートの密室政治を許す結果をもたらすと警告する。

「働き方改革」で採用された「残業の上限規制」や「同一労働同一賃金」という言葉は、バルトリーニが言う「宣伝技術を駆使して一般の人々に政治を『見せる』」ための装置、と見るとわかりやすい。

高プロについての伊藤孝恵議員（国民民主党）の国会質問に対し、安倍首相は「高度プロフェッショナル制度は、産業競争力会議で経済人や学識経験者から制度創設の意見があり、日本再興戦略において取りまとめられた」「適用を望む企業や従業員が多いから導入するというものではなくて、多様で柔軟な働き方の選択肢として整備するもの」「利用するか分からないという企業が多いと言われておりますが、経団連会長等の経済団体の代表からは高度プロフェッショナル制度の導入をすべきとの御意見をいただいて」いると答弁している。[(7)] 従業員のニーズというより、一部経済人らの意見を聞いて導入した、という説明だ。ギレンズらの研究結果と似た、経済エリートの意向による政策決定の在り方が、ここからも見える。

「本当の働き方改革」のためには、こうした政策決定のシステムそのものも問い直すことが必須だ。

こうした状況は、フランスの経済学者、トマ・ピケティが述べた「資産の膨張による格差の拡大」と密接に結びついている。ピケティは、第二次世界大戦後に再開した資産の膨張によって富裕層の力が復活し、ここからの献金が、「低所得層でも大金持ちでも一人一票」を原則とすることで保障されていた民主主義を掘り崩すと述べた。[(8)] その原則がもし生きていれば、「貧乏でも数では負けない」（We are poor, but so many)[9]はずの人々の声が素通りされることはないはずだ。だが、実際には、多額の献金という「横槍」が民主主義の脇腹に突き刺さり、本来期待されていた意思決定のシステムを無効にしている、ということになる。

　バルトリーニはそうした中で、次のような改革方法を提案している。①大企業からの献金への依存を減らすための政党への公的助成金の支給と、その上限の妥当な水準の検討、②政党の選挙への支出の厳格な上限設定、③政党が利用するコミュニケーション手段及び広告の利用の制限、④政党のブレイン集団と企業団体との間に流れる資金や人脈を規制する新しいルールの策定。

　いずれも、大手企業などからの大量の資金提供の規制を通じて、意思決定のルールが歪められることを防ぐ提案だ。これらが日本社会にそのままあてはめられるかどうかについてはさまざまな検討が必要だが、経済格差が政治へのアクセスに及ぼす影響に、働き手たちはもっと敏感になるべきだという点では、示唆に富む。二〇一六年に宇都宮健児弁護士を弁護団長として提訴された「選挙供託金違憲訴訟」は、ミニ政党の乱立を理由に一九九二年、供託金が三〇〇万円に引き上げられた結果、立候補する権利が妨げられたとする男性が起こした。こうした、経済格差が政治へのアクセスに及ぼす影響を問う動きが、もっと必要だ。

　また、税金の配分法についての根本的な検討も欠かせない。いま日本は、少子高齢化という戦後史の大転換点にあり、社会保障費の増大は、ある意味当然の事態だ。その肝心な時期に、軍事費は第二次安倍政権発足以来、六年連続して増加、四年連続過去最大を続けて社会保障を脅かし、GDPの一%以内で推移してきた枠も危うくなっているからだ。背景に、米国の軍事関連企業の影響を指摘する声もある。

そんな中、「横槍」の威力を誇示するかのように、経団連は二〇一八年一〇月、与党の政策について「強力に政策を推進し、成果を上げて」いるとする「主要政党の政策評価二〇一八」を発表した(10)。ここでは高プロなどの「働き方改革関連法の改正」「女性活躍」「外国人材の受け入れ」「国家戦略特区制度における実証実験の推進」を評価し、今後の課題として「岩盤規制改革のさらなる推進」を求めている。併せて、同日に「政治との連携強化に関する見解」を発表し、会員に「日本経済の次なる成長のステージに向けた政策を進める政党への政治寄附を実施するよう」呼びかけている。民主党政権では中止していた政治献金を第二次安倍政権で復活させて以来、五年連続の献金の呼びかけだ。国家戦略特区は、これまで述べてきたように、有権者が選んだ議員による議会での監視を飛び越して物事を進めることが容易になる仕組みだ。「岩盤規制」で標的とされているのは、労働時間規制や解雇規制などの働き手の人権保障のための規制が多く、これらは、だからこそ簡単に変えられない「岩盤」とされてきた。これらを献金の力で突破しようという方向性が見えてくる。

経団連の「評価」に呼応するように、二〇一八年一〇月二三日に首相官邸で開かれた「国家戦略特別区域諮問会議」では、事務局体制を再構築して特区を「再スタート」させることを決めている。その場では、加計問題で特区が問題視され、「機能停止に陥って」いる状態を「リセット」する必要があるという指摘が竹中平蔵ら民間議員から出され、新任の片山さつき地方創生相が「原点に返る」と表明したと報じられている(11)。

マネーをSNSで押し返す

このような事態の中でまず問われるのは、第5章で述べた有権者への客観的な情報の遮断を乗り越えて、何が起きているのかを共有していくためのメディア戦略だ。

二〇一八年一〇月二一日付の『日本経済新聞』は、一一月六日に投開票される米国の中間選挙をめぐって、「米中間選挙、マネーvs.ＳＮＳ」と題した記事を掲載している。米連邦下院議員候補が一～一〇月にツイッターに投稿した約二四万件を同紙が分析した結果、野党民主党候補の平均リツイート(転載)数が与党・共和党の五倍にのぼるとするもので、資金力で劣る候補者たちがＳＮＳでの拡散を通じて選挙資金をも呼び込む好環境を生み出していると分析している。

日本では、すでに述べたように、自民党ネットサポーターズクラブなどを通じて与党がネットボランティアを生かしてＳＮＳの世界にまで手を伸ばしている。民主党政権から第二次安倍政権初期まで、内閣広報アドバイザーとしてＳＮＳを生かした枠組みを作った下村健一は、ＳＮＳを活用しきれなかった民主党政権に比べ、「安倍政権はこれを非常に上手に活用してうまくやってます」と語っている[12]。こうした中で、少ない資金力でも情報拡散に力を発揮できるＳＮＳを、「働き手からの働き方改革」のためにどのように取り返していくかは、課題だ。

「働き方改革法案」の審議では野党議員が質疑で法案のずさんさを相次いで明るみに出したことは、「情報の遮断状態」に風穴を開けることに貢献した。上西充子・法政大学教授らがツイッターなどを通じて裁量労働制のデータ改変問題をはじめとする「関連法案」の問題点を積極的に発信し、野党議員がこれらをすくい上げ、国会の場で相次いで工夫を凝らしながら質問としてぶつけ、それを、マスメディアの問題意識のある記者たちが報じることで拡散、という連携が生まれた。これらを通じて、「ご飯論法」（朝ご飯を食べたかと聞かれ、ご飯は食べていないがパンは食べたというようなごまかし答弁）という上西のネーミングも共有され、必ずしも関心がなかった層にも、徐々に法案への疑問が浸透していった。「残業代ゼロ法案」といったマスメディアからのネーミングに自主規制が働いたとしても、「国会について報じるな」と記者に命じることはできない。そこで、「国会報道」を通じた新しいネーミング作戦とも言える動きが展開されたといっていいかもしれない。

さらに、ネットだけでは限られた読者しか読まないという事態を突破しようと、上西ら研究者や日本労働弁護団、「過労死家族の会ユニオン」などの市民セクターによって、「国会パブリックビューイング」も展開された。国会審議の状況を街頭に立てたスクリーンに映し出す試みも開始された。国会中継の録画はアーカイブに保存され、だれでも見ることができる。それらに映し出されたずさんな政府答弁の実態を、繁華街などで展開し、上西ら専門家が解説を加えるというものだ。こうした映像は、ユーチューブを通じても、広く流された。地上波のテレビと比べると、関心のある層以外には浸透しにくい難点はある。だが、マスメディアへのさまざまな規制によって、関心のある層にさえ十分に伝わっていなかった問題点が、これらの層に共有された意義は大きい。

研究者の知見のSNSによる拡散↓国会質疑↓問題意識を持つマスメディアの記者たちの「国会報道」という形でのメディア規制の押し返し↓研究者、市民団体、労組の連携による街頭での情報提供やSNS、雑誌媒体などを通じた草の根の発信による支え――。これらは、さまざまな情報リソースをつないで、情報拡散の太い流れをつくるというひとつの対抗的情報発信の可能性を示している。

「説教」でなく「異論を聞く」

このような多様な人々の幅広い連携に不可欠なのは、政府の「働き方改革」の問題点を、上から目線で説教するのではなく、多くの人々がなぜ「働き方改革」をよしとしているのかを、丹念に「聞き取る」姿勢かもしれない。

そんな思いを抱いたのは、二〇一八年夏、日教組（日本教職員組合）の「母と女性教員の会」のジェンダー平等分科会で、宮崎県の母親たちのチームによる男女別でない名簿を推進する取り組みについての発表を聞いたときだった。母親たちは「社会運動を知らない今どきの子育て世代」を意識して、この活動を「ママのためのシチズンシップ教育」と位置づけた。そうした世代も参加しやすい雰囲気づくりを工夫し、懇談会は子連れOKとして、会場内にキッズスペースを用意した。ちらしでも「議会傍聴」を「ぎかいぼうちょう」とひらがなで表記して硬さを避けた。議員や労組の教員との交流会はランチを取りながら行うことで、なごやかな雰囲気の中での意見交換を心がけたという。

中でも重要なのは、「対立より対話」を目指し、署名集めを、賛成しない相手を説得するためでなく、相手の考えを聞き出すツールとして使ったという点だ。「なんで男女別名簿じゃだめなの？」と聞かれたとき、「なんで男女別名簿がいいと思うの？」と聞き返すと、相手からはいろいろな思いが返ってくる。こうして聞こえてきた異論は、むしろ、つながりの輪を広げるきっかけになった。一例としては、新聞記事に「男女別でない名簿はLGBTへの配慮」と書かれたことで、LGBTの人々から「LGBTと会ったこともないのに名簿のために自分たちを利用しているのでは」という反発の声が寄せられたことがある。メンバーは、それなら会いに行こう、とLGBTの人々の交流会や学習会に参加し、交流が深まった。名簿運動は賛成者も反対者も含めた関係する人たち一人一人のもの、と位置付けたことが大きな流れを生んだ。

5　働き手の拠りどころを立て直す

対案となるシステム

このような情報発信の拡大方法は、だれかが新しい有効な方法を思いついて実践すると、周囲がそれをまねし始め、これが一定の閾値を超えると、接触のなかった全体に広がるというやり方だ。

社会主義陣営が消滅してイデオロギーの対立軸が設定しにくくなり、対抗的な言説による「大がかりな体制変革での一挙解決」という選択肢の有効性は薄らいでいる。また、グローバル化によって国境の融解現象が進んだことで、一国の政府で解決できる余地も狭まりつつある。その結果、どの陣営も、有効な解決策を見つけられないまま同じ建前を叫び、野党のスローガンを与党がそっくり流用して違いをわからなくする「抱き着き作戦」も横行する。そんな中で「だれもがみんな同じことを言うが、どれも口先だけ」というあきらめの空気が生まれる。

これに歯止めをかけるのは、働く人たちが顔の見える関係のある場で情報交換し、「ものごとを変えたいと思っているのは自分だけ」「みんなはそう思っていない」という孤立感を和らげることだ。そうした孤立の克服によって、ものごとをよりよく解決できる方法を工夫してみようという気力や、対案を実行してみようという元気が生まれてくる。石川県の小学校や北海道テレビなどでの小さな取り組みは、その例と言えるし、「国会パブリックビューイング」も、「関連法案」に危機感を抱いて集まった労働組合や研究者、弁護士らの対話の中で生まれた。

始めてみると、周囲が「そうやってやればいいのか」「自分もできるかも」と真似を始め、広がっていく。それによって社会全体が自信をつけ、転換へと進み始めるというのが「シナリオ」だ。

このような「働き方改革」の歪みを働き手たちに知らせる情報活動や、「現場からの働き方改革」の実行、政策決定システムへの富裕層の「横槍」に対する歯止め、選挙システムの改革など、多角的な政策をパッケージにすることで、多様な関心の人々を「働くこと」に結びつければ、少数派も多数派になることができる。

日本のリベラルの間でいま注目を集めている韓国ソウル市の朴元淳《パクウォンスン》市政の試み[13]は、労組と市民団体が連携し、貧困の解決や男女平等などの「点」としての問題意識を、労働問題を核として結びつけることで、「面」としての「労働尊重都市」政策へと練り上げていったものだ。ここでは、市の非正規職員の正規化、交通機関のバリアフリーによる「人間中心の交通政策」、公務員が、生活困窮者や高齢者、出産家庭などの住まいにまで出向いてニーズに応じる「出かける福祉」など、多方面からの政策を束として導入していくことを通じ、働き手主体の社会システムへ移行させようと試みる。

一つの新しいやり方が生まれても、その結果、別の歪みが出てしまうことはよくある。これを防ぐためにも、各方面の専門家や住民の参加によってさまざまな政策をひとつのパッケージとし、相互の影響を測っていく手法は必要だ。これを公約の形にし、その政策にふさわしい適切な候補者を押し立て、自治体という住民の手が届きやすい範囲内でまず実践に移してみること、その成功体験によって「変えても大丈夫」「これまでのやり方以外にも道はある」という自信を働き手たちが持ち始めれば、自治体から国政へと広げていく取り組みにつながることも可能だ。それは、経済エリートたちの上からの「決める政治」の拙速さと、情報操作の対極にある。

「働く」を要にした扇状の連携

そのような働き手の情報交換を保障するには、働き手の拠点の立て直しが不可欠だ。資産の運用益が、働いて得る賃金を軽々と上回り、働くことの価値が下落してしまったこの世界で、労働組合という働き手の拠点だったものも、限りなく縮小させられている。大学の授業で、学生たちから「労組が大事と言いますが、それはどこにあって、何をするものなのですか」と真面目に問われたこともある。その結果、賃金は政府が企業に上げるよう指示すればすむこと、といった「官製春闘」が登場し、働き手たちが声を上げるための後ろ盾としての労組は、あたかも無用であるかのような言説が飛び交う。

若者労働NPO「POSSE」代表の今野晴貴は、そうした働き手たちの居場所の立て直しのため、『職業の再建』が、『生活の再建』と、『保障の再建』に結びつくような、そんな新しい労働運動の展開」を提案する。[14]「職業の再建」とは、各企業ごとに、その指揮命令者から割り振られた職務ではなく、介護士、保育士、教員、研究者といった企業を超えた横断的な職業人としての労働者概念を立て直すことだ。こうした働き手の「職業の再建」運動と、フルタイムで働いても生活を立てられない生存権の危機を乗り越えるための「生活の再建」運動と、社会による安全ネットの再構築である「保障の再建」運動を結び付け、企業の枠を超えた社会的な権利を目指すネットワークを広げていく方向性が、その主張から見えて来る。

この本では、「日本は企業内組合で産業横断的労組ではないから難しい」といった論があることに何度か触れてきた。企業労組から「産業横断的労組」をつくっていくことは、あまりにハードルが高い。となれば、今野の提案のように、「働くこと」を核に、「人間の生存を守ること」を目指す多様な団体が、企業の外での連携網を広げることからまず始め、そのネットワークの力を強めることで、働き手のための企業横断的な要求を打ち出していく方が、実現は早いかもしれない。

働くことは、生存を支える。だから、一部の資産家をのぞいて、圧倒的多数の人々は「働く」ことに何らかの形でかかわっている。また、社会保障の責任からの政府の撤退姿勢の中で、高齢者にも「働き続けること」が求められている。「働く」価値がこれほど貶められているにもかかわらず、「働く」を命綱にする人々はむしろ増えている。だからこそ、「働く」を要に、多様な生存保障を求める団体が放射線状にネットワークを築いていく手法は有効なはずだ。十分意識されていないけれど、そのための労働運動の芽は、すでにあちこちに顔を出している。

企業内労組からはみ出してしまう働き手は多い。労組や労働ＮＰＯ、行政などが担ってきた労働相談は、こうした沈黙する働き手たちの悩みをホットラインなどですくい上げ、そこから、ブラックバイトやサービス残業やセクハラ・パワハラなどの見えなかった労働問題をつかみ出し、メディアに情報を提供し、議員などを通じて政策化、立法化につなげてきた。

雇用の規制緩和と社会保障削減策のはざまで、中間層までがワーキングプアとなっていくなか、二〇〇七年、ユニオンと、ホームレス問題などにかかわる反貧困団体が手を結び、さらに貧困者への貸し出しで利益を上げる消費者金融の問題にかかわる団体、奨学金返済に悩む若者たち、非正規化の進行で安定雇用を奪われていったシングルマザー、障碍者たちが加わって「反貧困ネットワーク」が結成された。こうした、労働権を守る動きと生存権を守る動きの連携が、二〇〇八年のリーマンショックを発端とする「年越し派遣村」開設の核になった。そんな働き手側からの運動の盛り上がりによって、大手労組も非正規労働者問題に本格的に目を向けていく。企業の外の働き手の社会運動が盛り上がれば、「企業内労組」の方向性も変わりうる。

世界をケアする個人の「きほんのき」

最後に、このような道に向かうための個人としての「きほんのき」に触れておきたい。それは、労働相談窓口の利用だ。

なんだ、そんなこと？ と拍子抜けされそうだ。だが私たちは、生存のための命綱であるはずの労働について、働き手に保障されている権利をほとんど教えてもらえない社会に生きている。だからこそ、「変だな」と思ったら、巻末の「**労働相談窓口**」のような、労働弁護士や労組、行政の相談窓口に連絡し、専門家の診断を仰いでみる必要がある。体調がおかしいと感じたときに医師の診断を仰ぐのと同じだ。回答に納得がいかないときは、当然ながら従う必要はない。医療と同様に、複数の機関に相談して「セカンドオピニオン」を求めてもいい。つまり労働相談は、法律家を雇って武装している企業に対して働き手が持てる無料の法律顧問なのだ。

こうして、自分の現状（＝医療でいえば病名）について専門家の診断を受け、それを改善するための法律や手立て（＝治療の手段）を知り、そのための味方になってくれる人たちを探して動き出すこと（＝治療の開始）ができる。これを通じて、働き方について率直に話し合える顔の見える関係のネットワークを持つことができる。それは、「働き手からの働き方改革」への小さいけれど重要な入口だ。

それらは、私たち自身のケアにとどまらず、「新自由主義とグローバル化の中で傷だらけにされてしまった世界をケアする」[15]ことへ向けた一歩でもある。

エピローグ

忘却を乗り越えるために

上書きされる記憶

「働き方改革」が始まったのは、いったいいつだったろうか。そんなことをふと考えたのは、裁量労働についてのデータ改変問題で国会での「働き方改革」をめぐる報道が激増した二〇一八年春のことだった。

思い出せなかった。

それだけではない。頭の中を「残業の上限規制」「同一労働同一賃金」「裁量労働制」「高プロ」といった用語がキーワードのように駆け巡るだけで、そこに至るまでの紆余曲折が、うまくつながっていかない。

第二次安倍政権は、発足当初、「世界で一番企業が活躍しやすい国」を掲げ、企業が活躍して経済成長すれば、「トリクルダウン」で働き手に富が回り、それが国民のためになる、と主張していた。ところが、「働き方改革」がやがて登場し、今度は「分配の強化」が前面に出る。「経済成長を達成したので、その成果を働き方改革で還元する」と説明されれば、そうなのかとも思えてくる。だが、よく考えてみると「企業が成長すればおのずと富が回るので、その成長に力を入れる」という政策と、「人為的な分配政策で富を回さないと働き手に富は回らない」という政策とは真逆ではないのか。「おのずと富が回」らなかったからこそ人為的な分配政策が必要になったわけで、とすれば、最初の理屈は間違っていたことにならないのか。

だが、政権発足当時の政策の記憶は、まるで大昔の出来事のように霧がかかっていて、そのような思考は中断させられてしまう。加齢による記憶障害？と一瞬疑った。だが、周囲の三〇〜四〇代の男女に聞いても、みな首をひねり、「そんなこともあったかも」と言い出す始末だった。

そのとき、どうやら「上書き保存」されるとその前のものが跡形もなく消えてしまうパソコンの文書のように、私たちの記憶は「上書き」によって更新され続け、その前の情報は失われてしまっているのではないか、と気づき始めた。

矢継ぎ早に、大量に政策案が繰り出されては、有権者の反応を見ては引っ込められ、すぐさま口当たりよく衣替えした案が再登場する。そんな事態が、この間、続いてきた。こうした政策案の洪水に、私たちの記憶は次々と上書きされ、導入された数々の労働政策も忘れられ、それが成功したのか失敗したのか、どのような効果を私たちにもたらしつつあるのかさえ、わからなくなっていく。しかも、マスメディアを通じて流し込まれるキーワードがインプットされ、私たちは、その用語の枠外でモノを考えることさえ難しくなっている。

これは、ネット通販のレビューに似ている。これらのレビューでは、最初に投稿した人が「この製品は安いが、使いにくい」と投稿すると、後続の投稿者は、無意識にそこに含まれている表現に沿って思考を始め、「この製品は、使いにくいといわれるが、安さを考えればこれでも十分」などとコメントしてしまう傾向があるといわれる。最初に登場した「安い」「使いにくい」が、評価をめぐる論議の軸となり、それ以外の評価軸が見えなくなるということだ。「働き方改革」をめぐる評価の軸は、このように、先のキーワードの枠内にはめこまれ、その結果、働き手が本当に必要とする現場からの働き方改革論議は吹き飛ばされてしまった。

会議の動向は、そこで最初に決められる議題(アジェンダ)の設定の仕方で決まるといわれる。働き手は「働き方改革」論議のアジェンダを奪われてしまったと言えるのかもしれない。

教育社会学者の桜井智恵子は、私たちの集団的な記憶について、「国家は記憶を構築し、状況や背景に埋め込んで刻印し伝えていく役割を果たす。つまり、記憶はその後の時代や社会に決定的な影響を及ぼす。それゆえ、記憶の構築は政治性を帯びざるを得ない[1]」と述べている。たとえば日本の高度経済成長は国民の勤勉さのおかげ、とする記憶が構築され、背景に、朝鮮戦争など近隣国の犠牲にもとづく戦争特需があったという記憶は抹消される。特に、戦争をめぐる記憶は、人類にとっての未来を方向付ける重要なものだ。そうした問題意識から、桜井らは、記憶をめぐる次の三つの問題の検証へ向けた「メモリー・プロジェクト」(記憶研究)を試みる。

すなわち、①記憶が正当に認識されないとき、現在の事象の歪曲につながる、②記憶がいかに重なって運用され、どんな状況をもたらしているかを解明する必要がある、③記憶が為政者により作られ、その後の世代は曲解したまま受け取り、未来の決定に用いられようとしていたり、記憶自体が欠損し史実の単純化に一役買っている、という三つだ。

ここで桜井らの戦争についての記憶への懸念を引き合いに出したのは、それが、「働き方改革」についての私たちの「記憶喪失」状態と無縁ではないと思うからだ。この本でたどってきたように、「働き方改革関連法案」の国会審議では、法案をめぐるデータの作り変えや不備、曲解などが、再三指摘された。だが、そうした指摘に対し、政府からは十分な答弁はないまま、法案は国会を通った。

そして二〇一八年秋、そんな関連法の中身が、ようやく労政審の場で詰められ始めたさなかに、今度は外国人労働者の受け入れという次の働き方の大改変が国会審議に持ち込まれ、一一月には衆議院を通った。この問題に焦点を移した報道が相次ぐ中で、「働き方改革関連法」は、早くも一般の人々の記憶から消されようとしている。

その記憶を働き手の側から整理し、保存しておかなければ、「働き方改革」は人々の働き方をよくするものといった「為政者により作られ」たバラ色の記憶が私たちの記憶を上書きし、「その後の世代は曲解したまま受け取り、未来の決定に用いられようとしていたり、記憶自体が欠損し史実の単純化に一役買って」しまうことにもつながりかねない。

二〇一八年四月、できる範囲でいいから、「働き方改革」のメモリー・プロジェクトとでも言えるものを、私なりに始めてみようと考えたのが、この本の出発点だった。

大学教員という「働き方」の壁

だが、そこには難問が控えていた。大学で専任教員として複数の科目を教え、学科長や委員会の委員など、授業外の大学運営に関する仕事を引き受け、いくつもの市民運動にかかわりながら、すさまじい速さで動く政府の「働き方改革」に追いつき、そこで起きたことをまとめていくには、時間と余裕があまりにも足りなかった。

まず、取材に出る時間をひねり出すことが難しい。二〇一一年三月までの新聞記者人生では、基本的にほぼすべての時間を取材にあてることができた。しかも、都心にある新聞社のオフィスから国会や集会会場は、どこもひとっ飛びの近さで、さまざまな渦中の人々に直接取材することもできた。だが、勤め先の大学は東京都と神奈川県の県境にあり、都心までたどりつくには一時間半はかかる。都心にキャンパスを置く大学なら、まだ授業が終わった後の時間を活用できるが、そうでない多くの大学では、授業がない日でなければ現場の人々に会いに出ることは難しい。加えて、国会内での集会や審議会の多くは昼間に開かれるため、取材しようとすると、授業と重なる。当然のことではあるが、学生たちを置いて出ていくわけにはいかない。

「働き方改革」の掛け声とは裏腹に、大学はどこも、多忙化が進んでいる。大学設置基準には「各授業科目の授業は、十週又は十五週にわたる期間を単位として行うものとする」とあり、かつては、一科目につき一二週で授業を行う大学が多かった。授業の準備時間や研究のための時間、授業外の学生との交流などのための時間の確保に配慮した措置だったと考えられる。ところが、二〇〇八年、中央教育審議会が出した「学士課程教育の構築に向けて（答申）」で、試験を含めずに一五回授業を行うように明記され、そこから、多くの大学で、一五週の授業が求められるようになっている。授業期間が三週間分延びるわけで、これらが夏休みに食い込み、学生と行なう現場調査や実習がやりにくくなった。これを満たすため、祝日の一部も授業に充てることになり、祝日の保育の確保に苦心する女性や共働き教員もいる。にもかかわらず、「一億総活躍」のもと、今度は二〇二〇年の東京五輪へ向けて学生ボランティアの動員が求められ、延びた授業期間にこれが食い込んでしまう事態となった。

問題はそれだけではない。私大はいま、少子化の中での学生数の確保へ向けて、様々な形の入試を年に何度も行うようになっている。また、オープンキャンパスという大学見学日を土日に設け、受験希望者との接触に力を入れている。こうした場で対応するのも教員の役目だから、週末は頻繁につぶれる。

吉見俊哉は、米国のハーバード大学で教えた体験から、米国の大学と違い職員の決定権と専門性がはっきりしていない日本の大学では、職員は何でも教員の決済を仰がざるを得ず、それが大学の長時間労働体質を招いていることを指摘している。(2) これを変えないまま、新しい仕事が持ち込まれていることが、さらなる多忙化につながっていると言える。

因果関係は証明できないものの、いくつかの大学で働き盛りの大学教員の病急死の報を聞くことも増えている。その中には研究費を獲得するための書類を作る作業が大幅に増えるなど、学務の増大があったとささやかれる例もある。そこに加えて、「働き方改革」「安保法制」と、次々と繰り出される政府の法案である。いずれも拙速で、矛盾点や問題点が満載だ。心ある研究者は、専門家として、その問題点に対応しようと無理を重ねることになる。

多忙な働き手のための情報収集

私が記者生活で学んだことは、「労働は現場取材が命」ということだった。働き手の実情は、働く現場に出かけ、その声を聞かなければわからないからだ。同様に、すぐれた労働研究も、現場の働き手の声を聞き取ることで企業の壁に阻まれて見えにくい職場の実態や問題点をつかみ出し、働き手の悩みに共感しつつもその原因や解決方法を、アカデミズムの手法を生かして冷静に、客観的に解明したものがほとんどだ。だが、このような多忙化が進む社会で、大学から社会に打って出る時間を、どうしたら確保できるのか。

ましてや、大学人以上に長時間労働や多忙化にさらされている一般の働く人たちにとって、そのような情報収集は至難の業だ。「働き方改革」について政府情報以外の情報を獲得することは、そうした働く人たちにこそ必要なのに、それを許さない働き方の劣化がそこにある。

そんな働き手たちが、自らの問題であるはずの「働き方改革」について、適切な情報を入手するには、どうすればいいのか——。考えあぐねた末、まずは公開された資料をたどって、何が起きたかを時系列で洗い出してみようと思い立った。大手紙を中心に、毎日掲載される「働き方改革」の関連記事を整理し、記事に登場した国会での質疑内容を、国会中継のアーカイブや審議会の議事録から確認し、それぞれの報道の裏付けをとった。ネットや書物での「働き方改革」をめぐる言説にもできる限り目を通し、政府案を支持する側の言説と、疑問や批判の言説をチェックしてみた。国会や審議会の傍聴、集会参加の結果をネットで流してくれる労組関係者や市民グループの情報は、そこに出かけられない私にとって、本当に役に立った。政府の情報の隠蔽や、情報公開の不備は大きいとしても、日本社会には情報がまったくないわけではない。情報がどこにあるのかが一般の人々に知らされていないことにも問題があるのだと、改めて知った。

もう一つの柱として、政府の法案が通った場合、いま現在、労働問題を抱えている働き手たちに、具体的にどのような影響が及びうるのかを、できる限り聞いて歩くことにした。上からの「働き方改革」の処方箋が、そうした一線の人々の事例を解決しうるのかを検証してみたかったからだ。

そのため、長時間労働の職場で過労死した働き手の遺族や、公務現場も含めた人権侵害的な労務管理の被害を受けている当事者たち、賃金差別を是正したいと訴訟を起こした非正規の働き手たちなどを回って、インタビューをお願いした。授業や入試、オープンキャンパスがない日というと、かなり限られた日程になってしまう。取材をお願いした方々のご厚意にすがり、無理をお願いして会っていただいた。

この二つの柱を軸に、行政関係者や法案に関係した研究者、NPO、労組関係者などへの取材で補足していくと、公表された事実を結ぶ補助線が浮かんできた。それは、「働き方改革」の多くの措置が、「働き手の働きやすさ」より、「グローバル企業」や「人材ビジネス」の成長やビジネスチャンスの拡大を促す方向を指し示している、ということだった。そうした到達点へ向けて、労働権の強化より「人材」という都合の良い資源づくりの強化が進められ、その軸から外れる人々は排除してもかまわないとする社会的な空気が一段と強まっていることも見えてきた。「企業ファースト社会」と「働き手の資源化」だ。

「異なる立場」の連携のために

ただ同時に、関係者の声に耳を傾けていくうちに、そうした政策が、本当に企業にとってプラスになるのか、という疑問も浮かんできた。「企業ファースト社会」と名付けたが、企業は実は一枚岩ではない。「働き方改革」の政策は、国内企業、とくに中小零細企業の中長期的ニーズとは、むしろずれている部分も少なくない。

外国人実習生の受け入れ拡大ひとつとっても、人口減少社会では長期の担い手の不足こそが問題になっている。にもかかわらず、「移民」にやみくもに反対する声と、外国人労働者に労働権を行使させたくないという声の、二つの要請を背景に、短期滞在を前提にした仕組みが継続されようとしている。苦情を言えないような状況に働き手を置き、劣悪な働き方を強いるという「手軽な労務管理」の実現のためには、短期滞在を基本とする仕組みは便利かもしれない。だが、腰を据えて「担い手」を育てなければ今以上に地域の空洞化が進むという点から見れば、この政策は、地域の企業にとってマイナスだ。

同様に、「残業の上限規制」として過労死ラインすれすれの残業を認めた点や、業務内容の同一認定だけでなく転勤要件まで含めた「同一労働同一賃金ガイドライン」は、良質の働き手を労働市場から失わせるという意味で、国内をベースにする企業にとって、中長期的にはマイナスになる。また、「働き方改革」は、人材ビジネスの介入できる範囲を広げ、そのビジネスチャンスを拡大しつつ、働き手の労務管理を代行させていくことで、「企業にとって楽」なサービスかもしれない。だが、それは、働き手が、職場での交渉を通じて雇用の質を向上させ、長い目で企業の担い手を回復させる政策としては危うい。これらの例からは、企業に一見プラスに見えて、長い目では企業の基盤を掘り崩しかねない「働き方改革」の、もうひとつの顔が見えてくる。

一方、この本で紹介した現場からの「働き方改革」の試みは、そうした「企業の目先の楽」を目指す規制緩和としての「改革」をよそに、働き手の労働時間をその生活実態に合ったものに変えていくことで真の生産性を上げていこうとする職場の取り組みを浮かび上がらせる。働き手たちが自らの職場に根差した疑問をもとに、心ある企業と連携しつつ実態に合った解決策を作り上げていく道筋が、ほんのりとではあるが見えてきたと言ったらいいだろうか。それは、単純な「企業対働き手」という構図でなく、私たちが幸せに暮らせる次の社会を目指して、共通の部分を探しながら「働く世界をケア」していく構図、とでもいえるものだ。

こうした道筋を広げていくには、「働き方改革」とは本当は何だったのかを、忘却を乗り越えて共有化していく営みが必要だ。

「働き方改革」の問題点を説明しようとすると、次のような反応が返ってくることも少なくない。「考えすぎではないのか」「政府ともあろうものが、まさかそんなひどいことをするはずはない」「暗い面ばかりでなく、いい面も見るべきだ」「民主党政権も同じことをしていたのに今の政権だけ責めても仕方ない」「人材ビジネスや企業を悪者にすれば済むわけではない」といった声だ。

新しい政策をめぐっては、「まず問題点がないかどうかを疑い、あるならば改善を求める」という姿勢は基本動作だ。だが、忘却を誘う「上書き」の連鎖によってこれまでの経緯や事実関係があいまいにさせられていくなか、「何かいいことをしている」という漠然とした印象だけがひとり歩きし、その基本動作が壊されてしまっている。これを支えるのが、罰則付きの残業上限規制は設けたが過労死基準ギリギリ、といった形で、局部的な「前進」によって大局の問題点を見えなくさせてしまう、一連の手法だ。

その結果、「働き方改革」に疑問を抱く側と、「改革」を信仰する側の溝は埋まらず、「改革」のどこが問題で、どこが問題でないかの対話は始まらない。

この本で、「働き方改革」の始まりと経緯、その現場への効果などの事実関係について整理しようと考えたのは、そうした事実関係を確認し直し、共有化することに役立ててほしかったからだ。その上に立って、本当に「考えすぎ」なのか、「ひどいこと」はされていないのか、「いい面」を生かすことはもちろんだが「暗い面」に歯止めをかけていく必要はないのか、「民主党政権と同じ」部分はどこで、違うものはどこなのか、人材ビジネスや経済界は、「改革」のプレーヤーとしてどう位置づけられるのか、について、検討してみてほしかった。

この本が、そうした情報の共有化と、断片化された情報のつなぎあわせのための一つの手助けになり、そして、一見異なる立場の人たちが、より幸せな社会の設計のために共通の改善策をさぐっていくことに役立つならば、それ以上うれしいことはない。

この本を書いている途中の二〇一八年八月、「大阪過労死問題連絡会」の会長で関西大学名誉教授の森岡孝二先生が急逝された。過労死の防止に力を尽くされ、「働き方改革」での「残業の上限規制」の危うさや、裁量労働制の拡大、高プロの問題点について先頭を切って指摘し続けてこられた労働経済学者だった。この死もまた、この間の「政策の洪水」に抗して声を上げ続けられた末の過労が招いたものではないかという思いを拭い去ることができない。かつて、記者として取材に伺った際、一日八時間労働の意義や労働時間の規制緩和による人命軽視の弊害についてお教えいただき、以後、執筆した記事に的確な助言を与え続けてくださった森岡先生のご冥福を祈り、心からの感謝をささげたい。

また、この本の執筆にあたって、たくさんの労働関係の方々からご協力とご助言をいただいた。本来は、お一人お一人お名前を挙げてお礼を申し上げるべきこれらの方々に、この場を借りて厚くお礼を申し上げたい。そして、出版にあたってご尽力いただき、執筆を支えてくださった岩波書店の田中宏幸さん、本当にありがとうございました。

注

プロローグ

(1) 『朝日新聞』二〇一八年二月一四日付夕刊。

(2) たとえば、高野孟「安倍GDPがまたも民主党に惨敗　アベノミクスとは何だったのか?」まぐまぐニュース!、二〇一六年六月一四日。http://news.livedoor.com/article/detail/11642436/

(3) 首相官邸ホームページ「平成二八年六月一日　安倍内閣総理大臣記者会見」。https://www.kantei.go.jp/jp/97_abe/statement/2016/0601kaiken.html

(4) ILO駐日事務所ホームページ「国際労働機関憲章」。https://www.ilo.org/tokyo/about-ilo/organization/WCMS_236600/lang-ja/index.htm

(5) 大沢真理『企業中心社会を超えて——現代日本を〈ジェンダー〉で読む』時事通信社、一九九三年。

第1章

(1) 首相官邸ホームページ「平成二八年八月三日　安倍内閣総理大臣記者会見」。https://www.kantei.go.jp/jp/97_abe/statement/2016/0803kaiken.html

(2) 厚生労働省ホームページ「『時間外労働の限度に関する基準』の見直し関係」。https://www.mhlw.go.jp/new-info/kobetu/roudou/gyousei/kantoku/dl/091214-2_03.pdf

(3) 「首相『私はリベラル』　分配路線へ軸足、その意図とは」朝日新聞デジタル、二〇一七年一二月三〇日。

(4) スコット・ノース「三六協定の特別延長時間を規制するより長くする政労使の危険な合意」NPO法人働き方ASU—NET、二〇一七年四月六日。http://hatarakikata.net/modules/column/details.php?bid=404

(5) 「残業上限、五割超が過労死ライン　朝日主要二一五社調査」朝日新聞デジタル、二〇一七年一二月四日。

（6）黒田祥子「日本人の働き方と労働時間に関する現状」内閣府規制改革会議　雇用ワーキンググループ資料、二〇一三年一〇月三一日。

（7）「雇用分野の『規制改革』をどう見るか」全労働省労働組合オフィシャルサイト、二〇一三年七月。http://www.zenrodo.com/teigen_kenkai/t01_roudouhousei/t01_1307_02.html

（8）第一九六回国会予算委員会公聴会議録（平成三〇年二月二一日）。http://www.shugiin.go.jp/internet/itdb_kaigiroku.nsf/html/kaigiroku/003019620180221001.htm

（9）上西充子「法人営業職への裁量労働制の適用拡大は、第3の電通事件を招きかねない」Yahoo!ニュース、二〇一七年四月一四日。https://news.yahoo.co.jp/byline/uenishimitsuko/20170414-00069713/

（10）『日本経済新聞』二〇一八年六月三〇日付。

（11）「アニメ制作社員の自殺　クールジャパン支える『月六〇〇時間労働』の衝撃」産経ニュース、二〇一四年四月二五日。https://www.sankei.com/affairs/news/140425/afr1404250023-n2.html

（12）日本経済団体連合会「ホワイトカラーエグゼンプションに関する提言」。http://www.keidanren.or.jp/japanese/policy/2005/042/teigen.pdf

（13）経済産業省ホームページ「二〇〇六年日米投資イニシアティブ」。http://www.meti.go.jp/policy/trade_policy/n_america/us/data/0606nitibei1.pdf

（14）「教員の過労死を考える」教働コラムズ、二〇一七年一〇月。https://www.kyodo-bukatsu.net/karoshi/

（15）連合総合生活開発研究所「とりもどせ！教職員の『生活時間』——日本における教職員の働き方・労働時間の実態に関する研究委員会報告書」二〇一六年一二月。

（16）樋口修資「教育政策からみた教員の勤務時間管理の在り方の改善について」『明星大学教育学部研究紀要』第三号、二〇一三年三月。

（17）内田良「残業代ゼロ　教員の長時間労働を生む法制度」Yahoo!ニュース、二〇一七年一二月一一日。https://news.yahoo.co.jp/byline/ryouchida/20171211-00079169/

第2章

(1) グループMOF研「佐川氏に渡された『総理のメモ』」『文藝春秋』二〇一八年五月号。
(2) 厚生労働省ホームページ「同一労働同一賃金ガイドライン案」二〇一八年一〇月三一日。https://www.mhlw.go.jp/stf/seisakunitsuite/bunya/0000190591.html
(3) 竹信三恵子『正社員消滅』朝日新書、二〇一七年を参照のこと。
(4) 齋藤勇『人はなぜ、足を引っ張り合うのか——自分の幸福しか考えない人間がいる』プレジデント社、一九九八年。
(5) 竹信三恵子『ルポ賃金差別』ちくま新書、二〇一二年、七三ページ。
(6) 水町勇一郎『「同一労働同一賃金」のすべて』有斐閣、二〇一八年、八五ページ。
(7) 笹沼朋子「ジェンダー視座による労働法理——差別と自己決定の再定義」『日本労働法学会誌』第一〇六号、二〇〇五年、七一ページ。
(8) 浅倉むつ子・森ます美編『同一価値労働同一賃金原則の実施システム』有斐閣、二〇一〇年、二七ページ。
(9) 北明美「同一賃金論争をふりかえる——『働き方改革』の危うさ」「ちょっといって講座」(福井県地方自治研究センターなど主催)第四六回・講演録、二〇一七年。
(10) 遠藤公嗣『これからの賃金』旬報社、二〇一四年、一五五ページ。
(11) 雇用システム研究センター日本の賃金プロジェクト二〇〇〇監修・編『日本の賃金——戦後の軌跡と新世紀の展望』社会経済生産性本部・生産性労働情報センター、二〇〇一年、二三一―二三二ページ。
(12) 浅倉・森 前掲書、三一七ページ。
(13) 水町 前掲書、六四ページ。
(14) 映画『非正規に尊厳を!——メトロレディーブルース総集編』ビデオプレス制作、二〇一八年。
(15) 「すべての労契法二〇条裁判の勝利をめざす4・23集会」における須田光照作成の資料、二〇一八年四月二三日。
(16) 「『二〇一八年四月一日以降の賃金引上げ等に関する要求書』に対する回答にかかわる要求書」郵政産業労働者ユニオ

ン機関紙『郵政産業ユニオン』二〇一八年六月一日。

第3章

(1)『朝日新聞』二〇〇七年九月一九日付。
(2)総務省「地方公務員の短時間勤務の在り方に関する研究会報告書」二〇〇九年一月二三日。
(3)『朝日新聞』二〇〇九年四月二四日付。
(4)竹信三恵子『家事労働ハラスメント——生きづらさの根にあるもの』岩波新書、二〇一三年。
(5)上林陽治「地公法・自治法改正と非正規公務員——日独英韓の公共部門の非正規化状況」『季刊労働法』第二五八号、二〇一七年秋季、五五ページ。
(6)『連合通信』二〇一六年九月二四日付。
(7)山下弘之「格差を生み出す制度のカベ——自治体臨時非常勤職員の労働安全衛生」『季刊労働法』第二五八号、二〇一七年秋季。
(8)文部科学省「夏季休業期間等における公立学校の教育職員の勤務管理について」二〇〇二年七月四日付。http://www.mext.go.jp/b_menu/hakusho/nc/t20020704001/t20020704001.html
(9)『朝日新聞』二〇〇三年四月一五日付。
(10)永利和則「指定管理者制度の現場にいたから書ける、これからの図書館に思うこと」『みんなの図書館』二〇一六年五月号。
(11)『朝日新聞』二〇一五年一〇月一五日付。
(12)総務省自治財政局準公営企業室「公立病院経営改革事例集」二〇一六年など。
(13)北健一「独法化の〝先進事例〟府立病院　収支の劇的改善の裏に」『労働情報』二〇一八年四月一日号。
(14)石田誠「ＰＦＩ法改正の闇——変貌する自治体と公務員(上)」『都政新報』二〇一八年六月二九日付。
(15)『都政新報』二〇一八年三月二〇日付。

(16) 『都政新報』二〇一八年五月一一日付。
(17) 二〇〇六年のロンドンでの社会的企業を担当する政府職員に対する取材での回答。
(18) 公共セクターが所有権を保持したまま民間事業者に運営権(コンセッション)を与え、整備・運営・料金徴収を一括して実施する公設民営方式のひとつ。
(19) 二〇一八年にNHK BSプレミアムで放映された韓国ドラマ『仮面の王 イ・ソン』では、民間秘密結社の水管理権の独占で、出産の際の産湯にまで困る民衆が描かれている。
(20) 自治体戦略二〇四〇構想研究会「自治体戦略二〇四〇構想研究会第二次報告」二〇一八年七月。http://www.soumu.go.jp/main_content/000562117.pdf
(21) 神野直彦『税金 常識のウソ』文春新書、二〇一三年、八五ページ。

現場との対話1

(1) 東京都国立市で高層マンション建設を巡って争われた一連の裁判。国立市は一九九八年に景観を保つために業者が行政と事前協議をすることなどを盛り込んだ「都市景観形成条例」を制定。これらの景観保護運動に取り組み、一九九九年に当選した上原公子市長の時代、高層マンションの建設反対住民が業者に対して建築物撤去を請求して提訴。二〇〇二年一審判決は原告側の主張を認め、竣工済みの高層マンションの一部撤去を命じて大きな反響を呼んだが、その後の高裁判決、最高裁判決では認められなかった。
(2) Return On Equity の略で自己資本純利益率のこと。企業の自己資本(株主資本)に対する純利益の割合を示す。
(3) NHKスペシャル「ミッシングワーカー 働くことをあきらめて」二〇一八年六月二日放送。

第4章

(1) 「男女共同参画 向かい風にひるまずに」(社説)『朝日新聞』二〇〇五年六月一一日付など。
(2) 福田尚正「安倍首相の『性教育』改革(男女の性差を認め、父母・祖父母への敬愛の念を深める方向へ軌道修正)——

それほど異常化している現実の性思想」るいネット、二〇〇七年五月二一日。http://www.rui.jp/ruinet.html?i=200&c=400&m=152199

(3) 首相官邸ホームページ「平成二五年四月一九日　安倍総理『成長戦略スピーチ』」。http://www.kantei.go.jp/jp/96_abe/statement/2013/0419speech.html

(4) カント、篠田英雄訳『道徳形而上学原論』岩波文庫、一九六〇年、一〇三ページ。

(5) 首相官邸ホームページ「平成二四年一月二四日　第百八十回国会における野田内閣総理大臣施政方針演説」。https://www.kantei.go.jp/jp/noda/statement2/20120124siseihousin.html

(6) 当時、男女共同参画会議基本問題専門調査会の委員として、筆者は右派メディア・議員からの参画会議へのさまざまな圧力を体験し、当時の行政担当者の苦心も耳にしていた。

(7) 鹿嶋敬『男女平等は進化したか――男女共同参画基本計画の策定、施策の監視から』新曜社、二〇一七年、六三ページ。

(8) 皆川満寿美「第二次安倍政権と女性関連政策」『ジェンダー法研究』二〇一七年一二月号。

(9) 辻由希「第二次安倍内閣における女性活躍推進政策」『季刊　家計経済研究』第一〇七号、二〇一五年夏号。

(10) 第一九六回国会参議院厚生労働委員会会議録(平成三〇年六月一二日)。

(11) 三山雅子「働き方改革とジェンダー・日本的雇用システム――カイゼン・原価低減モデルの失速」『経済社会とジェンダー(日本フェミニスト経済学会誌)』第三巻、二〇一八年六月。

(12) 「『育休3年』って誰のため?:安倍首相の子育て支援策に批判噴出」ハフポスト、二〇一三年五月二〇日。https://www.huffingtonpost.jp/2013/05/05/story_n_3217647.html

(13) 西山千恵子・柘植あづみ編著『文科省／高校「妊活」教材の嘘』論創社、二〇一七年。

(14) 中野円佳「三世代同居は子育て世代を救うか　誰も言わない『実母との確執』問題」ハフポスト、二〇一六年一月二一日。https://www.huffingtonpost.jp/madoka-nakano/3-generations_b_9035048.html

(15) 信田さよ子『母が重くてたまらない――墓守娘の嘆き』春秋社、二〇〇八年など。

(16)「24条変えさせないキャンペーン」については下記URLを参照。https://www.facebook.com/article24campaign/

(17) 引用はJ-CASTテレビウォッチのサイトから。https://www.j-cast.com/tv/2016/02/22259165.html?p=all

(18)『朝日新聞』二〇一七年一一月二一日付。

(19) 大沢真理「逆機能する税・社会保障制度――アベノミクスは何をしたのか」『経済社会とジェンダー(日本フェミニスト経済学会誌)』第三巻、二〇一八年六月。

第5章

(1) 永井隆「高論卓説　働き方、評価のポイントは時間から成果に　求められる企業のあり方」SankeiBiz、二〇一八年七月一一日。https://www.sankeibiz.jp/smp/business/news/180711/bsg1807110500004-s1.htm

(2)『東京新聞』二〇一七年六月二一日付。

(3) 八代尚宏『働き方改革の経済学――少子高齢化社会の人事管理』日本評論社、二〇一七年、七五ページ。

(4) 八代　前掲書、七〇―七一ページ。

(5) 服部茂幸『偽りの経済政策――格差と停滞のアベノミクス』岩波新書、二〇一七年、八六―八七ページ。

(6) 竹信三恵子『家事労働ハラスメント――生きづらさの根にあるもの』岩波新書、二〇一三年。

(7) 服部　前掲書、八七ページ。

(8)「竹中平蔵のポリシー・スクール」日本経済研究センター・ホームページ、二〇一四年一月八日。https://www.jcer.or.jp/column/takenaka/index580.html

(9) 平井辰也「技能実習制度の介護分野への拡大」『Migrants Network』一九六号、二〇一八年二月。

(10) 佐々木史朗「送り出し機関による強制帰国」同右。

(11) 杉田水脈「『LGBT』支援の度が過ぎる」『新潮45』二〇一八年八月号。

(12)『東京新聞』二〇一六年七月二七日付。

(13)『朝日新聞』二〇一六年九月三日付。

(14)『毎日新聞』二〇一六年八月一五日付。
(15) ＮＨＫニュース、二〇一六年八月一七日(同日付アーカイブ参照)。
(16) GLOBAL NOTE、二〇一八年六月二八日掲載のＯＥＣＤ調査(二〇一五年)をもとに順位作成。https://www.globalnote.jp/p-data-g/?dno=7822&post_no=10510
(17) 藤田孝典『下流老人——一億総老後崩壊の衝撃』朝日新書、二〇一五年。
(18) 軽部謙介『官僚たちのアベノミクス——異形の経済政策はいかに作られたか』岩波新書、二〇一八年。
(19) 山家悠紀夫『アベノミクスと暮らしのゆくえ』岩波ブックレット、二〇一四年。
(20)「政府広報費は民主党政権の二倍、メディア押さえ込む効果」ＮＥＷＳポストセブン、二〇一七年七月五日。https://www.news-postseven.com/archives/20170705_575592.html?PAGE=1#container
(21) 軽部　前掲書。
(22) 竹信三恵子『正社員消滅』朝日新書、二〇一七年、一二九—一三五ページ。
(23) 竹信　前掲書、一三六—一三七ページ。
(24)「労政審無視の立法化も可能に／厚労省の有識者会議／三者構成見直す報告書を発表」『連合通信』二〇一六年一二月一七日。

現場との対話2

(1) 全統一労働組合は、企業別組合の限界を克服しようと一九七〇年に発足し、零細企業の社員や非正規の働き手、外国人労働者などの労働問題に取り組んできた個人加盟労組。
(2) 鳥井一平「建設現場からみた骨太方針〜生活者として外国人労働者を受け入れるために」『Migrants Network』二〇〇号、二〇一八年一〇月。
(3) 外国人建設就労者。二〇二〇年オリンピック・パラリンピック東京大会関連の建設需要に対応するため、緊急かつ時限的措置として、建設分野の技能実習を満了した技能実習生が、最大で三年間、雇用契約に基づく即戦力労働者として建設業務に従事できるようにするもの。

（4）監理団体とは、技能実習生が技能等を修得する活動の監理を行う営利を目的としない団体で、団体要件を満たした団体が該当。中小企業団体や農漁協、公益社団法人、職業訓練法人など「営業行為が禁止される団体」の会員のみに限定されている。

（5）部品製造などを委託された下請け企業が、自社内ではなく、委託先の工場の構内で作業を行う手法。委託先への労働者派遣と極めて似た形になる。

（6）法務省の外局で、暴力主義的破壊活動を行った団体の規制に関する調査および処分の請求などの行政事務を行う。

第6章

（1）「裁量労働のアナリスト、『過労死』認定　労基署」産経ニュース、二〇一五年五月一二日付。https://www.sankei.com/economy/news/150512/ecn1505120046-n1.html

（2）岡田知弘「最賃引き上げと地域内再投資」後藤道夫・中澤秀一・木下武男・今野晴貴・福祉国家構想研究会編『最低賃金一五〇〇円がつくる仕事と暮らし――「雇用崩壊」を乗り越える』大月書店、二〇一八年。

（3）竹信三恵子「残業不幸社会を正す働き方改革を――『過労死』と『女性活躍小国』の双子の悲劇に抗して」『季刊・労働者の権利』第三二〇号、二〇一七年七月。

（4）クリストフ・アギトン、増田一夫・稲葉奈々子訳『「もう一つの世界」への最前線――グローバリゼーションに対して立ちあがる市民たち』現代企画室、二〇〇九年、一〇七―一〇八ページ。

（5）『朝日新聞』二〇〇七年一月一八日付。

（6）ステファーノ・バルトリーニ、中野佳裕訳『幸せのマニフェスト――消費社会から関係の豊かな社会へ』コモンズ、二〇一八年、二二三ページ。

（7）第一九六回国会参議院予算委員会会議録（平成三〇年六月二五日）。http://kokkai.ndl.go.jp/SENTAKU/sangiin/196/0014/19606250014020a.html

(8) 竹信三恵子『ピケティ入門――『21世紀の資本』の読み方』金曜日、二〇一四年。
(9) インドの零細自営女性たちを組織するSEWA(Self Employed Women's Association)のスローガン。
(10) 日本経済団体連合会「主要政党の政策評価二〇一八」。http://www.keidanren.or.jp/policy/2018/088.pdf
(11)『朝日新聞』二〇一八年一〇月二四日付。
(12)「『神風を信じていた頃と変わっていない』下村健一氏が報道の現場で感じた恐怖」logmi、二〇一五年一二月一四日。https://logmi.jp/business/articles/154159
(13) 白石孝編著『ソウルの市民民主主義――日本の政治を変えるために』コモンズ、二〇一八年。
(14) 井手英策・今野晴貴・藤田孝典『未来の再建――暮らし・仕事・社会保障のグランドデザイン』ちくま新書、二〇一八年、二〇九ページ。
(15) 中野佳裕『カタツムリの知恵と脱成長――貧しさと豊かさについての変奏曲』コモンズ、二〇一七年。

エピローグ

(1) グレン・D・フック・桜井智恵子編『戦争への終止符――未来のための日本の記憶』法律文化社、二〇一六年、三ページ。
(2) 吉見俊哉『トランプのアメリカに住む』岩波新書、二〇一八年、一一四―一一五ページ。

竹信三恵子

東京都生まれ．ジャーナリスト．和光大学現代人間学部教授．1976 年，朝日新聞社入社．シンガポール特派員，学芸部次長，労働担当編集委員兼論説委員などを経て，2011 年から現職．著書に『ルポ 雇用劣化不況』(日本労働ペンクラブ賞受賞)，『家事労働ハラスメント』(以上，岩波新書)，『しあわせに働ける社会へ』(岩波ジュニア新書)，『女性を活用する国，しない国』(岩波ブックレット)，『ルポ 賃金差別』(ちくま新書)，『正社員消滅』(朝日新書)など．2009 年に貧困ジャーナリズム大賞受賞．

企業ファースト化する日本
──虚妄の「働き方改革」を問う

2019 年 2 月 22 日　第 1 刷発行

著　者　竹信《たけのぶ》三《み》恵《え》子《こ》

発行者　岡 本　厚

発行所　株式会社 岩波書店
〒101-8002 東京都千代田区一ツ橋 2-5-5
電話案内 03-5210-4000
http://www.iwanami.co.jp/

印刷・三秀舎　製本・松岳社

ISBN 978-4-00-061318-7　　Printed in Japan

主な引用・参考文献

(50音順，本文で利用したもののうち単行本のみ収録し，文中では直接ふれていないが，参照したものも加えた．インターネット文献，雑誌論文，雑誌情報などは巻末の注に収録)

青木理『日本会議の正体』平凡社新書，2016年．

浅倉むつ子・森ます美編『同一価値労働同一賃金原則の実施システム——公平な賃金の実現に向けて』有斐閣，2010年．

浅倉むつ子『雇用差別禁止法制の展望』有斐閣，2016年．

石田誠『アベノミクス・竹中平蔵路線による 非正規は正規を規定する』都政新報社，2015年．

井手英策・今野晴貴・藤田孝典『未来の再建——暮らし・仕事・社会保障のグランドデザイン』ちくま新書，2018年．

遠藤公嗣『同一価値労働同一賃金をめざす職務評価——官製ワーキングプアの解消』旬報社，2013年．

遠藤公嗣『これからの賃金』旬報社，2014年．

オーウェン・ジョーンズ，依田卓巳訳『チャヴ——弱者を敵視する社会』海と月社，2017年．

大沢真理『企業中心社会を超えて——現代日本を〈ジェンダー〉で読む』時事通信社，1993年．

大槻奈巳『職務格差——女性の活躍推進を阻む要因はなにか』勁草書房，2015年．

鹿嶋敬『男女平等は進化したか——男女共同参画基本計画の策定，施策の監視から』新曜社，2017年．

軽部謙介『官僚たちのアベノミクス——異形の経済政策はいかに作られたか』岩波新書，2018年．

カント，篠田英雄訳『道徳形而上学原論』岩波文庫，1960年．

上林陽治『非正規公務員』日本評論社，2012年．

木下武男『格差社会にいどむユニオン——21世紀労働運動原論』花伝社，2007年．

教職員の働き方改革推進プロジェクト編『学校をブラックから解放する——教員の長時間労働の解消とワーク・ライフ・バランスの実現』学事出版，2018年．

クリストフ・アギトン，増田一夫・稲葉奈々子訳『「もうひとつの世界」への最前線——グローバリゼーションに対して立ちあがる市民たち』現代企画室，2009年．

グレン·D·フック・桜井智恵子編『戦争への終止符——未来のための日本の記憶』法律文化社，2016年．

経団連出版編『企業力を高める——女性の活躍推進と働き方改革』経団連出版，

2014年.
神津里季生『神津式 労働問題のレッスン』毎日新聞出版，2018年.
伍賀一道・脇田滋・森崎巌『劣化する雇用――ビジネス化する労働市場政策』旬報社，2016年.
後藤道夫・中澤秀一・木下武男・今野晴貴・福祉国家構想研究会編『最低賃金1500円がつくる仕事と暮らし――「雇用崩壊」を乗り越える』大月書店，2018年.
今野晴貴・嶋﨑量『裁量労働制はなぜ危険か――「働き方改革」の闇』岩波ブックレット，2018年.
下村健一『首相官邸で働いて初めてわかったこと』朝日新書，2013年.
ジュリエット・B・ショア，森岡孝二監訳『プレニテュード――新しい〈豊かさ〉の経済学』岩波書店，2011年.
女性労働問題研究会編『働く場のリアル――「女性活躍」と言わせない』(女性労働研究第61号)すいれん舎，2017年.
白石孝編著，朴元淳ほか著『ソウルの市民民主主義――日本の政治を変えるために』コモンズ，2018年.
神野直彦『税金 常識のウソ』文春新書，2013年.
菅野完『日本会議の研究』扶桑社新書，2016年.
ステファーノ・バルトリーニ，中野佳裕訳『幸せのマニフェスト――消費社会から関係の豊かな社会へ』コモンズ，2018年.
竹信三恵子『ルポ 賃金差別』ちくま新書，2012年.
竹信三恵子『家事労働ハラスメント――生きづらさの根にあるもの』岩波新書，2013年.
竹信三恵子『ピケティ入門――『21世紀の資本』の読み方』金曜日，2014年
竹信三恵子『正社員消滅』朝日新書，2017年.
トニー・フィッツパトリック，武川正吾・菊地英明訳『自由と保障――ベーシック・インカム論争』勁草書房，2005年.
トマ・ピケティ，山形浩生・守岡桜・森本正史訳『21世紀の資本』みすず書房，2014年.
中野佳裕『カタツムリの知恵と脱成長――貧しさと豊かさについての変奏曲』コモンズ，2017年.
西谷敏『人権としてのディーセント・ワーク――働きがいのある人間らしい仕事』旬報社，2011年.
西山千恵子・柘植あづみ編著『文科省／高校「妊活」教材の嘘』論創社，2017年.
野口旭『アベノミクスが変えた日本経済』ちくま新書，2018年.
野田由美子編著『民営化の戦略と手法――PFIからPPPへ』日本経済新聞社，2004年.
信田さよ子『母が重くてたまらない――墓守娘の嘆き』春秋社，2008年.

服部茂幸『偽りの経済政策――格差と停滞のアベノミクス』岩波新書，2017 年.
林弘子『労働法〔第 2 版〕』法律文化社，2014 年.
福田慎一編『検証 アベノミクス「新三本の矢」――成長戦略による構造改革への期待と課題』東京大学出版会，2018 年.
藤田孝典『下流老人――一億総老後崩壊の衝撃』朝日新書，2015 年.
本田由紀・伊藤公雄編著『国家がなぜ家族に干渉するのか――法案・政策の背後にあるもの』青弓社，2017 年.
水町勇一郎『パートタイム労働の法律政策』有斐閣，1997 年.
水町勇一郎『「同一労働同一賃金」のすべて』有斐閣，2018 年.
宮地光子『平等への女たちの挑戦――均等法時代と女性の働く権利』明石書店，1996 年.
森岡孝二『過労死は何を告発しているか――現代日本の企業と労働』岩波現代文庫，2013 年.
森岡孝二『雇用身分社会』岩波新書，2015 年.
屋嘉比ふみ子『京ガス男女賃金差別裁判 なめたらアカンで！ 女の労働――ペイ・エクイティを女たちの手に』明石書店，2007 年.
八代尚宏『日本的雇用慣行を打ち破れ――働き方改革の進め方』日本経済新聞出版社，2015 年.
八代尚宏『働き方改革の経済学――少子高齢化社会の人事管理』日本評論社，2017 年.
安田浩一『ルポ 差別と貧困の外国人労働者』光文社新書，2010 年.
矢野昌浩・脇田滋・木下秀雄編『雇用社会の危機と労働・社会保障の展望』日本評論社，2017 年.
山家悠紀夫『アベノミクスと暮らしのゆくえ』岩波ブックレット，2014 年.
ロナルド・ドーア『幻滅――外国人社会学者が見た戦後日本 70 年』藤原書店，2014 年.
ワーキング・ウィメンズ・ネットワーク編，宮地光子監修『男女賃金差別裁判「公序良俗」に負けなかった女たち――住友電工・住友化学の性差別訴訟』明石書店，2005 年.

「働き方改革」関連年表

2012年12月26日	〈第2次安倍政権誕生〉
2013年 1月10日	教育学者の髙橋史朗を男女共同参画会議の議員に起用する方針を固める.
28日	国会の所信表明演説で「3本の矢」による経済再生,「世界で一番企業が活躍しやすい国」づくりを表明.
3月21日	日本銀行政策委員会で総裁に黒田東彦を選任.
25日	「少子化危機突破タスクフォース」設置.
4月19日	首相が日本記者クラブで「全員参加の成長戦略」「失業なき労働移動」「女性が輝く日本」「3年間抱っこし放題での職場復帰支援」政策などを盛り込んだ「成長戦略スピーチ」.
5月 7日	「少子化危機突破タスクフォース」第3回会合で「生命(いのち)と女性の手帳」(女性手帳)発行の方向性.
6月 5日	規制改革会議第1次答申「規制改革に関する答申――経済再生への突破口」で派遣労働の規制緩和, 裁量労働制の拡大を含む正社員改革など盛り込む.
5日	首相, 内外情勢調査会で「岩盤」に立ち向かう「終わりなき規制改革」,「『官業』を大胆に開放する」などを盛り込んだ「成長戦略第3弾スピーチ」.
6月14日	「国家戦略特区」の創設を盛り込んだ「日本再興戦略 -JAPAN is BACK-」を閣議決定.
7月29日	麻生太郎副総理, 民間シンクタンク主催の講演会で「ナチス憲法学んだらどうか」発言.
10月18日	日本経済再生本部での「国家戦略特区」の規制緩和概要が決まり「解雇特区」構想は見送りに.
2014年 3月14日	産業競争力会議雇用・人材分科会の資料として「成長戦略としての女性の活躍推進について」(長谷川ペーパー)提出.
3月28日	「輝く女性応援会議」開催.
6月24日	外国人技能実習生の拡大などを盛り込んだ「日本再興戦略 改訂2014 -未来への挑戦-」を閣議決定.
9月 3日	〈第2次安倍改造内閣発足〉
10月 3日	「すべての女性が輝く社会づくり本部」(「輝く本部」)の設置を閣議決定.
12月24日	〈第3次安倍内閣発足〉
2015年 8月28日	「女性の職業生活における活躍の推進に関する法律」(女性活躍推進法)成立.

9月 9日　派遣労働者の待遇改善を目指すとして「同一労働同一賃金推進法」成立.
11日　「改定労働者派遣法」成立.
19日　集団的自衛権を行使できるようになる「安保関連法」成立.
25日　首相, 記者会見で「新3本の矢」を通じて「1億総活躍社会」を目指すと発表.
10月 7日　〈第3次安倍内閣・改造内閣発足〉
29日　第1回1億総活躍国民会議開催.
2016年 1月22日　首相, 施政方針演説で「多様な働き方改革」に触れ「ニッポン1億総活躍プラン」で同一労働同一賃金の実現に踏み込むと表明.
(6月, 学校法人「森友学園」に大阪府豊中市の国有地を払い下げ)
7月26日　「働き方に関する政策決定プロセス有識者会議」が発足.
8月 1日　経済同友会の「新産業革命による労働市場のパラダイムシフトへの対応――『肉体労働(マッスル)』『知的労働(ブレイン)』から『価値労働(バリュー)』へ」発表.
2日　厚労省の「働き方の未来 2035：一人ひとりが輝くために」懇談会報告書発表.
3日　〈第3次安倍内閣・第2次改造内閣発足〉首相, 記者会見で1億総活躍社会実現のための「最大のチャレンジは『働き方改革』」と発言. 働き方改革担当大臣を設置, 初代に加藤勝信を指名.
9月 2日　「働き方改革実現推進室」開所.
26日　「働き方改革実現会議」設置.
11月18日　実習期間を3年から5年に延長し,「介護」職種など追加した「外国人技能実習法」成立.
12月14日　労働政策審議会(労政審)のあり方を見直す「働き方に関する政策決定プロセス有識者会議」報告書まとまる.「労働政策基本部会」新設を決定.
20日　「同一労働同一賃金ガイドライン案」を発表.
2017年　(1月, 獣医学部を新設する「国家戦略特区」の事業者に加計学園を選定)
3月28日　「働き方改革実現会議」が「働き方改革実行計画」決定.
5月 8日　規制改革推進会議「労働基準監督業務の民間活用タスクフォース」の提言まとまる.
11日　「改定地方公務員法・地方自治法」が成立,「会計年度任用職員」という有期公務員を新設.

	24日	東京の「連帯労働者組合・板橋区パート」など4労組が，国際労働機関(ILO)に，地公法改定がILO第87号条約(結社の自由や労働者の団結権の保護)などに違反すると申し立て.
	31日	厚生労働省「透明かつ公正な労働紛争解決システム等の在り方に関する検討会」が「金銭救済制度」に関し，制度の必要性について「一定程度認められ得る」とする報告書公表.
	6月15日	「共謀罪法(テロ等準備罪新設法)」成立.
	8月 3日	〈第3次安倍内閣・第3次改造内閣発足〉
	11月 1日	〈第4次安倍内閣発足〉
	21日	自民党役員連絡会で，山東昭子元参議院副議長が，「子どもを4人以上産んだ女性を厚生労働省で表彰することを検討してはどうか」と発言.
2018年	2月19日	裁量労働についての審議にずさんなデータを用いたことで加藤厚労相が謝罪.
	3月 1日	「裁量労働制データ改変問題」をめぐり，首相は裁量労働制を法案から削除，先送りを表明.
	4月 6日	「働き方改革関連法案」を国会に提出.
	4月18日	財務次官，セクハラ問題で辞任表明.
	5月16日	「政治分野における男女共同参画の推進に関する法律」(候補者男女均等法)成立.
	6月12日	政府が「セクハラ緊急対策」.
	13日	改定PFI法成立.
	15日	移民ではない新たな在留資格の創設をうたった「骨太の方針(経済財政運営と改革の基本方針)2018」を閣議決定.
	29日	「高度プロフェッショナル制度」「残業の上限規制」「同一労働同一賃金」などを盛り込んだ「働き方改革関連法案」成立.
	7月 3日	総務省の「自治体戦略2040構想研究会第2次報告」発表.
	18日	自民党の杉田水脈議員の「LGBTは生産性がない」論文を掲載した『新潮45』(8月号)発売.
	24日	「勤務間インターバル制度」の導入企業の割合を2020年までに10%以上とする数値目標などを盛り込んだ新「過労死防止大綱」を閣議決定.
	10月 2日	〈第4次安倍改造内閣発足〉
	12月 6日	改定水道法成立.
	8日	人手不足への対応策として外国人労働者の新たな在留資格を設け，建設，介護，農業などの分野での受け入れ拡大を目指す改定出入国管理法が成立.

労働相談窓口

【ユニオン・労働団体・NPO】

◇連合(日本労働組合総連合会)

なんでも労働相談ダイヤル：0120-154-052

URL：https://www.jtuc-rengo.or.jp/

◇全労連(全国労働組合総連合)

労働相談ホットライン：0120-378-060

URL：http://www.zenroren.gr.jp/jp/

◇全国コミュニティ・ユニオン連合会(全国ユニオン)

連絡先：03-5371-5202

URL：https://www.zenkoku-u.jp/

◇首都圏青年ユニオン

連絡先：03-5395-5359／E-mail：union@seinen-u.org

URL：http://www.seinen-u.org/

◇フリーター全般労働組合(PAFF[パフ])

電話相談：03-3373-0180(火・木・土・日曜日 15:00〜19:00)

メール相談：union@freeter-union.org

URL：http://freeter-union.org/

◇派遣労働ネットワーク

電話相談：03-5354-6250(火・木曜日の夜に受付)

URL：http://haken-net.or.jp/

◇働く女性の全国センター

働く女性の全国ホットライン：0120-787-956(毎月0と5のつく日〔5, 10, 15, 20, 25, 30日〕の平日 18:00〜21:00, 土日祝 14:00〜17:00. 毎月5日はセクハラ集中相談日)

URL：http://wwt.acw2.org/

◇NPO法人　労働組合作ろう！入ろう！相談センター(労働組合相談センター)

電話相談：03-3604-1294(月〜金曜日 9:00〜17:00, 祝日はお休み)

相談用メール：consult@rodosodan.org

URL：http://www.rodosodan.org/

◇NPO法人　POSSE[ポッセ]

電話相談：【東京】03-6699-9359【仙台】022-302-3349(平日 17:00〜21:00, 土・日・祝 13:00〜17:00, 水曜定休日)

メール相談：【東京】soudan@npoposse.jp【仙台】sendai@npoposse.jp

URL：http://www.npoposse.jp/

労働相談窓口

【法律家団体】

◇日本労働弁護団

日本労働弁護団ホットライン：03-3251-5363(月・火・木曜日 15:00〜18:00，土曜日 13:00〜16:00)

労働・セクハラ，女性専用相談窓口：03-3251-5364(毎月第2・4水曜日 15:00〜17:00)

URL：http://roudou-bengodan.org/

◇過労死 110 番全国ネットワーク

相談ダイヤル：03-3813-6999(平日 10:00〜12:00，13:00〜17:00)

URL：https://karoshi.jp/